学会选择 懂得放弃

梦　华◎主编

煤炭工业出版社
·北　京·

图书在版编目（CIP）数据

学会选择　懂得放弃／梦华主编．--北京：煤炭工业出版社，2018

ISBN 978-7-5020-7001-4

Ⅰ．①学…　Ⅱ．①梦…　Ⅲ．①人生哲学—通俗读物　Ⅳ．①B821-49

中国版本图书馆CIP数据核字(2018)第248264号

学会选择　懂得放弃

主　　编　梦　华
责任编辑　马明仁
封面设计　刘明彬

出版发行　煤炭工业出版社（北京市朝阳区芍药居35号　100029）
电　　话　010-84657898（总编室）　010-84657880（读者服务部）
网　　址　www. cciph. com. cn
印　　刷　三河市天润建兴印务有限公司
经　　销　全国新华书店

开　　本　710mm×1000mm 1/16　印张　18　字数　280千字
版　　次　2019年4月第1版　2019年4月第1次印刷
社内编号　20180758　定价　49.80元

前　言

两个朋友一同去参观动物园。动物园非常大，他们的时间有限，不可能参观完所有动物。他们便约定：不走回头路，每到一处路口，选择其中一个方向前进。第一个路口出现在他们眼前时，路标上写着一侧通往狮子园，一侧通往老虎山。他们琢磨了一下，选择了狮子园，因为狮子是“草原之王”。又到一处路口，分别通向熊猫馆和孔雀馆，他们选择了熊猫馆，熊猫是“国宝”嘛……

他们一边走，一边选择，每选择一次，就放弃一次，遗憾一次。因为时间不等人，如不这样做他们遗憾将更多。只有迅速作出选择，才能减少遗憾，得到更多的收获。

人在一生之中，需要作出很多的选择，每一次选择都关系着此后人生的走向，而不同的选择会导致不同的结果。错误的选择会让人走尽弯路，辛苦一生却无所收获，甚至误入歧途，酿成人生悲剧。正确的选择，会让人一生顺风顺水，事业的发展一路向前。尤其是处在前途未卜的十字路口或者决定性的时刻，更加需要我们拿出果断和勇气，学会运用所有的智谋，量力而行，作出正确的判断。

很多时候，我们总是想选择这个，却害怕错过那个，于是拿起来又放下，到最后一刻还在犹豫；认为这个会有这样的缺点，那个会有那样的不足，所以总迟迟下不了决心，或者选择之后，又来回地更改，时间和精力都在患得患失之间被耽搁了，幸福也从指间流走。选择不是一锤子买卖，不能因为一粒芝麻丢了西瓜；不能因为留恋一棵小树而失去整片的森林。选择必须要有理性、睿智和远见卓识，不可鼠目寸光，不可急功近利，更不可本末倒置、因小失大。

同样，人一生中需要放弃的也很多。放弃不能承受之重，放弃心灵桎梏……该放弃时就要放弃，不懂放弃常使人背负沉重压力，长期被痛苦困扰；懂得放弃则会让我们避免许多挫折，生活更顺利。下棋的时候，有些局面需要弃子。弃子的力度越大，得到的战果越佳。抓一把沙子，你的手握得越紧，你失去的就越多，若是松开手，得到的反而更多。所以，放弃是另一种更广阔的拥有，放弃是为了更好地选择，适时的放弃是一种智慧，懂得放弃，能让自己收获成功。敢于放弃者精明，乐于放弃者聪明，善于放弃者高明。

人生就是一个不断选择与放弃的过程，鱼和熊掌不可兼得，这就需要我们学会选择、懂得放弃、审时度势、扬长避短、把握时机，才能拥有真正属于我们自己的东西。如果一些东西不属于我们，那么不管它是多么诱人，也要学会放弃，唯有这样，才能够不断地获得新生。

本书对“选择”和“放弃”做了全面而深刻的诠释，涉及做事、处世、工作、事业、经商、社交、爱情、家庭等人生的各个方面，旨在帮助人们掌握这门生存哲学，在纷繁复杂的社会现实中保持清醒的头脑，更直观、更理性地认识自己、认识社会，在漫长的人生旅程中正确选择、适时放弃，走好人生的每一步棋，把握好自己的命运，早日成功。

无论是在爱情、婚姻中，还是在工作、事业上，学会选择，能让自己的人生变得不再盲目，从而更好地生存。懂得放弃，能让自己轻装前行，得到的反而更多，让人生收获成功。所以说，人生因选择而多姿多彩，因放弃而明朗辉煌。人生，就在于学会选择、懂得放弃。

目　录

第一章
选择是人生的必修课

人生即是选择

人只要在追求，他就在选择。

人生有无限多个解。人生是不能被理性穷尽的一个无理数。每个人因为站在不同角度去看它、体验它，所以从中得出的有关人生的定义，也各有殊异。但有一点是共同的——人生即是选择。

一位作者曾写过这样一篇文章：记得小时候，农村水果十分稀缺，经常和生产队里年龄相仿的小朋友，三个一群、五个一伙儿地爬树摘野山栗、紫桑葚之类，以解口头之馋。每次爬树的时候，都会出现相似的情况：开始大家都从一棵大树底下往上爬，可越往上爬，树的分杈越多，各人为了多采点果实，便选择了不同树枝。结果起点完全相同的小朋友们，各自爬到了不同的方向和高度上，有的站在又高又稳的主干枝头上，有的蹲伏在摇摆不定的侧枝上，还有的停留在树杈间……下来的时候，有的满载而归，有的略有所获，还有的空手而回。

现在想来，小时候的爬树，与人生的历程又是何其相似！生活中我们经常不知不觉地走到"十"字甚至"米"字路口，让你去选择，而正是这一次次的选择决定了我们今天的社会位置和人生状况。

人生似一条曲线，起点和终点是无可选择的，而起点和终点之间充满着无数个选择的机会。

在人生的旅途上，你必须作出这样的抉择：你是任凭别人摆布还是坚定自强，是总要别人推着你走，还是驾驭自己的命运，独当一面。

不少人的生活就像秋风卷起的落叶，漫无目标地飘荡，最后停在某处，干枯、腐烂。为了促进个人的成长，达到个人的幸福，你必须学会驾驭生活。你必须自己选择服装、选择朋友、选择工作和奋斗目标。

很多人很多时候都会处于何去何从、前途未卜的十字路口，这是人生具有决定性的时刻。决定性的选择需要果断和勇气。这果断和勇气，有猜测和赌博的成分，但更多的来自知识和智慧的判断。

人人都会面临各种各样的危机，如信仰危机、事业危机、感情危机，等等。在危机当中，正确的选择和变动，会使我们积累起一种新的力量，重新面对世界。

在每个人的身上，都有一种十分强大的力量潜藏于体内，如果你无法发现它，它就永远处于冬眠状态，在人生的路途中你将无法发挥自身的创造力，更无法实现你的人生追求与梦想。

虽然选择的权利在自己的手中，但许许多多的人并没有使用这一权利。也许这就是成千上万的人活得碌碌无为的最为直接的原因。

拿破仑选择了当时的法国大革命以展示其军事指挥才干，才由一个科西嘉小子成为一代伟大的统帅；比尔·盖茨因为选择了开辟个人电脑，才由一名仅上过一年哈佛的大学生成为世界首富。

不是有才能就一定能成功，世界上许多有才干的人并不是成功人士。这是因为他们没有选对发挥自己才干的舞台。

如果你想实现自己的人生价值，千万别忘了选择，因为只有选择才会给你的生命不断注入激情；也只有选择才能使你拥有把握自己命运的伟大的力量；也只有选择才能把你人生的美好梦想变成辉煌的现实。

把握命运的伟大力量

选择是把握自身命运的伟大力量。

谁掌握了选择的力量，谁就掌握了人生的命运。

人生的任何努力都会有结果，但不一定有预期的结果。

错误的选择往往使辛勤的努力付诸东流，甚至给人生招致灭顶之灾。

只有正确地选择了，所付出的努力才会有美好的结果。

或许你自己都没有意识到这点，只有当你面临困境的时候，你才会发现这种潜在的力量。

一群迁徙的野牛在行进途中，突遭数只凶猛猎豹的袭击。刚才还是悠然自得的牛群顿时像炸了窝的马蜂，惊恐着四处奔逃，躲避着猎豹，逃脱着死亡。一只只野牛在奔逃中被扑倒，没有搏斗，连挣扎也是那样有气无力，只是哀鸣了几声，就成了猎豹的食物。

突然，一只看似弱小的野牛，就在快被猎豹追上的刹那，突然转向，全身奋力后坐，努力将身体的重心后移，奔跑的四蹄成了四条铁杠，直直地斜撑在地上，身体周围腾起一股浓浓的尘土，如同爆响的炸弹掀起的浪。在这生与死的千钧一发之际，这只小小的野牛停住了。

急停下来的小野牛，不但没有被猎豹吓倒，反而是愤怒地沉下头，接着又仰起头顶上那一对尖尖的、硬硬的牛角，猛抵向冲过来的猎豹。那只不可一世的猎豹，还没有看清眼前发生的一切，就被小野牛的尖角抵住了身体，扎进了肚子，被高高地挑起，抛向空中。

顿时，情况急转直下，奔逃的野牛们还在拼命地奔逃，而其他猎豹却惊呆了，先是顿立，继而掉头逃走了。

我们不知道为什么唯有那只小野牛不像它的父母兄弟姐妹一样奔逃求生，而选择回首痛击，去战胜自己所面临的死亡。但它的行为却给了我们许许多多的启迪和联想。

生活中的困难多于幸福，人生中的磨难多于享乐。人不应在困难中倒下，而要努力在困难中挺起。因为当你重新作出选择的时候，你就会拥有一种连自己都不相信的力量，而这种力量会使你战胜困难，同时使你的人生像初升的太阳一样，突破云层，升上蔚蓝的天空。

很多时候，我们需要积聚起一种新的力量，重新面对世界。面临危机，你必须作出选择，这如同你不会游泳却被人推到河里一样，除了学会游上岸让自己不至于被淹死外，别无生路。

有时候，选择使人痛苦，尤其是当被选择的诸对象对你具有同等吸引力的时候。人生的悲哀，莫过于自己不会选择，或者不去选择。只有依靠自己的选择，才能掌握自己的命运；只有正确地选择，才有成功的人生。

选择伴随着每个人的一生，并决定了每个人一生的成败和优劣。选择比性格更有力量，选择比努力更有力量，选择比才干更有力量，选择是人生伟大的力量。

地图人生

地图上的路有千百条，但你找不到一条始终笔直平坦的路。人生的道路也是这样，充满崎岖坎坷。如果你想选择一条始终笔直平坦的路，那你将无路可走。人生是一条曲折漫长的征途——既有荒凉的大漠，也有深幽的峡谷；既有横亘的高山，也有断路的激流。只有矢志不渝地前进，才能赢得光辉的未来；只有顽强不息地攀越，才能登上理想的巅峰。人生道路，就是这么不平坦，坑坑洼洼，曲曲折折——既有得意者的欢欣，也有失败者的泪水；既有顺利者的喜悦，又有受挫者的苦恼。正是因人生像条曲线，生命才变得充实而有意义。当一个人走完了自己的坎坷旅程，蓦然回首时，他定会为自己留下的曲折而执着的印迹而欣慰，对大千世界报以满意的一瞥……人生的曲线，予人信心，给人希望，激人奋进，展示了人类奋斗的力量和过程的壮美。的确，人生是一条曲线，我们畏头缩颈又有何用？倒不如昂起头来，大踏步前进为好。

地球上的路有千百条，但每一条路都只能走向一个既定的目标。一个人，不可能同时向南又向北。路只能一步一步地走，目标只能一个一个地实现。你如果什么都想要，最终便什么也得不到。太多的幻想，往往使人不知如何选择。当你还在举棋不定时，别人或许已经到达目的地了。托尔斯泰说："人生目标是指路明灯。没有人生目标，就没有坚定的方向；而没有方向，就没有生活。"在人生的竞赛场上，无论一个多么优秀、素质多么好的人，如果没有确立一个鲜明的人生目标，就很难取得事业上的成功。许多人并不缺乏信心、能力、智力，只是没有确立目标或没有选准目标，所以没有走上成功的道途。这道理很简单，正如一位百发百中的神枪手，如果他漫无目标地乱射，就不会在比赛中获胜。

在人生旅途中，选择什么样的路，当量力而行。要学会选择，学会审时度势，学会扬长避短。只有量力而行的睿智选择才会拥有更辉煌的成功。

"成名成家"固然充满风光，但绝不是每一个人都可以实现的，"心想事成"只不过是美好的愿望。有信心是重要的，但有信心不一定会赢，而没信心却一定会输。人生的学问，其实就是"量需而行，量力而行"。要想获得快乐的人生，你最好不要再像过去那样行色匆匆，不妨停下脚步，暂时休息一会儿，想一想自己需要什么、需要多少。想一想有没有这样的情况：有些东西明明是需要的，你却误以为自己不需要；有些东西明明不需要，你却误以为自己需要；有些东西明明需要得不多，你却误以为需要很多；有些东西明明需要很多，你却误以为不怎么需要……

一张地图，一次人生，二者何其像也！

看清“气候”再决断

一个人很难有足够的预知能力来决定命运，你无法预知未来朝哪个方向发展。但也并不是说，我们只能被动地随波逐流，任凭命运摆布。我们可以睁大眼睛看清时势，再作出有利于自身的选择。既然环境不容易改变，不如先改变我们自己：看清周围的“气候”，然后灵活应对，只有这样才能明辨是非、趋利避害。

一般说来，社会气候是很难改变的。这种“大气候”一旦形成，通常几年、几十年乃至上百年都不会有太大的变化。一个人在这种社会气候中只能接受，而不会有太大的改动余地。不接受对你没有什么好处，如屈原，感叹自己生不逢时，“举世混浊而我独清，世人皆醉而我独醒”，可结果呢，却不为世道所容，怀石投江。

“大气候”不易改变，“小气候”还是有让人发挥的余地的。一个人在家庭、职场的活动中，只要努力追求，就会有很大的空间。

分清自己所处的“大气候”和“小气候”，明白自己的位置，清楚活动的空间，辨别生活的利害，采取适当的手段，对于一个人来说并不是很难的事情。

韩信，淮阴人，少时“贫无行”，不会谋生，“常寄食于人，人多厌之者”。曾有一恶少年侮辱他，让他从其胯下钻过，韩信就钻了，“市人皆笑(韩)信，以为怯(懦)”。但“其志与众异”，他是位“忍小愤而就大谋”的“盖世之才”。

韩信在拜将之前，就向刘邦提出“以天下城邑封功臣，何所不服”的建议，表明他胸怀大志，意在封王，他不懂得分封制度在当时已不合历史潮流。

韩信出身贫民，却满脑子分封思想。刘邦虽然曾“自以为得(韩)信晚”而任他为大将，但刘邦始终没有像相信萧何、张良那样把韩信作为心腹对待，因为韩信总热衷占据一方，封王封土，怎么能让刘邦放心呢?

刘邦坐稳了江山之后，看到韩信握有重权，并且深得军心，十分担忧。他宴请群臣，面对臣下的恭贺，也忧心忡忡。张良察言观色，明白了是刘邦害怕功高之人今后难以控制，就私下对韩信说：“你是否记得勾践杀文种的故事？自古以来，只可与君主共患难，而不可与其同享富贵。前车之鉴，后车之师啊！我们要好自为之。”

韩信尽管认为张良的话有道理，但他对刘邦还是抱有幻想，他认为是自己帮助刘邦成就了帝业，刘邦怎么会忘恩负义呢？可是不久，便有奸佞之臣诬告韩信居功自傲，不把皇帝放在眼里。刘邦更是不满韩信的所作所为，不久，就设计解除了韩信的兵权。后来，韩信为吕后所拘杀。

韩信错就错在不看清“气候”、不识时务而作出了错误选择，即使才略满腹最终也成为一个悲剧人物。人处在一个复杂的社会里，人际关系错综复杂，世事诡变难以预料，只有顺应时势，伺机而动，才能在社会上立足扎根。

选择面前别固执

两个贫苦的猎人靠上山打猎为生。有一天，他们在山里发现两大包棉花，两人喜出望外，山里猎物不好打，而将这两包棉花卖掉，足可让家人一个月衣食无虑。当下两人便各自背了一包棉花，赶路回家。

走着走着，其中一名猎人眼尖，看到山路上有一大捆布，走近细看，竟是上等的细麻布，足足有十多匹。他欣喜之余，和同伴商量，一同放下肩负的棉花，改背麻布回家。

他的同伴却有不同的想法，认为自己背着棉花已走了一大段路，到了这里又丢下棉花，岂不枉费自己先前的辛苦，坚持不愿换麻布。发现麻布的猎人屡劝同伴不听，只得自己竭尽所能地背起麻布，继续前行。

又走了一段路后，背麻布的猎人望见林中闪闪发光，待近前一看，地上竟然散落着数坛黄金，心想这下真的发财了，赶忙邀同伴放下肩头的棉花，背起黄金。

他的同伴仍是那个不愿丢下棉花以免枉费辛苦的想法，并且怀疑那些黄金不是真的，劝他不要白费力气，免得到头来空欢喜一场。

发现黄金的猎人只好自己背了两坛黄金，和背棉花的伙伴赶路回家。走到山下时，突然下了一场大雨，两人在空旷处被淋了个透。更不幸的是，背棉花的猎人肩上的大包棉花，吸饱了雨水，重得完全背不动，不得已，他只能丢下一路辛苦背着而舍不得放弃的棉花，空着手和挑着金子的同伴回家去。

面对机会的来临，人们常有许多不同的选择方式。有的人会单纯地接受；有的人会持怀疑的态度，站在一旁观望；有的人则固执地不肯接受任何改变。而不同的选择，当然会导致迥异的结果。许多成功的契机，起初未必能让每个人都看得到深藏的潜力，但起初抉择的正确与否，往往就决定着成功与失败的分野。

在人生的每一个关键时刻，审慎地运用你的智慧，作的最正确的判断，选择属于你的正确方向。同时别忘了随时检查自己选择的角度是否产生偏差，适时地加以调整，千万不能像背棉花的猎人一般，只凭一套哲学，便欲渡过人生所有的阶段。

成功既不是全盘接受，也不是全盘放弃，而是在情况发生变化时能够及时修正自己的目标和行动。放掉无谓的固执，冷静地用开放的心胸作出正确抉择。每次都正确无误的选择将指引你永远走在通往成功的坦途上。

愿望与现实之间

1865 年，美国南北战争结束了。一名记者去采访林肯，他们有这么一段对话：

记者："据我所知，上两届总统都曾想过废除农奴制，《解放黑人奴隶宣言》也早在他们那个时期就已草就，可是他们都没拿起笔签署它。请问总统先生，他们是不是想把这一伟业留下来，让您去成就英名？"

林肯："可能有这个意思吧。不过，如果他们知道拿起笔需要的仅是一点勇气，我想他们一定非常懊丧。"

记者还没来得及问下去，林肯的马车就出发了，因此，他一直都没弄明白林肯的这句话到底是什么意思。

直到 1914 年，林肯去世 50 年了，记者才在林肯致朋友的一封信中找到答案。在信里，林肯谈到幼年的一段经历：

"我父亲在西雅图有一处农场，农场里有许多石头。正因为此，父亲才得以用较低价格买下它。有一天，母亲建议把上面的石头搬走。父亲说，如果可以搬走的话，主人就不会卖给我们了，它们是一座座小山头，都与大山连着。

"有一年，父亲去城里买马，母亲带我们到农场劳动。母亲说，让我们把这些碍事的东西搬走，好吗？于是我们开始挖那一块块石头。不长时间，就把它们弄走了，因为它们并不是父亲想象的山头，而是一块块孤零零的石块，只要往下挖一英尺，就可以把它们晃动。”

林肯在信的末尾说，有些事情人们之所以不去做，只是因为他们认为不可能。而许多不可能，只存在于人们的想象之中。

每个人都有一大堆的愿望，但大多却很难踏上实现的征程，影响他们作出选择的因素有时候很简单，那就是勇气。他们因为恐惧而害怕选择自己认为不可能的愿望，因此也错过了成功的机会。

如果你有一个不可战胜的灵魂，那么无论在你身上发生什么事，无论面前有多么大的困难，都无法影响到你。当你意识到自己从伟大的造物主那里获得了源源不断的能量时，能真正影响到你的事情就少之又少了。因为，无论什么事情降临在你身上，你都可以保持内心的平静。

那些成功的人们，如果当初都在一个个“不可能”的面前，因恐惧失败而退却，而放弃尝试的机会，他们就不可能获得成功，他们也将平凡。没有勇敢的尝试，就无从得知事物的深刻内涵，而勇敢地作出决断了，即使失败，也由于对实际痛苦的亲身体验，而获得宝贵的经验，从而在命运的挣扎中，愈发坚强，愈发有力，愈接近成功。

不甘于平凡，勇敢地挑战自我、挑战潜能，下定决心去做，你可能会面对不同的局面，但必须时刻记住：要为梦想去奋斗，有信心获得成功，你就能成功，因为，你体内有一股巨大的潜能。你勇敢，困难便退却；你懦弱，困难就变本加厉地折磨你。你勇敢，就可能成功；你懦弱，则肯定会失败。

人生，不论到了哪一步境地，只要你还有勇气向困难挑战，你就还没有失败。所谓失败，都可以算作你的宝贵经验，是可以创造财富的。所以，只要勇气还在，你就有望赢得胜利，你就可以立于不败之地！

大胆地选择

20 世纪初，有个爱尔兰家庭想移民美洲。他们非常穷困，于是辛苦工作，省吃俭用三年多，终于存够钱买了去美洲的船票。当他们被带到甲板下睡觉的地方时，全家人以为整个旅程中他们都得待在甲板下，而他们也确实这么做了，仅吃着自己带上船的少量面包和饼干充饥。

一天又一天，他们以充满嫉妒的眼光看着头等舱的旅客在甲板上吃着奢华的大餐。最后，当船快要停靠爱丽丝岛的时候，这家其中一个小孩生病了。做父亲的找到服务人员说：“先生，求求你，能不能赏我一些剩菜剩饭，好给我的小孩吃？”

服务人员回答：“为什么这么问？这些餐点你们也可以吃啊。”

“是吗？”这人说，“你的意思是说，整个航程里我们都可以吃得很好？”

“当然！”服务人员以惊讶的口吻说，“在整个航程里，这些餐点也供应给你和你的家人，你的船票只是决定你睡觉的地方，并没有决定你的用餐地点”。

很多人也有相同的情况，他们以为他们“被带去看”的地方就是自己一辈子必须待的地方，他们不明白，自己可以和其他人一样，享受许多同样的权利。成功是要寻访、要共享、要想办法接近的。

过去的已经过去，现在你正在为灿烂的明天打基础。正如一位哲人所说：“无论你身处何境都要有自己的选择。”只有大胆地选择才能将你从贫困带到富裕，从逆境带到顺境，从失败带到成功。

选择强者做对手

1996年的世界爱鸟日这一天，芬兰维多利亚国家公园应广大市民的要求，放飞了一只在笼子里关了4年的秃鹰。事过三日，当那些爱鸟者还在对自己的善举津津乐道时，一位游客在距公园不远处的一片小树林里发现了这只秃鹰的尸体。解剖发现，秃鹰死于饥饿。

秃鹰本来是一种十分凶悍的鸟，甚至可与美洲豹争食。然而由于它在笼子里关得太久了，远离天敌，结果失去了生存能力。

无独有偶。一位动物学家在观察生活于非洲奥兰治河两岸的动物时，注意到河东岸和河西岸的羚羊大不一样，河东岸羚羊奔跑的速度比河西岸羚羊每分钟要快13米。

他感到十分奇怪，既然环境和食物都相同，何以差别如此之大？为了解开其中之谜，动物学家和当地动物保护协会进行了一项实验：在两岸分别捉10只羚羊送到对岸生活。结果送到西岸的羚羊发展到14只，而送到东岸的羚羊只剩下了3只，另外7只被狼吃掉了。

谜底终于揭开了，原来东岸的羚羊之所以身体强健，只因为它们附近居住着一个狼群，这使羚羊天天处在“竞争氛围”中。为了生存下去，它们变得越来越有战斗力。而西岸的羚羊身体较弱，奔跑也不快，恰恰就是因为缺少天敌，没有生存压力。

上述现象对我们不无启迪，生活中出现一个对手、一些压力或一些磨难并不是坏事。一份研究资料说，一年中不患一次感冒的人，得癌症的概率是经常患感冒者的6倍。至于俗语“蚌病生珠”，则更能说明问题。一粒沙子嵌入蚌的体内后，蚌将分泌出一种物质来疗伤，时间长了，便会逐渐形成一颗晶莹的珍珠。

什么样的对手将造就什么样的自己。

生活中有各种各样的笼子，不少人的处境和那只笼子里的秃鹰差不多。虽然笼子能让人乐而忘忧、流连忘返，但毕竟是笼子。可以设想，最后的结局和那只秃鹰没有什么两样，所以一定要选择一个强者做对手。

有所为有所不为

“有所为有所不为”，这是中国的一句哲理名言，“有所为”是主动选择，“有所不为”是敢于放弃。一个人能力再强，精力再多，也不可能无所不能，什么都想做只能是什么也做不好，选好自己应该做的才是最关键的。

譬如，世间上行业千千万万，哪行做好了都能赚钱。每天都有企业垮台、破产，每天同样也有新的企业诞生。经营任何一种行业的商人，都应熟悉自己的主业，把它研究深、研究透，方能成为该行业的老大。

作为一个成熟的商人，要学会放弃，那些不熟悉的行业，千万不要轻易进入。别人在赚钱，不要眼红心动，否则，今天的投资，意味着明天的垮台！

商人们千万不要有了点钱，就认为什么生意都可做，什么行业的钱都能赚！

作为领导也是这样，有些领导喜欢揽权，大事小事都要亲力亲为，结果人累得够呛，事情也没办好。

艾森豪威尔在他的《远征欧陆》一书中说，马歇尔“轻视那些事必躬亲的人，他认为那些埋头于琐碎小事的人，没有能力处理战争中更重要的问题”。他讲美国的军事原则是：“为战区司令官指定一项任务，给他提供一定数量的兵力，在他执行计划的过程中，尽可能少加干涉。”如果他的战果不能令人满意，“那么，正当的办法不是对他进行劝说、警告和折磨，而是用另一个司令官替代他”。

艾森豪威尔在这里讲的“琐碎小事”和“尽可能少加干涉”的内容都是有所不为的范畴。战区司令官对那些琐细小事有所不为，是为了集中精力研究整个战区的大事，要在全局上有所为；更高一级的统帅对战区的事情少加干涉，也正是要研究更大的战略问题，在更高的层次、更广泛的意义上有所为。因此，不妨说有所不为才能有所为。

很多人都梦想能拥有一份好工作，这份工作最好能带来财富、名声、权势和地位，为人称羡。但事实上，在激烈的市场竞争中，已经没有哪一种工作是真正的热门行业，无论何种工作，都无法提供完全的保障。那么如何以不变应万变，取得一份较为实际，同时又富含理想色彩的工作呢？以下建议，你不妨一试：

首先，放长线钓大鱼。没有哪份职业是永远的热门。选择行业要充分考虑自己的兴趣、能力、就业磨合期以及这一职业的未来前景。

其次，以智能求生存。你需要不断充电，不仅要做个专才，更要做复合型人才。

最后，个人主导生活，选择有丰厚收入的工作原本无可厚非，但不能放弃其他的追求，如自由时间、健康和幸福的家庭等。一份相对自由、能充分发挥个人才智的工作将更受人的青睐。

有所为有所不为，有利于集中力量，把宝贵的、有限的资源用在最急需的地方，获取最佳的效益；有利于集中人力、物力、财力办更大、更重要的事情。

有所为有所不为需要胸有全局，高瞻远瞩。心中无数、虚浮懒散的人做不好有所为有所不为。胸有全局就能分清轻重缓急，作出正确取舍，科学规划、科学设计。高瞻远瞩是考虑得长远，并能以高度的责任感和使命感对待自己的选择。显然，短期行为、急功近利与此格格不入。

有所为有所不为需要有自觉的意识调动一切积极因素，解放智慧。如果无所不管、思想僵化，局面是不会改观的。

改变自己的生活方式

你的成功与否，决定于你所选择的生活方式。

有这样一个故事，一位知名记者正在进行一次采访，被采访者是一个贫困山区的小羊倌。

“你放羊干什么？”

“攒钱。”

“攒钱干什么。”

“娶媳妇。”

“娶媳妇干什么？”

“生娃。”

“生娃干什么。”

“放羊。”

羊倌的想法真是令人悲哀。羊倌的可悲不在于他的穷困，不在于他从事的职业，更不在于他攒钱的方式，而在于他陷入一种麻木的生存状况而不自知。

一位30出头的女子，是一家皮尔·卡丹专卖店的老板。她来自贫穷的山区，大学毕业后放弃了回家乡工作的机会，毅然留在省城，当过记者，摆过地摊，开过服装店。一次偶然的机会，认识了一位皮尔·卡丹代理商，信心百倍的她东挪西借筹款，在省城闹市区租个门面撑起了一个专卖店。创业之初，她吃住在店里，为了付昂贵的租金，她有时一顿饭只用一块大馍充饥。热情周到的服务终于让专卖店里有了络绎不绝的顾客，生意红火了，她没下过一次饭店，未买过时尚衣服，仍过着节俭的生活，渐渐地，她口袋里的钱像滚雪球一样一天天多起来。一年前，她把左右邻店兼并过来，同时还招聘了6名员工。已成“款姐”的她不无真诚地说：“都市里到处都能掘到黄金，关键是你要选择好自己的生活方式，如果你觉得自己现在命运不济，那你就应当改变一下目前的生活方式，而不应当整日只知道哀叹命运不济。”

其实，只要细心地观察一下四周，你就会发现，在都市的每个角落，确实生活着很多精力旺盛的乡下人，在高高的脚手架上、在酒店、在商场、在快餐店、在书摊……他们从事着或复杂或简单的工作，以乡下人的勤劳与质朴，以乡下人顽强的生存能力，挤进了钢筋水泥混凝土构筑的城堡，开拓一块儿哪怕是极小的天地，并且有滋有味地活着；而有些一生下来就有了城市户口的城里人，在失去了铁饭碗之后，却连一条求生存的路也找不到。比起进军都市的乡下人，一些城里人已经输了，并且输得很惨。

即使我们拥有骄人的文凭、城市的户口、住房，面对下岗或分流，我们唯有不断拓展生存空间，谋求适合自己的发展方式，不断地刷新自己，创新未来，才有可能处变不惊，才可以在繁华褪尽后重新镀亮人生。

一个人有无前途，不在于他拥有多少财富，而是取决于其是否具有发展观念。当你正津津乐道于已经拥有车子房子票子的时候，千万别忘了，你也许还是一个羊倌!

将欲取之，必先予之

春秋战国时候，魏国的信陵君为人忠厚仁义、善于成人之美。他的门客达到3000多人。其中有一位叫侯生的门客，屠户出身，因而受到其他门客及家人的嘲弄与鄙视，而信陵君以士之礼待之，一视同仁，毫无嫌弃和厌恶之感。相反，还尊重他的意见，满足他的要求。公元前248年，秦国围攻赵国都城邯郸，赵王数次遣使向魏求救。魏王怕引火烧身而不敢发兵，但是在各国一片合纵抗秦的呼声下，他只好派大将晋鄙率领10万大军象征性地救援，虽大造声势，实则驻军于邺下，停滞不前。

信陵君多次请求魏王催促晋鄙进兵，魏王不听。他一怒之下，带领自己的1000多门客准备与秦军决一死战。临别找侯生，侯生却一反常态，对信陵君赴汤蹈火之举无动于衷。一怒之下，信陵君行出数里。可是他越想越不对劲，于是就回头问个明白。原来侯生使的是欲扬先抑之计，他故作冷淡，使信陵君诧异，然后再提出自己的意见。侯生指出这样行动无异于以孵击石，与其铤而走险，不如偷来兵符，操纵军队。最后在好友朱亥的帮助下，终于盗得了兵符并取得了晋鄙的兵权。信陵君传令全军："父子俱在军中者，父归；兄弟俱在军中者，兄归；独子无兄弟者，回家赡养父母；有疾病者，留下治疗。"这一成人之美的命令深得人心，最后集合到8万精兵，加上千余门客，个个斗志昂扬，最后大败秦军。

从这里我们可以看到信陵君的成功并非偶然，他的仁义为人、成人之美的大度使他在遇到困难时，很多人都愿意帮助他，甚至为他拼死卖命。其中的道理不言自明。

从以上历史故事中我们得到启迪：要想获得，必须先给予，为了让别人归心于自己，首先要做到成人之美。给予别人，就是给予自己。

自己给自己铺路

天才之路都是自己铺成的，这条路上有天才自己的一颗爱心。

在里约热内卢的一个贫民窟里，有一个男孩，他非常喜欢踢足球，可是家里穷，买不起足球，于是就踢塑料盒，踢汽水瓶，踢从垃圾箱捡来的椰子壳。他在巷口踢，在能找到的任何一片空地上踢。

有一天，当他在一个干涸的水塘里踢一只用猪膀胱做的球时，被一位足球教练看见了，他发现这男孩踢得很是那么回事，就主动提出送给他一只足球。小男孩得到足球后踢得更卖劲了，不久，他就能准确地把球踢进远处的随意摆放的一只水桶里。

圣诞节到了，男孩的妈妈说："我们没有钱买圣诞礼物送给我们的恩人，就让我们为我们的恩人祈祷吧。"

小男孩跟妈妈祷告完毕，向妈妈要了一只铲子跑了出去，他来到足球教练住的别墅前的花圃里，开始挖坑。

就在他快挖好的时候，足球教练从别墅里走出来，问小男孩在干什么。小男孩抬起满是汗珠的脸蛋，说："教练，圣诞节到了，我没有礼物送给您，我愿给您的圣诞树挖一个树坑。"

足球教练把小男孩从树坑里拉上来，说："我今天得到了世界上最好的礼物。明天你到我训练场去吧。"

3年后，这个17岁的男孩在第六届世界杯足球赛上独进6球，为巴西第一次捧回金杯，一个原来不为世人所知的名字——贝利，随之传遍世界。

路是人走出来的，而要想走得好一点儿，你就要为自己铺路。

自己的思想

在清代乾隆年间，有两个书法家，翁方纲和刘石庵。翁方纲极认真地模仿古人，讲究每一笔每一划都要酷似某某，如某一横要像苏东坡的，某一捺要像赵孟頫的。自然，一旦练到了这一步，他便颇为得意。刘石庵则正好相反，他不仅苦苦地练，还要求每一笔每一画都不同于古人，讲究自然，直到练到了这一步，才觉得心里踏实。

有一天，翁方纲嘲讽刘石庵，说："请问仁兄，您的字有哪一笔是古人的？"刘石庵并不生气，而是笑眯眯地反问了一句："也请问仁兄一句，您的字，究竟哪一笔是您自己的？"翁方纲听了，顿时张口结舌。

从创造学的观点看，翁方纲毫无出息，除了没完没了地重复别人，实在是一无所有，可怜至极；刘石庵则孜孜不倦地钻研，造就自己独特的艺术个性，做到了"我就是我"！

齐白石先生有一句名言："学我者生，似我者死。"每一个人都是不同的。正因为个性的差异，才构成人生万象的异彩纷呈，才谈得上相互学习、相互促进、相互吸引。因为个性，自身特点才有独立的价值。

佛招弟子，应试者3人：一个太监，一个嫖客，一个疯子。

佛首先考问太监："诸色皆空，你知道吗？"

太监跪答："知道。学生从不近女色。"

佛一摆手："不近女色，怎知色空？"

佛又考问嫖客："悟者不迷，你知道吗？"

嫖客笑答："知道。学生享尽天下美色，可对哪个都不迷恋。"

佛一皱眉："没有迷恋，哪来觉悟？"

最后轮到疯子了。佛微睁慧眼，并不发问，只是慈祥地看着他。

疯子捶胸顿足，凄声哭喊："我爱！我爱！"

佛双手合十："善哉，善哉。"

佛收留疯子做弟子，开启他的佛性，终成正果。

其实，成功者都是独立的思想者，没有自己思想的人混不出很大的名堂。跟着别人跑，跟着别人学，可能获得一点成功，但不能获得大成功。因此，要根据自己的思想，去思考自己的未来，设计出成功的路线和蓝图。

把握今天

大科学家爱因斯坦曾经说过："我从不去想未来，因为它来得太快了。"而中国道家宣扬"无为以求心净"，这也是有其生活依据的。所谓"无为"并非什么事都不做，而是强调尽力做好眼前的事。

乔治·麦克唐纳也说："有道是，无人曾经沉陷于每日重负之下。唯有把明天的重负加在今天的重负之上时，那个重量才超过一个人所能忍受的限度。"

聪明的人，不会太多地停留在昨天，也不会太多地幻想明天，而是牢牢地把握住今天。因为他懂得时间既不因为回忆而增加长度，也不因为人的幻想而增加厚度。时间是公平的，富人、穷人在时间面前都是平等的。所以，对于来去匆匆的人生，自己要有一个坚实的信念。

对于过去，不要过多地回忆，回忆有时会带来伤感，回忆太多会消磨人的意志。对于未来，不要有太多想象，不要太过夸张，未来是人们最喜欢的，但又是最不实际的，它是一种兴奋剂。以平常之心对待未来的人之所以活得很好，是他们并不夸饰未来。一加一从来不等于二，或者说，昨天的经验加上今天的奋斗，一定有一个光辉的明天。

只有把握住今天，才是人生的绝对哲理!

往日的遗憾可以用今天的成绩来弥补，明日的风景可以用今天的匠心去栽培。今天，为你留下了恣意挥洒的空间，你可以努力想象，尽情发挥。今天，是你奋起直追的起跑线，你可以用冲刺的加速度改写昨日失败的懊悔。

请相信，只要你好好把握住了今天，你理想的天空就不会出现阴霾，你耕耘的田野就会硕果累累，你事业的航船就会一帆风顺，你成功的身后就会留下一座不朽的丰碑。当明日朝阳升起的时候，你就会心情舒畅，坦然面对。

所以，最重要的是把握今天，一步一个脚印，一步一步地前进。千里之行，始于足下，不要嫌弃小事，大事是从小事做起的。不要嫌弃走得慢，走得慢比不走要好。走自己的路，不要东张西望。不要回头，一直走下去。不要先问结果，要问自己的努力和付出。这样才有可能成为真正的事业成功者。

少留恋昨天，多把握今天，更要努力创造明天。

命运在自己的手中

有这样一则故事：

一个生活平庸的年轻人，对自己的人生没有信心，平时经常去找一些“赛半仙”之类的人算命，结果越算越没信心。他听说山上寺庙里有一位禅师很是了得，这天他便带着对命运的疑问去拜访禅师，他问禅师：“大师，请您告诉我，这个世界上真的有命运吗？”

“有的。”禅师回答。

“噢，这样是不是就说明我命中注定穷困一生呢？”他问。

禅师让这个年轻人伸出他的左手，指着手掌对年轻人说：“你看清楚了吗？这条横线叫作爱情线，这条斜线叫作事业线，另外一条竖线就是生命线。”

然后禅师让他自己做一个动作，把手慢慢地握起来，握得紧紧的。

禅师问：“你说这几根线在哪里？”

那人迷惑地说：“在我的手里啊！”

“命运呢？”

那人终于恍然大悟，原来命运是掌握在自己手里的。

不管别人怎么说，记住，命运在自己的手里，而不是在别人的嘴里！当然，再看看自己的拳头，你会发现，你的生命线有一部分还留在外面没有被抓住，它又能给你什么启示呢？命运大部分掌握在自己手里，但还有一部分掌握在“上天”的手里。古往今来，凡成大业者，他们奋斗的意义就在于用其一生的努力去换取在“上天”手里的那一部分“命运”。

俗话说：“天下没有免费的午餐。”你只有积极进取、努力争夺，才可能获得满意的结果。如果只是一味地等待机会，就如同躺在床上等待小鸟飞到你的手掌心，这样，伴随你的也只有一次次的失望甚至是绝望了。

那么，现在就握紧自己的手，对自己大声说一句：命运掌握在我自己的手中，而不在别人的手里和嘴里！

改变自己才能改变世界

从前有个皇帝，很喜欢在自己的国土上四处巡视。每天这样走来走去，两只脚生了泡，痛得要死。他觉得很愤怒，就要求大臣把自己的国土全铺上地毯。现织地毯是来不及了，就杀掉牛，剥了牛皮铺在地上，牛杀光了，还不够，然后就杀猪杀羊，最后连老鼠都杀了剥皮，也只能覆盖京城周围一带。皇帝更加愤怒，告诉大臣，如果还是不够用就杀人剥人皮来铺。

一个大臣觉得这也不是办法，就小心翼翼地跟皇帝说："您就是真的把国民通通杀光，估计也不够用的，您为什么不用一小块牛皮把自己的脚包起来呢？"皇帝觉得有道理，弄来一块牛皮试了一下，果然走再远的路，脚也不会痛了。就这样，世界上第一双皮鞋诞生了。

有时候我们常常会抱怨这个世界不公平，其实往往是自身的原因。有时候我们常常幻想改变世界，结果却碰得头破血流，尝试一下改变自己，世界很可能就会变得美好起来。

在威斯敏斯特教堂的地下室里，英国圣公会主教的墓碑上有一段话：

当我年轻自由的时候，我的想象力没有任何局限，我梦想改变这个世界。

当我渐渐成熟明智的时候，我发现这个世界是不可能改变的，于是我将眼光放得短浅了一些，那就只改变我的国家吧！

但我的国家似乎也是我无法改变的。

当我到了迟暮之年，抱着最后一丝努力的希望，我决定只改变我的家庭、我亲近的人——但是，唉！他们根本不接受改变。

现在在我临终之际，我才突然意识到：如果起初我只改变自己，接着我就可以依次改变我的家人；然后，在他们的激发和鼓励下，我也许就能改变我的国家。再接下来，谁又知道呢，也许我连整个世界都可以改变。

要想获得新生活，就必须改变自己，勇于突破，而不能总是原地踏步。当你抱着积极的心理态度时，世界在你面前势必会低头。

爱人是你最好的选择

生活中我们经常可以看到这样的对话：

男的说："没见过像你这样蛮不讲理的女人。"

女的说："不错，我也没见过像你这样粗鲁蛮横的男人。"

男的又说："你看看人家小雨妈，多温柔体贴，多会操持家务，哪像你整天就知道围着牌桌不下场！"

女的反唇相讥："还好意思说，你也不看看明明他爸，人家上两个班，还经常写字画画发表文章赚外快，哪像你就知道喝酒、聊天、瞎胡诌！"

现实生活中的确存在这种现象。回想当初，他(她)不也是你的最佳选择吗？若不然你又何必与他(她)结婚呢？两个人经过一段婚姻生活后，婚前的新鲜感已荡然无存，对方的缺点也暴露无遗，这时便生出许多感叹、埋怨来：当初要不是怎么怎么，我才不会看上你呢……

上帝拿出两个苹果，让一幸运男子挑选。这男子权衡再三，终于下定决心，选了他认为最满意的一个。上帝含笑赐予，他千恩万谢，接过后转身离去。突然，男子却反悔想调换成另一个，回头上帝已不见了，于是他耿耿于怀过了一生。上帝叹道："人啊，总是期待那些未到手的，而不好好珍惜手中所有，怎么可能获得幸福呢？"

上帝之言千真万确！常言道："这山望着那山高，到了那山更糟糕。""人心不足蛇吞象。"说的就是这个道理。其实你认为最好的也未必适合你，现实生活中这类事例比比皆是。告诉自己，自己的爱人才是当世无双、最完美的理想伴侣。只有这样，你的心理才能平衡，你的心情才能舒畅，你才能活得坦然，过得洒脱。

既然当初于千万人之中选择了他（她），那就要好好地去珍惜他（她）。

第二章
学会选择，懂得放弃：搬开心里的石头

在选择与放弃间收获幸福

幸福就是学会选择，懂得放弃。

我们常听到老人们提起他们的小时候，说那时虽然吃不饱、穿不暖，却觉得生活得很幸福；也常听自己的同龄人抱怨，抱怨生活中有太多的抉择，以至于幸福就在抉择中溜走了。也许是我们的物质条件比起父辈来优越许多；也许是杂乱的生活让我们的思想变得越来越复杂，在光怪陆离的生活中我们丢掉了幸福。殊不知，简单的幸福就是学会选择，懂得放弃。

人生中，左右为难的情形会时常出现，比如：面对两份同具诱惑力的工作、两个同具诱惑力的追求者，为了得到其中一个，我们必须放弃另外一个。若过多地权衡，患得患失，到头来将两手空空、一无所得。我们不必为此感到悲伤，因为能抓住人生一半的美好就已经足够幸福了。

而那些事业有成之士，总会在抉择之后一直走下去。释迦牟尼在宗教事业和王位之间，选择了创立佛教；鲁迅在拯救人的灵魂和人的身体之间选择了前者，成为一代文豪；迈克尔·乔丹放弃了棒球运动员的梦想，成为世界篮坛上最耀眼的“飞人”球星；帕瓦罗蒂放弃了教师职业，成为名扬世界的歌坛巨星。

人生的大多数时候，无论我们怎样审慎地选择，终归都不会尽善尽美，总会留有缺憾，但缺憾本身也是一种美。有些选项看似诱人，但如果不适合自己，那就要果断舍弃。作出什么样的选择，要视自身条件和具体情况而定，要有自己的主见。

人生就像一张茶几，上面摆满了杯具，然而却时常有人把自己的人生过成“餐具”，只有那些懂得舍弃、懂得选择的人，才能最终把自己的人生变成“洗具”，因为幸福就是学会选择，懂得放弃。

处于岔道口，做好选择

人生有不同的滋味，想要品尝到什么样的滋味，一切在于自己的选择。

龙到地上的时候，四爪着地，还有一爪抓着明珠不放；而蛟一落地，四爪抓住种种繁华，贪恋尘世，从此不愿离开。一个有明珠，自然其心光华，再次飞升；一个无明珠照耀，内心渐生污浊，想要再得飞升便很难了。所以，人们只知争论龙与蛟的区别，究竟是五爪还是四爪。殊不知更大的分歧在于二者对生活的态度。

古今中外，许多能影响千秋万世、在后世被称贤称圣的伟人，在当时处境都很凄凉寂寞。之所以会这样，原因就在于选择，孟子之所以寂寞，是因为他选择了为王道政治而奔走。

《史记》中，司马迁为孟子这个选择的后果做了很好的注解。

孟子奔走于各个国家，都被作为一个摆设受到冷遇，而与他同时代的邹衍却是风光无限。“是以邹子重于齐。适梁，惠王郊迎，执宾主之礼。适赵，平原君侧行撇席。如燕，昭王拥碧先驱，请列弟子之座而受业，筑碣石宫，身亲往师之。”邹衍在齐国极受尊敬，连一般的知识分子，在他的影响下，也受到了齐王的敬重和优待。

无论是孟子，还是邹衍，都是治世之才。孟子是圣人，邹衍也不是欺世盗名之辈，只是二人坚持的思想不同，恰好一人的思想主张与当世君王的意愿相符，从而得到重用；而另一位却因其思想是功在当代，利在千秋，不能为当时的君主所接受而已。同一时代的杰出人士却有不同的命运，原因只在选择的不同。

人一生中不可避免地要面对选择。在选择之前，未来是不确定的；在选择之后，你所作的选择就成了既定的事实。即使有无数人来对你的选择进行评价和争吵，都不能改变你已经作出的选择。

人生必须面临选择，而选择不同的路就会造就不同的人生。

颜回和子贡同为孔子的弟子，二人的遭遇却大不相同。

颜回是孔子最得意的弟子，他出身贫寒，自幼生活清苦，却能安贫乐道、不慕富贵；他性格恬静、聪明过人、长于深思，孔子所讲的许多高深道理，他能完全理解，且能“闻一知十”。颜回跟随孔子周游列国，过匡地遇乱及在陈、蔡间遇险时，子路等人都对孔子的学说产生了怀疑，而颜回始终坚持不渝。不幸的是，颜回早逝，孔子对他的早逝感到极为悲痛，不禁哀叹说：“噫！天丧予！天丧予！”颜回一生没有做过官，也没有留下传世之作，他的只言片语，被收集在《论语》等书中，其思想与孔子的思想基本是一致的，后世尊其为“复圣”。孔子在颜回逝世之后感叹道：“贤哉，回也，一箪食，一瓢饮，身在陋巷，人不堪其忧，回也不改其乐。贤哉，回也！”

孔子的另一位弟子子贡也博学多才，洞察时势，能言善辩，在经商和社会活动方面都很有成就。《史记·货殖列传》共载十七人，子贡列在第二。子贡善于掌握市场信息，并“与时转货赀”，在商业经营中取得巨大成功。他“常相鲁卫，家累千金”“富可敌国”。子贡经商是与政治目的相联系的。他经常“结驷连骑，束帛之币以聘诸侯”，“所至，国君无不分庭抗礼”。越王勾践甚至“除道效郊，身御至舍”。正因为经商致富，他才有显赫的政治地位和广泛的社会影响力。

正如颜回和子贡，不同的人因价值观和世界观不同而选择了不同的生活，也造就了不同的结果。著名哲学家阿纳哈斯说：“人生有不同的滋味，想要品尝到什么样的滋味，一切在于自己的选择。”

人生就像是一条路，你所作的每一次选择就是这路上的一个岔道口，它们不停地延伸，把你带向生命的终点。只有到了你要离开这个世界的那一瞬间，你才会知道自己归于何处。到了那个时候，你心中会或多或少地有着某种遗憾或是懊悔：“当初，如果我……就好了。”但你却永远也无法再次回到起点。决定成败的往往不是起点，而是人生的岔路口，选择好了，前方是坦途；没选择好，前方是坎途。

所以，如何走人生这条路，那就看你一开始的选择是怎样的。上苍很公平，它给我们选择的权利，但有一得必有一失，一旦作了选择，我们就要做好接受一切的准备，不论选择的结果如何。

所谓“条条大路通罗马”，其实世间的道路并非条条都是大道，正如人生之路，有的崎岖坎坷，有的平步青云。走哪条路，我们要慎重选择。选择一条专属于自己的路。事实告诉我们，大多数成功正是来源于我们当初所作出的正确选择。

人生岔路口，关键时刻，我们都要做好选择，才能无悔于心。

正确的方向比努力更重要

一粒种子的方向是冲出土壤，寻找阳光。

“没有比漫无目的地徘徊更令人无法忍受的了。”这是《荷马史诗》中的《奥德赛》里的一句至理名言。高尔夫球教练也总是说：“方向是最重要的。”其实，人生何尝不是如此？然而在现实生活中，有很多人都做着毫无方向的事情，过着漫无目的的生活。这种没有方向的人生注定是失败的人生。

人生并不是什么时候都需要坚强的毅力，毅力和坚持只在正确的方向下才会有用。在必败的领域，毅力和坚持只会让人南辕北辙，输得更惨。大多数情况下，人更需要的是分辨方向的智慧。

20世纪40年代，有一个年轻人，先后在慕尼黑和巴黎的美术学校学习画画。“二战”结束后，他靠卖自己的画为生。

一日，他的一幅未署名的画被他人误认为是毕加索的画而出高价买走。这件事情给了他启发。于是他开始大量模仿毕加索的画，并且一模仿就是二十多年。

二十多年后，他一个人来到西班牙的一个小岛，他渴望安顿下来，筑一个巢。他又拿起画笔，画了一些风景和肖像画，每幅都签上了自己的真名。但是这些画过于感伤，主题也不明确，没有得到人们的认可。更不幸的是，当局查出他就是那个躲在幕后的假画制造者，因为考虑到他是一个流亡者，所以只判了他两个月的监禁。

这个人就是埃尔米尔·德·霍里。毋庸置疑，埃尔米尔有独特的天赋和才华，但是由于没有找准自己努力的方向，终于陷进泥淖，不能自拔。最可惜的是，他在长时间模仿他人的过程中渐渐迷失了自己，再也画不出真正属于自己的作品了。

对人生而言，努力固然重要，但是更重要的是选择努力的方向。

有一个年轻人，痴迷于写作。他每天笔耕不辍，用钢笔把稿件誊写得清清楚楚，寄给各地的杂志社、报社，然而，投出的稿子不是泥牛入海，就是只收到一纸不予采用的通知。他很苦恼，拿着稿子专门去请教一位名作家。作家看了他的稿子，只说了一句话："你为什么不去练习书法呢？"

5年后，他凭着自己出众的硬笔书法作品加入了省书法协会。

一粒种子的方向是冲出土壤，寻找阳光。人生亦如此，正确的方向让我们事半功倍，而错误的方向会让我们误入歧途，甚至误人一生。

对高尔夫球手来讲，方向就是门洞所在的位置，就是要击的下一个球；而对于人生而言，方向就是目标，就是朝着长远目标的方向逐步实现、完成的一个个小目标。

耶鲁大学历时二十余年作了一项调查：在开始的时候，研究人员向参与调查的学生问了这样一个问题："你们有目标吗？"对于这个问题，只有10%的学生确认他们有目标。然后，研究人员又问了学生第二个问题："如果你们有目标，那么，你们是否把自己的目标写下来了呢？"这次总共有4%的学生的回答是肯定的。20年后，当耶鲁大学的研究人员在世界各地追访当年参与调查的学生时，他们发现，当年白纸黑字把自己人生目标写下来的那些人，无论是在事业发展上还是生活水平上，都远远超过了那些没有这样做的同龄人。不说别的，只说这4%的人所拥有的财富，居然超过余下96%的人的总和。

上帝是公平的，它给予我们每个人一样的天空、一样的阳光、一样的雨露、一样的每天24小时。成功的人之所以能实现的梦想，关键是他们在每次起程的那一刻就找准了前行的目标，尽管在前行的道路上，会遇到各种各样难以预料的挫折与磨难，但是有了方向的引领，再大的风雨也阻挡不了他们前行的脚步。古今中外，无数名人志士，无一不是在明确的人生方向的指引下，拨开云雾，实现自己目标的。

著名的物理学家爱因斯坦在5岁时，父亲送给他一个罗盘。当他发现指南针总是指着固定的方向时，感到非常惊奇，觉得一定有什么东西深深地隐藏在这现象后面，他执着地想要知道指南针为什么能指南。从那时起，他就把对电磁学等物理现象的研究作为他人生的方向，并一直执着地追求这个目标，终于成了世界物理学科的“旗手”。

人生的方向，因人而异，各有不同。找准方向，是让我们根据自己的实际情况，确立一个合理的目标，而不是不切实际地空想；找准方向，我们才能在生命的征程中沿着既定轨迹稳步前行；找准方向，我们才能用一生的力量，实现自己的梦想。

尝试回到人生的原点

人们习惯于对爬上高山之巅的人顶礼膜拜，实际上，能够及时主动从光环中隐退的下山者也是“英雄”。

有多少人把“隐退”当成“失败”。曾经有过非常多的例子显示，对于那些惯于享受欢呼与掌声的人而言，一旦从高空中跌落下来，就像是艺人失掉了舞台，将军失掉了战场，往往因为一时难以适应，而自陷于绝望的谷底。

心理专家分析，一个人若是能在适当的时间选择短暂的隐退（不论是自愿还是被迫），都会是一个很好的转机，因为它能让你留出时间观察和思考，使你在独处的时候找到真正的自我。

唯有离开自己当主角的舞台，才能防止自我膨胀。虽然，失去掌声令人惋惜，但往好的一面看，心理专家认为，“隐退”就是在进行深层学习，一方面挖掘自己的不足，另一方面重新上发条，平衡日后的生活。当你志得意满的时候，是很难想象将来没有掌声的日子的。如果你想一辈子获得持久的掌声，就要懂得享受“隐退”。

作家班塞说过一段令人印象深刻的话：“在其位的时候，总觉得什么都不能舍，一旦真的舍了之后，又发现好像什么都可以舍。”曾经做过杂志主编，翻译出版过许多知名畅销书的班塞，在40岁事业巅峰的时候退下来，选择当个自由人，重新思考人生的出路。

欧文40岁那年，他从人事经理被提升为总经理。3年后，他自动“开除”了自己，舍弃“总经理”的头衔，改任没有实权的顾问。

正值人生巅峰的阶段，欧文却奋勇地从急流中跳出，他的说法是："我不是退休，而是转进。"

"总经理"3个字对多数人而言，代表着财富、地位，是事业、身份的象征。然而，短短3年的总经理生涯，令欧文感触颇深的，却是诸多的无可奈何与不得而为。

他全面地打量自己，他的工作确实让他过得很光鲜，周围想巴结他的人更是不在少数，然而，每天疲于奔命、穷于应付，他其实活得并不开心。这种生活，促使他决定辞职，"人要回到原点，才能更轻松自在。"他说。

辞职以后，他把司机、车子一并还给公司，应酬也减到最低。不当总经理的欧文，感觉时间突然多了起来，他把主要的精力拿来写作，抒发自己在广告领域多年的观察与心得。

"我很想试试看，人生是不是还有别的路可走。"他笃定地说。

事实上，欧文在写作上很有天分，而且多年的职场经历帮他积累了大量的素材。现在欧文已经是某知名杂志的专栏作家，其间还完成了两本管理学著作，欧文迎来了他的第二次人生辉煌。

事实上，"隐退"只是转移阵地，或者是为了下一场战役储备新的能量。但是，很多人认不清这点，一直缅怀着过去的光荣，他们始终难以忘怀"我曾经如何如何"，不甘心从此做个默默无闻的小人物。从山顶走下来，你同样可以创造辉煌，同样是个大英雄。

一个不受过去干扰的人，就像画家手中的一张干净的纸，更能画出美妙的图画来。因为是崭新的开始，就需要付出全部的努力，需要认真地对待，需要一丝不苟地去应对每一个环节和细节，这样往往更能把事情做好，而这样的人也正是能理智选择人生道路的人。

昨天的种子决定今天的果实

成功不在于我们身在何处，而在于我们朝着哪个方向走，能否坚持下去。

有一个非常勤奋的青年，很想在各个方面都比身边的人强。但经过多年的努力，仍然没有长进，他很苦恼，就去向智者请教。

智者叫来正在砍柴的三个弟子，嘱咐说："你们带这个施主到五里山，打一担自己认为最满意的柴。"年轻人和三个弟子沿着门前湍急的江水，直奔五里山。

等到他们返回时，智者正在原地迎接他们。年轻人满头大汗、气喘吁吁地扛着两捆柴，蹒跚而来；两个弟子一前一后，前面的弟子用扁担左右各担四捆柴，后面的弟子轻松地跟着。正在这时，从江面驶来一个木筏，载着最小的弟子和八捆柴，停在智者的面前。

年轻人和两个先到的弟子，你看看我，我看看你，沉默不语；唯独划木筏的小弟子，与智者坦然相对。智者见状，问："怎么啦？你们对自己的表现不满意？""大师，让我们再砍一次吧！"那个年轻人请求说，"我一开始就砍了六捆，扛到半路，就扛不动了，扔了两捆；又走了一会儿，还是压得喘不过气，又扔掉两捆；最后，我就把这两捆扛回来了。可是，大师，我已经很努力了。"

"我和他恰恰相反，"那个大弟子说，"刚开始，我俩各砍两捆，将四捆柴一前一后挂在扁担上，跟着这个施主走。我和师弟轮换担柴，不但不觉得累，反倒觉得轻松了很多。最后，又把施主丢弃的柴挑了回来"。

划木筏的小弟子接过话，说："我个子矮，力气小，别说两捆，就是一捆，这么远的路也挑不回来，所以，我选择走水路……"

智者用赞赏的目光看着弟子们，微微颔首，然后走到年轻人面前，拍着他的肩膀，语重心长地说："一个人要走自己的路，本身没有错，关键是怎样走；走自己的路，让别人说，也没有错，关键是走的路是否正确。年轻人，你要永远记住：选择比努力更重要。"

生活中有很多人都在从事着自己并不喜爱的职业，于是总会发出"我也很努力，但就是做不到最好"的感慨。有的人会指责说这话的人工作态度有问题，要真努力工作了，岂有做不好之理？其实归根结底并不是这些人不够爱岗敬业，而是职业本身并不是他们最适合的。换言之，要想真正把一项工作做得得心应手，就要选择正确的人生目标。那么，原来选错了怎么办？不要犹豫，放弃它，去把握属于我们自己的正确方向。

一个人就是一条奔腾不息的河流，一路上我们需要跨越重重障碍，才能有所突破、有所进步。在这个过程中，有一点很重要，那就是要清楚我们到底要的是什么。如果只是为了工作而工作，为了不闲着而去忙，那么，我们碌碌地走完半生，回忆起来会猛然觉得自己既对不起时间，也对不起自己。

人生的悲剧不是无法实现自己的目标，而是不知道自己的目标是什么。成功不在于我们身在何处，而在于我们朝着哪个方向走，能否坚持自己的目标。没有正确的目标，就永远不会到达成功的彼岸。

有一个美国青年无意间发现了一份能将清水变成汽油的广告。

这个美国青年喜欢搞研究，满脑子都是稀奇古怪的想法，他渴望有一天成为举世瞩目的发明家，让全世界的人都享用他的发明创造。

所以，当他看到水变汽油的广告后，马上买来了资料，把自己关在屋子里，不接待任何客人，电话线掐断，总之一切与外界的联系都被他切断了。他需要绝对的安静，需要绝对的专心，直到这项伟大的发明成功。

青年夜以继日地研究，达到了废寝忘食的程度。每次吃饭的时候，都是母亲从门缝里把饭塞进来，他不准母亲进来打扰他。他常常是两顿饭合成一顿吃，很多时候都把黑夜当作黎明。善良的母亲看见自己的儿子越来越瘦，终于忍不住了，趁儿子上厕所的时候，溜进他的卧室，看了他的研究资料。母亲还以为儿子的研究有多伟大，原来是研究水如何变成汽油，这简直是不可能的事情。

母亲不想眼睁睁地看着儿子陷入荒唐的泥淖无法自拔，于是劝儿子说："你要做的事情根本不符合自然规律，别再瞎忙了。"可这个青年压根儿就不听，他头一昂，回答说："只要坚持下去，我相信总会成功的。"

5年过去了，10年过去了，20年过去了……转眼间，那个青年已白发苍苍，父母死了，没有工作，他只能靠政府的救济勉强度日。可是他的内心却非常充实，屡败屡战。

一天，多年不见的好友来看他，无意间看到了他的研究计划，惊愕地说："原来是你！几十年前，我因为无聊贴了一份水变汽油的假广告。后来有一个人向我邮购所谓的资料，原来那个人就是你！"

他听完这一番话，立刻疯了，最后住进了精神病院。

因为有太多坚持到底的故事，所以我们一直以为坚持就是好的，而放弃就是消极的。其实坚持代表一种顽强的毅力，它就像不断给汽车提供前进动力的发动机。但是，在前进的同时还需要一定的技巧，如果方向不对，则只会越走越远，这时，只有先放弃，等找准方向再重新努力才是明智之举。这就是水变汽油的悲剧带给我们的启示。

21世纪的今天，选择有时候比努力更重要，昨天选择播撒什么样的种子，今天就会收获什么样的果实。选择不对，努力白费。所以，我们每天都应该问自己：我作出正确的选择了吗？

小弃小得，大弃大得

放弃是一种境界，大弃大得，小弃小得。

下棋的时候，有些局面需要弃子。弃子的力度越大，得到的战果越佳。

有这样一位小故事：

有一个聪明的年轻人，很想在一切方面都比他身边的人强，他尤其想成为一名大学问家。可是，许多年过去了，他的其他方面都不错，学业却没有长进。他很苦恼，就去向一位大师求教。

大师说："我们去登山吧，到山顶你就知道该如何做了。"

那座山上有许多晶莹的小石头，煞是迷人。每见到他喜欢的石头，大师就让他装进袋子里背着，很快，他就吃不消了。

"大师，再背，别说到山顶，恐怕连动也不能动了。"年轻人疑惑地望着大师。

"是呀，那该怎么办呢？"大师微微一笑，"该放下！不放下，背着石头怎么能登山呢？"大师道。

年轻人一愣，忽然心中一亮，向大师道了谢走了。之后，他一心做学问，进步飞快……

其实，有所得必要有所失，只有学会放弃，学会放下，才有可能登上人生的顶峰。

我们很多时候羡慕在天空中自由自在飞翔的鸟儿，人，其实也该像鸟儿一样，欢呼于枝头，跳跃于林间，与清风嬉戏，与明月相伴，无拘无束，无羁无绊。这，是鸟儿的生活，也是人类应有的生活。然而，这世上终还有一些鸟儿，因为忍受不了饥饿、干渴、孤独，禁不住美食乃至“爱情”的诱惑，而成为笼中鸟，永永远远地失去了自由，成为人类的玩物。

与人类相比，鸟儿面对的诱惑要简单得多。而人类，却要面对来自红尘之中的种种诱惑。于是，人们往往在这些诱惑中迷失了自己，跌入了欲望的深渊，把自己装入了一个个打造精致的所谓功名利禄的金丝笼里。

这是鸟儿的悲哀，也是人类的悲哀。然而更为悲哀的是，鸟儿被囚禁于笼中，被人玩弄于股掌之上，仍欢呼雀跃，放声高歌，甚至于喃喃学语，博人欢心；人类置身于功名利禄的包围中，仍自鸣得意，唯我独尊。这，应该说是一种更深层次的悲哀。

人生在世，有许多东西是需要放弃的。在仕途中，放弃对权力的追逐，随遇而安，得到的是宁静与淡泊；在淘金过程中，放弃对金钱无止境的掠夺，得到的是安心和快乐；在春风得意、身边美女如云时，放弃对美色的占有，得到的是家庭的温馨和美满。

不要苦苦地挽留夕阳、久久地感伤春光。什么也不放弃的人，往往会失去更多珍贵的东西。今天的放弃，是为了明天的得到。

懂得放弃才有快乐，背着包袱走路总是很辛苦。能够放弃是一种超越，当我们学会放弃，做到简单从容地活着的时候，我们生命的低谷就过去了。

择优而选，人生没有后悔

选择是人生的一种状态，有选择就会有放弃，放弃也是一种智慧。

“九德”中有一德叫“扰而毅”，即头脑灵活而有毅力。但是生活中多半人没有达到这种标准，往往是头脑灵活却没有毅力，或者是有毅力却不灵活。前一种人灵活有余，做小事成功的不少，但是难成大事；后一种人由于太不会变通，虽有毅力也难成大事。

生活中，固执者坚持己见，缺乏变通的智慧，因而常常正邪不分、忠奸不辨。没有见识，就不能观其人、听其言、察其行，因此就不能知己知彼，不能客观、公正地判断人或事，这样势必后患无穷。

“滴水穿石”“绳锯木断”，它们无一不在说明坚持不懈带来的成功，半途而废的行为让人唾弃、为人不齿。然而生活中有些事情却需要“半途而废”，即在适当的时候变通，不钻牛角尖，不一条路走到黑，不固守一成不变的东西，这也是人生应该掌握的智慧。

人不仅要学会变通，还要懂得选择，懂得舍得的智慧。有首诗说“手把青秧插满田，低头便见水中天。心底清净方为道，退步原来是向前”。有时不切实际地一味执着，是一种愚昧与无知，因为一旦方向错了，前进就是退步，退步反而是进步，这也就是为什么人们常说放弃是一种智慧。一个东西如果不值得坚持的话，那就应该果断放弃。

可是能够完全放下的人不多。西方有句谚语：“你有所选择，同时你就有所失去。”这在西方经济学上叫作机会成本，你因为选择而放弃的那些东西，就是你的机会成本。这是客观存在的，是一种交换。可是很多人就是想鱼和熊掌兼得，想同时看到硬币的正反面。

有位成功的商界女士在她的文章里写道：“几年之前，悔恨放弃了美好世界的一切，只为了追求与他的爱情。几年之后，悔恨放弃了一个好男人，说是追求自己的成就。可是现在自己站在顶楼办公室的落地窗前，又如何？两者之间真的不能兼得吗？”既然选择了，那就必然会放弃权衡过的应该放弃的东西，那为什么还要后悔呢？我们能做的就是放弃应该放弃的，然后追求我们想得到的，人生也就没有后悔了。

舍得，这两个字是分不开的，有舍才有得。决定了就别反悔，生命的火车是不等人的。在我们作决定的同时，实际上我们就在失去。我们唯一能够做的，就是想清楚，我们所选择的是不是真的比我们要放弃的还重要。很多人后悔不是因为现在的状况不如以前，而是因为他当时选择的时候，根本没有想清楚将来的状况会不如当初。

上一次选择的方向决定了下一次选择的方向，如果发现方向错了，不妨迅速收住，做你认为正确的。当局者迷，旁观者清。我们很多时候应该聆听别人的建议，以选择最优的方案，如果只是活在自己的世界里，那就很可悲了。

人一生中会碰到很多次选择，因此重要的是尽可能地选择适合你的。如果发现方向错了，就应该马上停下来，不能再前进了。如果选择了不适合的，却一直坚持，那结果就只能是南辕北辙，坚持得越久失败得越惨。扰而毅，缺一则废。

人生就应当学会选择，懂得放弃，在舍与得间选择最佳的人生路。

在鱼与熊掌间理智取舍

取舍，是我们一生的功课。孟子曰：鱼我所欲也，熊掌亦我所欲也，二者不可得兼，舍鱼而取熊掌者也。孟子认为，当人必须在两者之间作取舍选择的时候，要两者取其重，舍掉相对轻的一方。这段关于鱼和熊掌的发论成为千年以来的名篇，其原因即在于孟子对于取舍的精彩论断。

有人在空地上洒了些蜜，许多苍蝇赶来，因舍不得走被蜜粘住了脚，再也飞不起来。苍蝇因为舍不得放弃而丧失了行动的能力，人有时候何尝不是这样，因为舍不得放弃，结果失去了更多的东西。

有取就有舍，而有舍才有得。人们往往只是看到了他人舍去世俗的荣华富贵和荣誉地位，却忽略了他舍弃这些东西背后所得到的更加珍贵的东西。这种舍弃，便达到了宁静而豁达的境界。

所以说，做人要有所为有所不为，明智的取舍是很重要的。

要做到如孟子所说的那样能在鱼与熊掌间理智取舍，其实并没有人们想象得那么难。现实中，我们需要的也许只是一点儿理智、一点儿坚忍。成功的人之所以成功，是因为他们知道该做什么，不该做什么；什么应该坚持，而什么又该舍弃。

中国雅虎前任总裁曾鸣曾说："一个臭的决策往往很容易就决定了，而一个好的决策往往在一时之间难以取舍，这是因为你不知道它到底是对的还是错的。"

其实，一个领导者的决策过程就是舍与得的取舍过程。就像阿里巴巴，它在取舍方面就有好与坏之分。马云为了使阿里巴巴成为世界上最好的电子商务平台，多年来一直"舍得"让新开展的业务处于亏损状态。

在2007年的年会上，马云指出，阿里巴巴目前的主要任务是做大规模，而不是赚钱，尤其是对淘宝和支付宝而言。他让大家忘掉钱，忘掉赚钱，不要在意外界对阿里巴巴的负面评价。很多人都很关注阿里巴巴的淘宝网收费的问题，马云的想法很简单，他认为淘宝如果想要真正赚钱，首先要考虑的是淘宝是否帮别人真正赚了钱。所以说，淘宝现在收费的时机还尚不成熟，因为它的市场还需要培育。举个例子，如果阿里巴巴在去往金矿路上发现了很多小金子，于是他不断地捡起来，当他浑身装满了金子的时候就会走不动，这样的话他就永远到不了金矿了。另外，马云认为淘宝收费是需要有一点创新的，因为所有模仿的东西都不会超出预期值很多，就像谷歌能超出人们期望的高度就是因为它的创新，全球最大门户网站雅虎也是靠自己的创新最终大获成功的。

自从淘宝成立以来，它每年的交易额以 10 倍的速度迅速增长，仅 2007 年上半年的交易额就达到了 157 亿元，网站注册会员超过 4000 万，在中国 C2C 市场中的份额几乎达到了 80%。面对这样卓越的成绩，淘宝却说："我们现在的规模连婴儿都不是。"他们认为只有当淘宝的交易额可以与传统的商业巨头，像国美、沃尔玛等相媲美时，淘宝才是真正面向个人用户电子商务的未来所在。

马云的这种舍弃小利益，为社会创造更高价值的理念，使得他把握住了互联网的命脉。同时，正是基于对电子商务的坚定信念，马云立志在不久的将来要把阿里巴巴做成世界十大网站之一，从而实现"只要是商人，就一定要用阿里巴巴"的目标。

马云正是知道什么时候该舍弃、什么时候该坚持，才一步步地走到了今天。

相信所有的人对于世间美好的事物都是十分向往的，可是鱼与熊掌不可兼得，如果说我们面前有一棵树，远处依然有广阔的森林等着我们。而舍弃的含义就是不要为了一棵树而放弃整片森林。而舍不舍得、怎样去舍，以及怎样去得，就全看我们自己了。取舍，是我们一生的功课。

学会放弃的哲学

学会放弃，是一种人生的哲学，能够做到敢于放弃，那是一种生存的魄力，更是一种良好的心态。

人生在世，喜欢的东西是无尽的，但不是所有我们喜欢的东西都一定要据为己有。很多人为自己得不到的东西而殚精竭虑、失魂落魄，在无尽的追逐中，偏离了原本属于自己的人生轨道，最后失去了更多的东西。古语有云：“有果必有因，缘起缘落，是你的终究是你的，不是你的，强求也得不来。”

有个书生和未婚妻约好在某年某月某日结婚。但到了那一天，未婚妻却嫁给了别人，书生为此备受打击，一病不起。

这天，一位过路的僧人得知了这个情况，就决定点化一下他。僧人来到他的床前，从怀中摸出一面镜子叫书生看。书生看到茫茫大海，一名遇害的女子一丝不挂地躺在海滩上。一人路过，看了一眼，摇摇头走了。又一人路过，将衣服脱下，给女尸盖上，走了。再一人路过，挖个坑，小心翼翼地把尸体埋了。书生正疑惑间，画面切换。

书生看到自己的未婚妻，洞房花烛，被她的丈夫掀起了盖头。书生不明就里，就问僧人。僧人解释说：“那具海滩上的女尸就是你未婚妻的前世。你是第二个路过的人，曾给过她一件衣服。她今生和你相恋，只为还你一个情。但她最终要报答一生一世的人，是最后那个把她掩埋的人，那个人就是她现在的丈夫。”书生听后，豁然开朗，病也渐渐地好了。

书生为什么会病倒？就是因为他太在乎、太执着，对自己的未婚妻始终放不下，当僧人帮他解释了未婚妻的情况后，他就能从心底将这件事放下了，了解了前后因果，那么心病自然也就好了。

放弃了一段成就不了的无缘爱情，书生才能够获得新生。我们的生活中其实并不该那么多无谓的执着，更没有太多的不能割舍。人的一生不可能什么都得到，放弃了条件丰厚、优越的城市生活，才能够过清净宜人、悠然自得的田园生活；放弃了大量的闲暇时间，去努力拼搏，才能够听到成功后祝贺的掌声；放弃了娇嫩的皮肤，整天在烈日的暴晒下练习，才能成为赛场上的一名优秀的田径运动员。

学会放弃，是一种人生哲学，能够做到敢于放弃，那是一种生存的魄力，更是一种良好的心态。

有一个人出门办事，跋山涉水，好不辛苦。有一天经过险峻的悬崖，一不小心掉下悬崖。

眼看生命危在旦夕，此人双手在空中攀抓，刚好抓住崖壁上枯树的老枝，总算保住了性命，但是人悬荡在半空中，上下不得，正在不知如何是好的时候，忽然看到慈悲的佛陀站立在悬崖上慈祥地看着自己。此人如见救星般，赶快求佛陀说：“佛陀！求求您救救我吧！”

“我救你可以，但是你要听我的话，我才有办法救你上来。”佛陀慈祥地说。

“佛陀！到了这种地步，我怎敢不听您的话呢？随您说什么，我全都听您的。”

“好吧！那么请你把攀住树枝的手放下！”

此人一听，心想，把手一放，势必掉入万丈深渊，跌得粉身碎骨，哪里还保得住性命？因此更加抓紧树枝不放，佛陀看到此人执迷不悟，只好离去。

放弃，是一种人生境界，只有超然生命的顿悟，才能够让自己获得重生。人处在生命的紧要关头，往往会因为怕死而无谓牺牲，其实有时候放弃了手上的救命稻草，往往是另一种生机。

人生亦是如此，当生活强迫我们必须在两难境地作出生死抉择的时候，必须要放弃眼前的心安，来争取全局。放弃是一种远见，放弃是一种智慧。有所放弃，才会有所收获，才能将对自己的损害减到最少，最大地保全自己。有所放弃，才能发现自己执着的人生背后还有另一片天空。学会放弃，便会迎来另一种机遇，另一个精彩的世界。

舍鲜花之绚丽，得果实之香甜

不舍弃鲜花的绚丽，就得不到果实的香甜；不舍弃黑夜的温馨，就得不到朝日的明艳。放弃与获取是一对矛盾的统一体。没有放弃就没有获取；得到的同时必然也会失去。很多聪明人明白这一道理，从不患得患失，更没有过多欲望，他们敢于放弃，所以无论干什么，都能取得成功。

学会选择，懂得放弃是利益的权衡之道，而放弃则是智者面对生活的明智选择，只有懂得适时放弃的人才会事事如鱼得水。生活中，有时不好的境遇会不期而至，令我们猝不及防，这时我们更要学会放弃。

迈克·莱恩是一名探险队员。1976 年，他随英国探险队成功登上珠穆朗玛峰。在他们下山的时候，天开始下大雪，每行一步都极其艰难，最让他们害怕的是风雪根本就没有停下来、的迹象。当整个探险队陷入迷茫的时候，迈克·莱恩率先丢弃所有的随身装备，只留下不多的食品，轻装前行。他的这一举动几乎遭到所有队员的反对，他们认为，到山下最快也要10天时间，这就意味着这10天里不仅不能扎营休息，还可能因缺氧而使体温下降导致冻坏身体，那样，他们的生命就要受到威胁。

面对队友的顾虑，迈克·莱恩坚定地说："我们必须而且只能这样做，这样的雪山天气10天甚至半个月都有可能不会好转，再拖延下去路标也会被全部掩埋。丢掉重物，就不允许我们再有任何幻想和杂念，只要我们坚定信心，空手而行就可以提高行走的速度，也许这样我们还有生的希望！"最后，队友们采纳了他的建议，大家一路互相鼓励，忍受疲劳、寒冷，不分昼夜，只用了8天时间就到达安全地带。恶劣的天气确实正像莱恩所预料的那样，这几天从未好转过。

这一年，伦敦英国国家军事博物馆负责人找到迈克·莱恩，请求他赠送给博物馆任何一件与英国探险队当年登上珠峰有关的物品，莱恩毫不犹豫地将他那次下山时因冻坏而被截下的10个脚趾和5个右手指尖交给了他。

正是莱恩当年一次正确的放弃，才挽救了所有队友的生命；也因为这个选择，他的登山装备无一保存下来，而冻坏的指尖和脚趾却在医院截掉后留在了身边。这是博物馆收到的最奇特而又最珍贵的赠品。莱恩的经历正像一首小诗所写的：

不舍弃鲜花的绚丽，就得不到果实的香甜；
不舍弃黑夜的温馨，就得不到朝日的明艳。

自然界是这样，人生也是这样，在几十年的漫漫旅途中，有山有水，有风有雨，既有舍弃"绚丽"和"温馨"的烦恼，也有获得"香甜"和"明艳"的喜悦，人生就是在舍弃和获得的交替中得到升华，从而到达高层次的大境界。从这个意义上来说，获得很美丽，舍弃也很美丽。

人是有思维、会说话的"万物之灵"，理所当然要比动物更懂得生活中舍弃与获得的道理，必要的舍弃是为了更好的获得。"万事如意""心想事成""只有想不到，没有办不到"，这些话只是一种外交辞令、朋友间自欺欺人的祝贺用语、一厢情愿的心理满足罢了。它们在生活中是不存在的，因为它们不符合生活的辩证法。

有人说，人生之难胜过逆水行舟，此话不假。人生在世，不如意的事情十之八九，获得和舍弃的矛盾时刻困扰着我们，明白了舍弃之道和获得之法，并运用于生活，我们就能从无尽的繁难中解脱出来，在人生的道路上进退自如。

不知是哪一位哲人说过：人生最远的距离是“知”和“行”。有舍弃才有获得，道理谁都懂，可是要照着去做，却不容易。因为外面的世界很精彩，舍弃很痛苦。精彩的世界里充满诱惑，要舍弃的事情往往很美丽，让人不知道哪些是该获得的、哪些是该舍弃的。

生活在尘世中的人们，有一种可怕的心理，就是“终朝只恨聚无多”，干什么都想赢，舍弃谈何容易？纵观社会，横看人生，有撑死的，也有饿死的；有穷死的，也有富死的；有因祸得福的，也有因福得祸的，如此等等，不一而足。何时该获得、何时该舍弃，要完全了解真是很困难，天下没有放之四海而皆准的真理，只有根据具体情况去综合考虑。不舍弃鲜花的绚丽，就难得到果实的香甜。在选择与放弃间，要慎重考虑、慎重选择。

睿智选择，适时放弃

人生如演戏，每个人都是自己的导演，只有学会选择和懂得放弃的人才能创作出精彩的电影，拥有海阔天空的人生。

人生需要选择，也需要放弃，选择与放弃是成功的两个不可缺少的条件。选择是人生成功路上的航标，只有量力而行地、睿智地选择才会拥有更辉煌的成功。放弃是面对生活的明智选择，只有懂得适时放弃的人才会事事如鱼得水。

放弃，是一种智慧，是一种豁达，它不盲目、不狭隘。放弃，对心境是一种宽松，对心灵是一种滋润，它驱散了乌云，清扫了心房。有了它，人才能有爽朗坦然的心境；有了它，生活才会阳光灿烂。

1998 年的诺贝尔奖得主崔琦在有些人眼里简直是个怪人：远离政治，从不抛头露面，整日浸泡在书本中和实验室内，甚至在诺贝尔奖桂冠加冕的当天，他还如常地到实验室工作。更令人难以置信的是，在美国高科技研究的前沿领域，崔琦居然是一个地地道道的“电脑盲”。他研究中的仪器设计、图表制作，全靠他一笔一画完成，即使发电子邮件，也得请秘书代劳。他的理论是：这世界变化太快了，我没有时间去追赶！

崔琦放弃了世人眼里炫目的东西，从而为自己赢得了大量宝贵的时间，也赢得了至高无上的荣誉。人的一生很短暂，有限的精力使人不可能方方面面都顾及到，而世间又有那么多炫目的“精彩”，这时候，放弃就成了一种大智慧。放弃其实是为了得到，只要最终能得到你想得到的，放弃一些对你而言并不是必需的“精彩”，又有什么不可以呢？

贪婪是大多数人的毛病，抓住自己想要的东西不放，就会给自己带来压力、痛苦、焦虑和不安。往往什么都不愿放弃的人，结果却什么也没有得到。

放弃是一种睿智。或许你的精力过人、志向远大，但时间是不容许你在一定时间内同时完成许多事情的，正所谓“心有余而力不足”。所以，在众多的目标中，我们必须依据现实，有所放弃，有所选择。

如果在放弃之后，你烦乱的思绪梳理得更加分明，模糊的目标变得更加清晰，摇摆的心变得更加坚定，那么放弃又有什么不好呢？生活中，总会有很多的无奈需要我们去面对，总会有很多的道路需要我们去选择。我们要放弃一些原本不应该属于自己的，去把握和珍惜真正属于自己的，去追寻前方更加美好的。放弃一些烦琐，是为了轻便地前行；放弃一丝怅惘，是为了轻快地歌唱；放弃一段凄美，是为了轻松地梦想。放弃，虽然是一种伤感，但更是一种美丽。

放弃是一种超越，睿智的人都懂得该放弃时就放弃。不吐故就无法纳新，看似艰难的取舍，可以让我们走出人生的迷途，可以改变我们的命运。敢于放弃，在落泪之前悄然离去，只留下一个简单的背影；敢于放弃，将昨天埋在心底，只留下一份美好的回忆。当你能够放弃一切，做到简单从容的时候，你生命的低谷就已经过去。生活中有时需要我们作出选择，但究竟什么才是最难舍弃的，是一种道义，还是一段感情？

《百喻经》里有一个故事：

从前有一只猩猩，手里抓了一把豆子，高高兴兴的路上一蹦一跳地走着。一不留神，手中的豆子滚落了一颗，为了这颗掉落的豆子，猩猩马上将手中其余的豆子全部放置在路旁，趴在地上，转来转去，东寻西找，却始终不见那一颗豆子的踪影。

最后猩猩只好用手拍拍身上的灰土，回头准备拿取原先放置在一旁的豆子，怎知原先的那一把豆子却全都被路旁的鸡鸭吃得一颗也不剩了。

想想我们现在的追求，是否也像故事中一样，放弃了手中的一切，仅仅是为了追求掉落的那一颗？所以，失去的已经失去，何必为之大惊小怪或耿耿于怀呢？失去某种心爱之物大都会在我们的心理上投下阴影，有时甚至因此而备受折磨。究其原因，就是我们没有调整心态去面对失去，没有从心理上承认失去，只沉湎于过去，而没有想到去创造新的未来。与其怀念过去，不如抬起头，去争取可以把握的未来。

所以说人生如戏，每个人都是自己的导演，只有学会选择和懂得放弃的人才能创作出精彩的电影，拥有海阔天空的人生。

舍卒保车，大有收获

人们常说：“举得起、放得下的是举重，举得起、放不下的叫作负重。”放弃之后，你会发现，原来你的人生之路也可以变得轻松和愉快。生活有时会逼迫你不得不交出权力，不得不放走机遇。然而，有时放弃并不意味着失去，反而可能是获得。

一个青年非常羡慕一位富翁取得的成就，于是他跑到富翁那里请教成功的诀窍。

富翁弄清了青年的来意后，什么也没有说，而是转身从厨房拿来了一个大西瓜。青年有些迷惑不解，不知道富翁要做什么，他只是睁大眼睛看着，只见富翁把西瓜切成了大小不等的三块儿。

“如果每块西瓜代表一定的利益，你会如何选择呢？”富翁一边说一边把西瓜放在青年面前。

“当然选择最大的那块！”青年毫不犹豫地回答。

富翁笑了笑说：“那好，请用吧！”

于是富翁把最大的那块西瓜递给了青年，自己却吃起了最小的那块。当青年还在津津有味地享用最大的那一块的时候，富翁已经吃完了最小的那一块。接着，富翁很得意地拿起了剩下的一块，还故意在青年眼前晃了晃，然后大口地吃了起来。

其实，那块最小的和最后那一块加起来要比最大的那一块分量大得多。青年马上就明白了富翁的意思：富翁开始吃的那块瓜虽然没有自己吃的那块大，可是最后却比自己吃得多。

如果每块西瓜代表一定程度的利益，那么富翁赢得的利益自然要比青年多。

吃完西瓜，富翁讲述了自己的成功经历，最后对青年语重心长地说："要想成功就要学会放弃，只有放弃眼前小利益，才能获得长远大利益，这就是我的成功之道。"

人生总要面临许多选择，同时也就要作出一些放弃，要学会选择，首先要学会放弃。放弃是为了更好地调整自我，准备良好的心态向目标靠近。特别是在现代社会中，竞争日趋激烈，每个人的生存压力也越来越重。于是每个人都身不由己地变得贪心，追求得太多，同样失去得也更多。

生活中这样的人很多，他们做事总是把眼前利益看得很重，结果反而失去了长远的利益。有长远目光和变通意识的人却能毫不犹豫地舍弃小利，因为他们知道这会换来人生的大胜利。

今天的放弃，是为了明天的获得。

小王所在的装饰公司已经好几个月没有工程可做了。就在大家为公司的前途焦虑的时候，老板拿来了一份海滨别墅的装修合同，并委派小王负责这个工程。

小王喜出望外，3天后便拿出了设计方案和效果图，经客户审阅后很快付诸实施。在接下来的日子里，小王一心扑在工程上，从选料到施工都严格把关，生怕出现质量问题。

5个月后，工程即将完工，老板来到工地检查。当老板走过回廊，准备穿过客厅去花园时，突然停在了一面玻璃墙前。他用视线量了量角度，又用手敲了敲墙体，然后转身拿过一把铁锤猛地朝玻璃墙砸去。只听"轰"的一声，玻璃墙成了一地碎片。"老板，你为什么要砸这面墙？"小王被老板的举动惊呆了。"玻璃墙偏了5度，抗冲击力不够，这令我不满意。""您不满意，也犯不着一锤子就砸碎1万元呀！""我宁可一锤子砸碎眼前这1万元，也不愿意让这面墙影响了整个工程的质量而失去市场，失去日后的100万，甚至1000万！"

小王极不情愿地重新选料，并赶在交工前重新装修好了那面玻璃墙。交工那天，精美的装修赢得了客户的高度评价，而且还为他们推荐了几个新的客户，公司由此度过了困难时期，业务量开始大幅攀升。

在公司举行的庆功酒会上，老板亲切地对小王说："1 万元是能看得到的，而 100 万元、1000 万元则是看不到的。看得到的永远是那么一点点，看不到的才是一大片。年轻人，不被眼前的利益所诱惑，你才会走得更远。"

能够看到别人所看不到的，这是成功者最大的特征之一。不要单纯为眼前看得见、摸得着的利益心动，要控制自己的欲望，抵制一时的诱惑，要有"舍卒保车"的变通意识，能够透过诱惑看到长远利益的人，才是成功的人。

我们总是只关注放弃时眼下的痛苦，殊不知如果我们不放弃，就会遭受更大的痛苦。放弃，是一种格局，是我们发展的必由之路，大弃大得，小弃小得。

漫漫人生路，学会放弃，便能轻装前进，不断有所收获。

第三章
放弃计较，糊涂是福：人生何必太计较

世上本无事，庸人自扰之

一个年轻人四处寻找解脱烦恼的秘诀。他见山脚下绿草丛中一个牧童在那里悠闲地吹着笛子，十分逍遥自在。

年轻人便上前询问："你那么快活，难道没有烦恼吗？"

牧童说："骑在牛背上，笛子一吹，什么烦恼都没有了。"

年轻人试了试，烦恼仍在。

于是他只好继续寻找。

他来到一条小河边，见一老翁正专注地钓鱼，神情怡然，面带喜色，于是便上前问道："你能如此投入地钓鱼，难道心中没有什么烦恼吗？"

老翁笑着说："静下心来钓鱼，什么烦恼都忘记了。"

年轻人试了试，却总是放不下心中的烦恼，静不下心来。

于是他又往前走。他在山洞中遇见一位面带笑容的长者，便又向他讨教解脱烦恼的秘诀。

长者笑着问道："有谁捆住你没有？"

年轻人答道："没有啊？"

长者说："既然没人捆住你，又何谈解脱呢？"

年轻人想了想，恍然大悟，原来自己是被自己设置的心理牢笼束缚住了。

世上本无事，庸人自扰之。其实很多时候，烦恼都是自找的，要想从烦恼的牢笼中解脱出来，首先要做到"心无一物"，放下心中的一切杂念，不为外物的悲喜所侵扰，才能够抛却一切的烦恼，得到内心的安宁。

萧伯纳曾经说过："痛苦的秘诀在于有闲工夫担心自己是否幸福。"故事中的年轻人，四处寻找解脱烦恼的秘诀，却不知道这其实将带来更多的烦恼。许多烦恼和忧愁虽源于外物，却是发自内心，如果心灵没有受到束缚，外界再多的侵扰都无法动摇你宁谧的心灵；反之，如果内心波澜起伏，汲汲于功利，汲汲于悲喜，那么即便是再安逸的环境，都无法洗净你心灵上的尘埃。正所谓“菩提本无树，明镜亦非台，本来无一物，何处染尘埃”，一切的杂念与烦忧，都源自动摇的心旌所激荡起的涟漪，只要抱着牧童牛背吹笛、老翁临渊钓鱼的心态，而不去自寻烦忧，那么，烦扰自会远离。

世上没有任何事情值得忧虑

忧虑是一种过度忧愁和伤感的情绪体验。正常人也会有忧虑的时候，但如果是毫无原因的忧虑，或虽有原因，但不能自控，显得心事重重、愁眉苦脸，就属于心理性的忧虑了。

如果一个人不及时调整，一味地忧虑下去，那么他只是在折磨自己，事情也不会发生任何的改变。

商人的妻子不停地劝慰着在床上翻来覆去、折腾了大半夜的丈夫：“睡吧，别再胡思乱想了。”

“唉，老婆啊”商人说，“几个月前，我借了一笔钱，明天就到还钱的日子了。可你知道，咱家哪儿有钱啊！你也知道，借给我钱的那些邻居比蝎子还毒，我要是还不上钱，他们能饶得了我吗？为了这个，我能睡得着吗？”他接着又在床上继续翻来覆去。

妻子再次试图劝他，让他宽心：“睡吧，等到明天，总会有办法的，我们说不定能弄到钱还债的。”

“不行了，一点儿办法都没有啦！”

最后，妻子忍受不住了，她爬上房顶，对着邻居家高声喊道：“你们知道，我丈夫欠你们的债明天就要到期了。现在我告诉你们：我丈夫明天没有钱还债！”她跑回卧室，对丈夫说：“这回睡不着觉的不是你，而是他们了。”

可能凌晨三四点的时候，你还在忧虑，似乎全世界的重担都压在你肩膀上：到哪里去找一间合适的房子、找一份好一点的工作？怎样可以使那个啰唆的主管对你有个好印象？儿子的健康、女儿的行为、明天的伙食、孩子们的学费……你的脑子里有许多烦恼、问题和亟待要做的事在滚转翻腾。

深呼吸，睁开眼睛，再轻松地闭起来，告诉自己："不要怕。"仔细想想这些有魔力的字句，而且要真正相信，不要让你的心仍彷徨在恐惧和烦恼之中。

我们不能将忧虑与计划、安排混为一谈，虽然二者都是对未来的一种考虑。未来的计划有助于你现实中的活动，使你对未来有自己的具体想法与行动指南。忧虑是一种流行的社会通病，几乎每个人都要花费大量的时间为未来担忧。

请记住，世上没有任何事情是值得忧虑的。你可以让自己的一生在对未来的忧虑中度过，然而无论你多么忧虑，甚至抑郁而死，你也无法改变现实。

把生活当情人，允许其发点小脾气

在生活中，我们常常会碰到一些无法改变的事情。此时，不要去硬拼，没必要非弄个鱼死网破，因为鱼死了网也未必会破；也不必弄个玉碎瓦全，因为碎了的玉和瓦没多大区别，不如去顺应、去配合。

生活中发生的很多事情也许将我们磨得失去了耐性，可是没有办法改变，又能怎么办呢？最好的办法，就是把生活当成自己的小情人吧，在经受挫折时，就当是他在发脾气，不要与他计较，哄哄他也是一种生活的情调。

生活就是这样，当你没办法改变世界时，唯一的方法就是改变自己。

许多年前，一个年轻女孩来到东京酒店当服务员。这是她的第一份工作，因此她很激动，暗下决心：一定要好好干！但想不到，上司只是安排她洗厕所！洗厕所，说实话没人爱干，何况她从未干过如此粗重的活儿，细皮嫩肉、爱洁净的她干得了吗？她陷入了困惑、苦恼之中，也哭过鼻子。

这时，她面临着人生的一大抉择：是继续干下去，还是另谋职业？继续干下去——太难了！另谋职业——知难而退？她不甘心就这样败下阵来，因为她曾下过决心：人生第一步一定要走好，马虎不得！这时，同单位的一位前辈及时出现在她面前，帮她摆脱了困惑、苦恼，帮她迈出了人生的第一步，更重要的是，帮她认清了人生之路应该如何走。他并没有用空洞的理论去说教，而是亲自做给她看。

首先，他一遍遍地擦洗马桶，直到光洁如新；然后，他从马桶里盛了一杯水，一饮而尽，竟然毫不勉强。实际行动胜过万语千言，他不用一言一语就告诉了女孩一个极为朴素、极为简单的真理：光洁如新，要点在于“新”，新则不脏，因为不会有人认为新马桶脏，也因为马桶中的水是不脏的，所以是可以喝的；反过来讲，只有马桶中的水达到可以喝的洁净程度，才算是把马桶擦洗得“光洁如新”了，而这一点已被证明可以办得到。

同时，他送给她一个含蓄的、富有深意的微笑，送给她关注的、鼓励的目光。这已经足够了，因为她早已激动得几乎不能自持，从身体到灵魂都在震颤。她目瞪口呆，热泪盈眶，恍然大悟，如梦初醒！她痛下决心：“就算一生洗厕所，也要做一名洗厕所洗得最出色的人！”

从此，她成为一个全新的、振奋的人，她的工作质量也达到了那位前辈的高水平。当然，她也多次喝过马桶水，为了检验自己的自信心，为了证实自己的工作质量，也为了强化自己的敬业心。

在生活和工作中，我们会遇到许多的不如意。比如，你是一名刚毕业的学生，很喜欢编辑工作，可是放在你面前的就只有文员的职位；你正处于事业的爬坡期，你以为升职的名单里会有你，可是另一个你认为不如你的人却代替你升了职……既然改变不了事实，那么我们何不顺应环境，理清思绪，让自己重新开始呢？

生命短促，不要过于顾忌小事

事事计较、精于算计的人，不但容易损害人际关系，从医学的观点看，也对自己的身体极其有害。《红楼梦》里的林黛玉，虽有闭月羞花、沉鱼落雁的美丽容貌，可总是患得患失，别人一句无意的话都会让她辗转反侧，难以入眠，抑郁不已，再加上情感上的打击，终落得个“红颜薄命”的悲惨结局。

还有这样一个故事：一群好朋友，原本欢欢喜喜地去饮酒，酒下了肚没有多久，大伙儿你一句、他一句地开玩笑，突然盘飞菜溅，大伙儿打成了一团。究其原因，也不过是甲说乙性无能，乙认为伤了其男性的自尊心，一定要讨回面子而已。小小的一个玩笑演变成你死我伤的局面。

世上有许多类似的事情，皆为一句话、一个小举动弄得反目成仇，到头来失去了朋友、断了交情，可谓得不偿失。古语有云“小不忍则乱大谋”，一点儿不假。

人生之事，只要不是原则性的大事，得过且过又何妨？人活在世上，理应开朗、豁达，活得超脱一些；凡事斤斤计较，只是徒增烦恼罢了。

我们活在这个世上只有短短的几十年，而浪费很多不可能再补回来的时间去忧愁一些很快就会被所有人忘了的小事，值得吗？请把时间用在值得做的事情上，去经历真正的感情，去做必须做的事情。生命太短促了，不该再顾忌那些小事。人生的快乐不在于拥有得多，而在于计较得少。

人生在世，不免有形形色色的矛盾、烦恼，如果斤斤计较于每一件事，未免活得太累，且充斥着悲剧色彩。

1945年3月，罗勒·摩尔和其他87名军人在贝雅S·S318号潜艇上。当时雷达发现有一支驱逐舰队正往他们的方向开来，于是他们就向其中的一艘驱逐舰发射了3枚鱼雷，但都没有击中。这艘驱逐舰也没有发现。但当他们准备攻击另一艘布雷舰的时候，它突然掉头向潜艇开来，可能是一架日本飞机看见了这艘位于60英尺水深处的潜艇，用无线电告诉了这艘布雷舰。

他们立刻潜到150英尺水深处，以免被日方探测到，同时也准备应付深水炸弹。他们在所有的船盖上多加了几层栓子。3分钟之后，突然天崩地裂。6枚深水炸弹在他们的四周爆炸，他们直往水底——深达276英尺的地方下沉，他们都吓坏了。

按常识，如果潜水艇在不到500英尺的地方受到攻击，深水炸弹在离它17英尺之内爆炸的话，差不多是在劫难逃。罗勒·摩尔吓得不敢呼吸，他在想："这回完蛋了。"在电扇和空调系统关闭之后，潜艇的温度升到近40℃，但摩尔却全身发冷，牙齿打战，身冒冷汗。15小时之后，攻击停止了，显然是那艘布雷舰的炸弹用光以后就离开了。

这15小时的攻击，对摩尔来说，就像有1500年。他过去所有的生活一一浮现在眼前，他想到了以前所干的坏事，所有他曾担心过的一些很无聊的小事：他曾经为工作时间长、薪水太少、没有多少机会升迁而发愁；他也曾经为没有办法买自己的房子、没有钱买部新车、没有钱给妻子买好衣服而忧虑；他非常讨厌自己的老板，因为这位老板常给他制造麻烦；他还记得每晚回家的时候，自己总感到非常疲倦和难过，常常跟自己的妻子为一点小事吵架；他也为自己额头上的一块小疤发愁过。

摩尔说："多年以来，那些令人发愁的事对我来说都是大事，可是在深水炸弹威胁着要把我送上西天的时候，这些事情又是多么的荒唐、渺小。"就在那时候，他向自己发誓，如果他还有机会见到太阳和星星的话，就永远不再忧虑。在潜艇里那可怕的15小时，比他在大学读了4年书所学到的要多得多。

我们可以相信一句话：人生中总是有很多的琐事纠缠着我们，但是我们不能与它斤斤计较，因为心胸狭窄是幸福的天敌。

生活中，将许多人击垮的有时并不是那些看似灭顶之灾的挑战，而是一些微不足道的、鸡毛蒜皮的小事。人的大部分时间和精力都无休止地消耗在这些鸡毛蒜皮的小事上，最终让大部分人一生一事无成。

大家都知道在法律上的一条格言："法律不会去管那些小事情。"一个人不该为一些小事斤斤计较、忧心忡忡，如果他希望求得心理上的平静和快乐的话。

很多时候，要想克服由一些小事情所引起的困扰，只需将你的注意力转移，给自己设定一个新的、能使你开心的看问题的角度与方法就可以了，这样你会重新收获生活的快乐。

放开自己，不纠结于已失去的事物

生活中有一种痛苦叫错过。人生中一些极美、极珍贵的东西，常常与我们失之交臂，这时的我们总会因为错过美好而感到遗憾和痛苦。其实喜欢一样东西不一定非要得到它，当你为一份美好而心醉时，远远地欣赏它或许是最明智的选择，错过它或许还会给你带来意想不到的收获。

美国的哈佛大学要在中国招一名学生，这名学生的所有费用由美国政府全额提供。初试结束了，有30名学生成为候选人。

考试结束后的第10天，是面试的日子。30名学生及其家长在锦江饭店等待面试。当主考官劳伦斯·金出现在饭店大厅时，一下子被大家围了起来，他们用流利的英语向他问候，有的甚至还迫不及待地向他做自我介绍。这时，只有一名学生，由于起身晚了一步，没来得及围上去，等他想接近主考官时，主考官的周围已经被围得水泄不通了，根本没有插空而入的可能。

他错过了接近主考官的大好机会，于是有些懊丧起来。正在这时，他看见一个异国女人有些落寞地站在大厅一角，目光茫然地望着窗外，他想：身在异国的她是不是遇到了什么麻烦，不知自己能不能帮上忙。于是他走过去，彬彬有礼地和她打招呼，然后向她做了自我介绍，最后他问道："夫人，您有什么需要我帮助的吗？"接下来两个人聊得非常投机。

后来这名学生被劳伦斯·金选中了，在30名候选人中，他的成绩并不是最好的，而且面试之前他错过了跟主考官套近乎、加深自己在主考官心目中印象的最佳机会，但是他无心插柳柳却成荫。原来，那位异国女子正是劳伦斯·金的夫人。

这件事曾经引起很多人的震动：原来错过了美丽，收获的并不一定是遗憾，有时甚至可能是圆满。

许多的心情，可能只有经历过之后才会懂得，如感情，痛过了之后才会懂得如何保护自己，伤过了之后才会懂得适时地坚持与放弃。在得到与失去的过程中，我们慢慢认识自己，其实生活并不需要这么多无谓的执着，没有什么不能割舍的，学会放弃，生活才会更容易！

因此，在你的人生处于困顿的时候，不要为错过而惋惜。也许因为失去你会有意想不到的收获。花朵虽美，但毕竟有凋谢的一天，请不要再对花长叹了，因为可能在接下来的时间里，你将收获雨滴的温馨和浪漫。

睁一眼闭一眼，对小事不予计较

美国著名的成功学大师戴尔·卡耐基是一位处理人际关系的"老手"，然而其早年也曾犯过小错误。

有一天晚上，卡耐基和他的一个朋友应邀去参加一个宴会。宴席中，坐在他右边的一位先生讲了一段幽默故事，并引用了一句话，意思是"谋事在人，成事在天"。那位健谈的先生提到，他所引用的那句话出自《圣经》。然而，卡耐基发现那位先生说错了，他很肯定地知道出处，一点疑问也没有。

出于一种认真的态度，卡耐基很小心地纠正了过来。那位先生立刻反唇相讥："什么？出自莎士比亚？不可能！绝对不可能！"那位先生一时下不来台，不禁有些恼怒。当时卡耐基的老朋友弗兰克就坐在他的身边。弗兰克研究莎士比亚的著作已有多年，于是卡耐基就向他求证。弗兰克在桌下踢了卡耐基一脚，然后说："戴尔，你错了，这位先生是对的，这句话出自《圣经》。"

那晚回家的路上，卡耐基对弗兰克说："弗兰克，你明明知道那句话出自莎士比亚。""是的，当然。"弗兰克回答，"在《哈姆雷特》第五幕第二场。可是亲爱的戴尔，我们是宴会上的客人，为什么要证明他错了？那样会使他喜欢你吗？他并没有征求你的意见，为什么不圆滑一些，保留他的脸面，为什么非要说出实话而得罪他呢？"

一些无关紧要的小错误，放过去，无伤大局，那就没有必要去纠正它。这不仅是为了自己避免不必要的烦恼和人事纠纷，也顾及了别人的名誉，不致给别人带来无谓的烦恼。这样做，并非只是明哲保身，更体现了你处世的度量。

人们常说："凡事不能不认真，凡事不能太认真。"一件事情是否该认真，这要视场合而定。钻研学问要讲究认真，面对大是大非的问题要讲究认真。但是，在不忘大原则的同时，我们要做适时的变通，对于一些无关大局的琐事，不必太认真。不看对象、不分地点刻板地认真，往往使自己处于一种尴尬的境地，处处被动受阻。这时候，如果能理智地后退一步，淡然处之，不失为一种追求至简生活的处世之道。

且咽一口气，内心便开朗了

人生之所以多烦恼，皆因遇事不肯让他人一步，总觉得咽不下这口气。其实，这是很不明智的做法。善于放弃是一种境界，是历尽跌宕起伏之后对世俗的一种轻视，是饱经人间沧桑之后对财富的一种感悟，是运筹帷幄、成竹在胸、充满自信的一种流露。只有在了如指掌之后才会懂得放弃并善于放弃，只有在懂得放弃并善于放弃之后才会获得幸福。

杨玢是宋朝时期的一个尚书，年纪大了便退休在家安度晚年。他家住宅宽敞、舒适，家族人丁兴旺。有一天，他在书桌旁，正要拿起《庄子》来读，他的几个侄子跑进来，大声说："不好了，我们家的旧宅被邻居侵占了一大半，不能饶他！"

杨玢听后，说："不要急，慢慢说，他们家侵占了我们家的旧宅地？"

"是的。"侄子们回答。

杨玢又问："他们家的宅子大还是我们家的宅子大？"侄子们不知其意，说："当然是我们家宅子大。"

杨玢又问："他们占些我们家的旧宅地，于我们有何影响？"侄子们说："没有什么大影响，虽然如此，但他们不讲理，就不应该放过他们！"

杨玢笑了。

过了一会儿，杨玢指着窗外落叶，问他们："树叶长在树上时，那枝条是属于它的，秋天树叶枯黄了落在地上，这时树叶怎么想？"他们不明白含义。杨玢干脆说："我这么大岁数，总有一天要死的，你们也有老的一天，也有要死的一天，争那一点点宅地对你们有什么用？"侄子们现在明白了杨玢讲的道理，说："我们原本要告他的，状子都写好了。"

侄子呈上状子，他看后，拿起笔在状子上写了四句话："四邻侵我我从伊，毕竟须思未有时。试上含元殿基望，秋风秋草正离离。"写罢，他再次对侄子们说："我的意思是在私利上要看透一些，遇事都要退一步，不要斤斤计较。"

人的一生，不可能事事如意、样样顺心，生活的路上总有沟沟坎坎。你的奋斗、你的付出，也许没有预期的回报；你的理想、你的目标，也许难以实现。如果抱着一份怀才不遇之心而愤愤不平，抱着一腔委屈怨天尤人，那么难免会让自己心力交瘁。

生活中，难免与人磕磕碰碰，难免遭别人误会、猜疑。你的一念之差、你的一时之言，也许别人会加以放大和责难，你的认真、你的真诚，也许会被别人误解和中伤。如果非得以牙还牙拼个你死我活，如果非得为自己辩解澄清，结果可能会导致两败俱伤。

适时地咽下一口气，潇洒地甩甩头发，悠然地轻轻一笑，甩去烦恼，笑泯恩怨，你会发现，内心开朗了，天仍然很蓝，生活依然很美好。

难得糊涂是良训，做人不要太较真

怎样做人是一门学问，甚至是一门用毕生精力也未必能学会的大学问。多少不甘寂寞的人穷究原委，试图领悟人生真谛，塑造辉煌的人生，然而人生的复杂性使人们不可能在有限的时间里洞明人生的全部内涵，但人们对人生的理解和感悟又总是局限在事件的启迪上。比如，处世不能太较真便是其中一理，这正是有人活得潇洒、有人活得累的原因所在。

做人固然不能玩世不恭、游戏人生，但也不能太较真，认死理。"水至清则无鱼，人至察则无徒”，太认真了，就会对什么都看不惯，连一个朋友都容不下，把自己同社会隔绝开。镜子很平，但在高倍放大镜下，就成了凹凸不平的山峦；肉眼看来很干净的东西，拿到显微镜下，满目都是细菌。

试想，如果我们“戴”着放大镜、显微镜生活，恐怕连饭都不敢吃了；如果用放大镜去看别人的缺点，恐怕人人都罪不容诛、无可救药了。

与人相处就要互相谅解，能经常以“难得糊涂”自勉，求大同存小异，有度量，能容人，你就会有许多朋友，且左右逢源，诸事遂愿；相反，“明察秋毫”，眼里揉不进半粒沙子，过分挑剔，什么鸡毛蒜皮的小事都要论个是非曲直，容不得人，人人都会躲你远远的，最后你只能关起门来“称孤道寡”，成为使人避之唯恐不及的异己之徒。

古今中外，凡是能成大事的人都具有一种优秀的品质，就是能容人所不能容，忍人所不能忍，善于求大同存小异，团结大多数人。他们胸怀豁达而不拘小节，大处着眼而不会鼠目寸光，并且从不斤斤计较，纠缠于琐事之中，所以他们才能成大事、立大业，使自己成为不平凡的伟人。

宋朝的范仲淹，是一个有远见卓识的人。他在用人的时候，主要是看人的气节而不计较人的细微不足。范仲淹做元帅的时候，招纳的幕僚，有些是犯了罪被朝廷贬官的，有些是被流放的，这些人被重用后，有的人不理解。范仲淹则认为：“有才能没有过错的人，朝廷自然要重用他们。但世界上没有完人，如果有人确实是有用的人才，仅仅因为他的一点小毛病，或是因为做官议论朝政而遭祸，不看其主要方面，不靠一些特殊手段起用他们，他们就成废人了。”尽管有些人有这样或那样的问题，但范仲淹只看其主流，他所使用的人大多是有用之才。

人非圣贤，孰能无过？有道德修养的人不在于不犯错误，而在于有过能改，不再犯过。所以用人时，用有过之人也是常事，应该看到他的过错只不过是偶然的，他的大方向是好的。《尚书·伊训》中有“与人不求备，检身若不及”的话，是说我们与人相处的时候，不求全责备，检查约束自己的时候，也许还不如别人。要求别人怎么去做的时候，应该先问一下自己能否做到。推己及人，严于律己，宽以待人，才能团结能够团结的人，共同做好工作。一味地苛求，就什么事情也办不好。

郑板桥的一句“难得糊涂”，至今仍被人们奉为是聪明的处世之道。其实，人生少一点儿较真，换来的将是更多的收获。

不要为了无聊的事小题大做

我们每天都会经历这样或那样的事。每件事的重要性也不尽相同，有的事情至关重要，而有的则无关紧要。重要的事情固然应当认真对待，然而如果小题大做，成天为无聊的小事而发愁的话，是无法成就大事的。当然，一些在无聊的细节之处过于较真的人，在社交中也是令人讨厌的。

布莱恩有一次在一家小旅馆住宿。

午夜时分，忽然听到浴室中有一种奇怪的声音。过了一会儿，布莱恩看见一只老鼠跳上镜台，然后又跳下地，在地板上做些怪异的老鼠“体操”，后来它又跑回浴室，使布莱恩一夜都没睡好觉。

第二天早晨，他对打扫房间的女侍说：“这间房里有老鼠，夜里出来，吵了我一夜。”女侍说：“这旅馆里没有老鼠。这是头等旅馆，而且所有的房间都刚刚刷过漆。”

布莱恩下楼时对看电梯的人说：“你们的女侍倒真忠心。我告诉她说昨天晚上有只老鼠吵了我一夜，她说那是我的幻觉。”

没想到，那个人说：“她说得对。这里绝对没有老鼠！”

布莱恩的话被他们传开了。柜台服务员和门口看门的人在他走过时都用怪异的眼光看他。

第二天早晨，他到店里买了个老鼠笼和一包咸肉。他把这两件东西包好，偷偷带进旅馆，不让当时值班的员工看见。翌日早晨他起床时，看到老鼠在笼里，既是活的，又没有受伤。他心想，我将证据摆在他们面前，看他们还怎样说我无中生有！

但在他准备走出房门时，忽然间意识到，如此做法，是否有些小题大做，岂不是显得自己太无聊，而且很讨厌？

于是布莱恩赶快轻轻走回房间，把老鼠放出，让它从窗外宽阔的窗台跑到邻屋的屋顶上去了。

半小时后，布莱恩退掉房间，离开旅馆，出门时把空老鼠笼递给侍者。他发现，厅中的人都向他微笑点头，目送着他推门而去。

如果布莱恩真的将老鼠带给前台，诚然能够证明他并没有说错，但同时他也证明了自己是多么的惹人讨厌。如果他真的这么做，那么他并不是赢家，而只是一个无聊且又可笑的失败者。有的人，往往会过于较真，为了证明自己是对的，而在一些无伤大雅的细节之处过分纠缠，然而花费了不少气力和心思之后，不仅不能得到他人的认同，还可能惹人生厌。反之，如能像布莱恩一样，明智地选择放下心中的执念，不再执着于使人们信服旅馆中确实有老鼠，那么他失去的，仅仅是证明自己的正确之后所获得的转瞬即逝的满足感，然而却收获了他人的认同以及发自内心的赞许。在这里，布莱恩显示出了自己的智慧，同时也告诉我们，不要为无聊的小事小题大做，这样无知、无谓亦无聊，放下对无谓的细节的纠缠，方能获得内心的畅快与释然。

不要让小事情牵着鼻子走

在非洲草原上，有一种不起眼的动物叫吸血蝙蝠，它的身体极小，却是野马的天敌。这种蝙蝠靠吸动物的血生存。在攻击野马时，它常附在野马腿上，用锋利的牙齿迅速、敏捷地刺入野马腿，然后用尖尖的嘴吸食血液。无论野马怎么狂奔、暴跳，都无法驱逐这种蝙蝠，蝙蝠可以从容地吸附在野马身上，直到吸饱才满意而去。野马往往是无奈地死去。

动物学家们百思不得其解，小小的吸血蝙蝠怎么会让庞大的野马毙命呢？于是，他们进行了一次实验，观察了野马死亡的整个过程。结果发现，吸血蝙蝠所吸的血量是微不足道的，远远不会使野马毙命。他们一致认为野马的死亡是由它暴躁的习性和狂奔所致，而不是因为蝙蝠吸血致死。

一个理智的人，必定能控制住自己所有的情绪与行为，不会像野马那样为一点小事抓狂。当你在镜子前仔细地审视自己时，你会发现自己既是你最好的朋友，也是你最大的敌人。

上班时堵车堵得厉害，交通信号灯仍然显示为红灯，而时间很紧，你烦躁地看着手表的秒针。终于亮起了绿灯，可是你前面的车子迟迟不启动，因为开车的人思想不集中，你愤怒地按响了喇叭，那个似乎在打瞌睡的人终于惊醒了，仓促地挂上了挡，而你却在几秒钟里把自己置于紧张而不愉快的情绪之中。

美国研究应激反应的专家理查德·卡尔森说：“我们的恼怒有 80%是自己造

成的。”这位加利福尼亚人在讨论会上教人们如何不生气。卡尔森把防止激动的方法归结为这样的话：“请冷静下来！要承认生活是不公正的。任何人都不是完美的，任何事情都不会按计划进行。”“应激反应”这个词从20世纪50年代起才被医务人员用来指身体和精神对极端刺激（噪声、时间压力和冲突等）的防卫反应。

应激反应是在头脑中产生的，在即使是非常轻微的恼怒情绪中，大脑也会命令分泌出更多的应激激素。这时呼吸道扩张，使大脑、心脏和肌肉系统吸入更多的氧气，血管扩大，心脏加快跳动，血糖水平升高。

埃森医学心理学研究所所长曼弗雷德·舍德洛夫斯基说：“短时间的应激反应是无害的。”他说，“使人感受到压力的是长时间的应激反应”。他的研究所的调查结果表明，61%的人感到在工作中不能胜任；有30%的人因为觉得不能处理好工作和家庭的关系而有压力；20%的人抱怨同上级关系紧张；16%的人说在路途中精神紧张。

理查德·卡尔森的一条黄金规则是：“不要让小事情牵着鼻子走。”他说：“要冷静，要理解别人。”他的建议是：表现出感激之情，别人会感觉到高兴，你的自我感觉会更好。

学会倾听别人的意见，这样不仅会使你的生活更加有意思，而且别人也会更喜欢你；每天至少对一个人说，你为什么赏识他。不要试图把一切都弄得滴水不漏；不要顽固地坚持自己的权利，这会花费许多不必要的精力；不要老是纠正别人，常给陌生人一个微笑；不要打断别人的讲话；不要让别人为你的不顺利负责。要接受事情不成功的事实；天不会因此而塌下来；请忘记事事都必须完美的想法，你自己也不是完美的。这样生活会突然变得轻松许多。当你抑制不住自己的情绪时，你要学会问自己：一年前抓狂时的事情到现在来看还是那么重要吗？不为小事抓狂，你就可以对许多事情得出正确的看法。

现在，把你曾经为一些小事抓狂的经历写下来，然后把你现在对这些事的看法也写下来，对比之下，相信你会有更深的认识，这也正是我们所要传递的精神所在。

抛开烦恼，别跟自己较劲

生活中不顺心的事十有八九，既然做不到事事顺心，就要学会放下，不愉快的事让它过去，不要放在心上。有一句话说：生气是拿别人的错误惩罚自己。如果你总是念念不忘别人的坏处，实际上深受其害的是自己，搞得自己狼狈不堪，不值得。既往不咎的人，才可能甩掉沉重的包袱，大踏步前进。

有一位企业老总，当有人问起他的成功之路时，他讲了自己的一段亲身经历：

"这几年来我一直采用忘却来调整自己的心态。我本来是一个情绪化的人，一遇到不开心的事，心情就糟糕不已，不知道该怎么做好。我知道这是自己性格的弱点，可我找不到更好的办法来化解。直到后来，遇到一位老专家。

"大学刚毕业那段时间，是我心情最灰暗的时候。当时我在一家公司做文员，工资低得可怜，而且同事间还充满着排斥和竞争，我有些适应不了那里的工作环境。更令人难过的是，相爱三年的女友也执意要离开我，我没有想到多年的爱情竟然经不起现实的考验，我的心在一点一点地破碎。朋友的劝慰似乎都起不到作用，我一味地让自己沉沦下去。除了伤悲，我又能做些什么呢？到最后，朋友建议我去找一位知名的心理专家咨询一下，以便摆脱自己的困境。

"当那位老专家听完我的诉说后，他把我带到一间很小的办公室里，室内唯一的桌上放着一杯水。老专家微笑着说：'你看这只杯子，它已经放在这里很久了，几乎每天都有灰尘落入里面，但它依然澄澈透明，你知道是为什么吗？'

"我认真思索，像是要看穿这杯子，是啊，这到底是为什么呢？这杯水有这么多杂质，但为什么很清澈呢？对了，我知道了，我跳起来说：'我懂了，所有的灰尘都沉淀到杯子底下了。'老专家赞同地点点头：'年轻人，生活中烦心的事很多，有些事越想忘掉越不易忘掉，那就记住它好了。就像这杯水，如果你厌恶它，使劲摇晃它，就会使整杯水都不得安宁，浑浊一片，这是多么愚蠢的行为。如果你愿意慢慢地、静静地让它们沉淀下来，用宽广的胸怀去容纳它们，这样，心灵并未因此受到感染，反而更加纯净了。'

"我记住了这位老专家睿智的话，以后，当我再遇到不如意的事时，就试着把所有的烦恼都沉入心底，不与那些不顺的事纠缠。当它们慢慢沉淀下来时，我的生活就马上阴转晴了，变得快乐和明媚起来。”

遗憾的是，在生活中，很多人有时候太在意自己的感觉了。比如，你在路上不小心摔了一跤，惹得路人哈哈大笑。你当时一定很尴尬，认为全天下的人都在看着你。但是你如果站在别人的角度考虑一下，就会发现，其实这件事只是他们生活中的一个小插曲，甚至有时连插曲都算不上，他们哈哈一笑，然后就把这件事忘记了。

人生路上，我们只是别人眼中的一道风景，对于一次挫折、一次失败，完全可以一笑了之，不要过多地纠缠于失落的情绪中。你的抱怨只能提醒人们重新注意到你曾经的失败。你笑了，别人也就忘记了。有句话说：“20 岁时，我们顾虑别人对我们的想法；40 岁时，我们不理会别人对我们的想法；60 岁时，我们发现别人根本就没有想到我们。”这并非消极，而是一种人生哲学——学会看轻你自己，才能做到轻装上阵。

生活中难免会遇到来自外界的一些伤害，经历多了，自然有了提防。可是，我们却往往没有意识到，有一种伤害并不是来自外部，而是我们自己造成的：为了一个小小的职位、一份微薄的奖金，甚至是为了他人的一些闲言碎语，我们发愁、发怒、认真、计较，纠缠其中。一旦久了，我们的心灵就被折磨得千疮百孔，对生活失去热情，对周围的人也冷淡了很多。

假如我们能不被那么一点点的功利所左右，我们就会坦然得多，能平静地面对各种荣辱得失和恩恩怨怨，使我们永久地持有对生活的美好认识与执着追求。这是一种修养，是对自己人格与性情的冶炼，从而使自己的心胸趋向博大，视野变得深远。那么，我们在之后人生旅途上，即使是遇到凄风苦雨，碰到困苦与挫折，我们也都能坦然地走过。

生活在现在，面向着未来，过去的一切都被时间之水冲得一去不复返。我们没有必要念念不忘那些不愉快、那些人间的仇怨。念念不忘，只能被它腐蚀，而变得憎恨和怨艾，甚至导致精神崩溃，陷自己于疯狂中。

学习忘记之道，让许多愤恨的往事烟消云散，日子久了，激动的情绪也就越来越少，心灵和精神的活力就会得以再生，从而恢复原有的喜悦和自在。

不计较他人的毁誉

生活中，当别人讥讽、辱骂甚至毁谤你时，最高明的态度就是漠视他，置之不理。这样就可以使自己处于主动的位置，避免不必要的麻烦。

日本有一位武功高强的武士，在他年纪很大以后，武士开始全身心地向年轻人传授禅宗。虽然他年岁已高，据说仍然所向无敌。

有一天，一个年轻武士前来拜访。这个年轻武士以胆大妄为著称，也以技巧高超而闻名。他会等对方先出手，然后利用自己高超的才智来评估对手的错误，再以迅雷不及掩耳的速度进行反击。

这个年轻气盛的武士还从来没有打过败仗，因久仰老武士的声名，前来挑战，想借此提高自己的名望。

老武士不顾弟子们的反对，接了挑战书。

大家都来到市区的大广场上，年轻武士开始侮辱老武士，对他扔了几块砖头，往他脸上吐口水，用尽所有脏话辱骂他的祖宗八代。年轻武士花了好几个小时，费尽了心机，想以此激怒老武士。不过，老武士仍然不为所动。直到最后，年轻气盛的武士缩手了，精疲力竭又倍感羞辱。

老武士的弟子看到自己的师父受辱而不反击，非常失望，就忍不住问他："他那么过分，师父怎么能忍受？尽管真正动起手来可能会吃败仗，至少也不会让我们这些做弟子的看到您懦弱的一面啊！"

"假设有人带着礼物来见你，你不收下礼物的话，礼物应该归谁？"老武士问众弟子。

"归送礼的人。"弟子们回答。

"嫉妒、愤怒与侮辱也是同样的道理，"老武士说，"如果这些东西你都拒收的话，它们还是归对方所有"。

在这个世界上，没有比漠视更好的惩罚手段了，把那些辱骂者埋藏在他们愚昧的灰烬中；让他们自己的唾沫淹没他们自己；让他们的耳光都回应到他们自己身上。化解各种风波和平息流言飞语的不二法门就是对其置之不理。指责他们只会给自己带来侮辱，对他们反唇相讥只会使自己的荣誉受损。受辱时，漠视他人，不计较他人的毁誉，那么，受辱者就是对方了。

下次，当你面对他人的打击或厄运时，你要做的第一件事是调整心态，然后作出正确的选择，在实际行为上显示出自己强烈的意志力和自控力，这样才是一种理性的自我完善。

第四章

放弃贪念，知足常乐：不能选择命运，但可以选择心态

心中存善念，不做贫穷的富人

金钱能够带来物质上的享受，却也在无形中阻碍了个人心灵世界的丰富。对待金钱必须拿得起放得下，赚钱是为了活着，但活着绝不是为了赚钱。假如人活着只把追逐金钱作为唯一的目标和宗旨，那人将是一种可怜的动物，人将会被自己所制造出来的这种工具捆绑起来，被生活遗弃。因为金钱并不是唯一能够满足心灵的东西，虽然它能为心灵的满足提供多种手段和工具，但在现实生活中，你却不能只顾享受金钱而不去享受生活。享受金钱只能让自己早日堕落，而享受生活却能够使自己不断品尝幸福；享受金钱会让自己被金钱的恶魔无情地缠绕，于是自己的生活主题只有“金钱”二字，整天为金钱所困惑，为金钱而难受，为金钱而痛苦，生活便会沦为围绕一张钞票而上演的闹剧。

如果不能很好地去把握和控制金钱，那么，钱越多，对于我们而言则害处越大。因此，我们必须明白：要做金钱的主人，而不是金钱的奴隶。要知道，金钱并不是生活的全部，生活中有比金钱更贵重的东西。在《杂譬喻经》中有这样一个故事：

佛陀入涅槃五百余年之后，古印度地区有一位佛法精进的国王，他总是以最好的饮食供养出家人。在他所供养的出家人当中，有一位解脱自在、得知宿命的阿罗汉圣者。

距离这个国家不远的地方有另一个国家，这里的国王也供养当时印度的婆罗门修行人。这位国王制作了500支华丽而精致的宝幢，但是却没有人会舞弄。于

是，国王宣布，凡是有人能要舞宝幢的，就将其中一支珍贵无比的宝幢送给他。

远方国家中许多人听到了这个消息后奔走相告，其中有500个穷人便汇集至一处，研究了舞弄宝幢的技巧后一起出发到该国去献艺，希望能得到宝幢，从此大富大贵。不料，他们辛苦地走到半途却用尽了盘缠，于是其中一个穷人建议："听说这附近有一个国王供养出家人，我们可以假扮僧人到那里去受他供养，解决了吃住后再想办法去赚取宝幢。"大家认为这是个好主意，于是便去找那位阿罗汉圣者，要求出家。

这位的阿罗汉一见到他们，便了解了他们的宿世因果，也看清了他们出家的目的，但阿罗汉鉴于他们得度的因缘已经成熟便为他们剃度，并传授戒法。受完戒法后阿罗汉便带这500个刚出家的法师到皇宫接受国王的供养。最后，阿罗汉告诫500个法师说："施主一粒米，大如须弥山，今生不了道，披毛带角还。所以，你们应该有精进修行的决心，将来好偿还国王的供养，否则就得生生世世当牛马、奴婢来偿还了。"这500个法师听了都非常害怕，于是日夜精进修行，禅坐、观行，一点都不敢懈怠。经过了90天之后，全都证得阿罗汉果。

这500个追求富贵的穷人所追求的物质生活的享受，正代表了芸芸众生对生命价值的追求。但是，物质的财富往往会造成心灵的贫乏，而只有真正摊开手掌的人，才不至于被财富压身。

正如这500个阿罗汉原本是为了赚取宝幢，求取大富贵，没想到途中因盘缠用尽而出家，后来由于不懈佛法，不再追求财富而证得阿罗汉果，身心得到了大自在。

一个有钱的人，可以用金钱买到胭脂、花粉，可是买不到气质；可以用金钱买到山珍海味，可是买不到食欲；可以用金钱买到华美服饰，可是买不到美丽；可以用钱买到舒适床铺，可是买不到睡眠；可以用钱买到书本，可是买不到智慧；可以用钱买到酒肉朋友，可是买不到患难之交；可以用钱买到别墅、豪宅，可是买不到幸福家庭。

金钱能够带来物质上的享受，却也在无形中阻碍了个人心灵世界的丰富。

暴雨刚过，道路上一片泥泞。一个老太太到寺庙进香，一不小心跌进了泥坑，浑身沾满了黄泥，香火钱也掉进了泥里。她不起身，只是在泥里捞个不停。一个慈悲的富人刚好坐轿从此经过，看见了这个情景，想去扶她，又怕弄脏了自己身上的衣服，于是便让下人去把老太太从泥潭里扶出来，还送了一些香火钱给她。老太太十分感激，连忙道谢。

一个僧人看到老太太满身污泥，连忙避开，说道："佛门圣地，岂能玷污？还是把这一身污泥弄干净了再来吧！"

瑞新禅师看到了这一幕，径直走到老太太身边，扶她走进大殿，笑着对那个僧人说："旷大劫来无处所，若论生灭尽成非。肉身本是无常的飞灰，从无始来，向无始去，生灭都是空幻一场。"

僧人听他这样说便问道："周遍十方心，不在一切处。难道连成佛的心都不存在吗？"

瑞新禅师指指远处的富人，嘴角浮起一抹苦笑："不能舍、不能破，还在泥里转！"

那个僧人听了禅师的话，顿时感到无比惭愧，垂下了目光。

瑞新禅师回去便训示弟子们："金钱珠宝是驴屎马粪，亲身躬行才是真佛法。身躬都不能舍弃，还谈什么出家？"

心存取舍，则有邪见与妄行。凡成就大事之人，无不是心中存善念，行善事者。像故事中的富人，舍不得一身皮囊，身价百万又如何？富人的慈悲不应该仅仅是金钱上的施舍，还应该包括心灵的布施，既是对他人的关爱，也是对自己的成全。当我们拥有财富时，握着拳头，只能看到掌中的世界，不如摊开手掌，欣赏整个浩瀚的天空，才不至于财富压身，成为贫穷的富人。

人生要学会做减法

一个人在自己觉得不堪重负的时候，应学会做"减法"，减去自己一些不需要的东西，有时候简单一点，人生反而会觉得更安然。

有一个人觉得生活很沉重，便去见智者，寻求解脱之法。

智者给他一个篓子背在肩上，指着一条沙砾路说："你每走一步就捡一块石头放进去，看看有什么感觉。"

过了一会儿，那人走到了头儿，智者问有什么感觉。

那人说："越来越觉得沉重。"

智者说："这也就是你为什么感觉生活越来越沉重的道理。当我们刚来到这个世界上时，每个人都背着一个空篓子，然而我们每走一步都要从这世界上捡一样东西放进去，所以才有了越来越累的感觉。”

生命之舟需要轻载。当你觉得生活不堪重负时不妨学会“卸载”：将自己的烦恼和包袱一一放下，让自己的心态“归零”。至简生活主张减去眼前生活中不必要的行李，以使我们能够有更多的精力去欣赏沿途的风景，能够更轻松地享受旅程的乐趣。

拥有30多亿美元资产的美国莱斯勒石油公司有了新的继承人，他就是40岁的吉姆·特纳。人们都以为新上任的吉姆·特纳会大干一番，然而他却组建起一个评估团，对公司资产以50年为基数做了全面盘点后，在资财总和中先减去自己和全家所需、社会应酬的费用，再减去应付的银行利息、公司硬性支出、生产投资等，最终发现还剩8000万美元。

于是，他毫不犹豫地从这笔钱中拿出3000万美元，为家乡建起一所大学，余下的全部捐给了美国社会福利基金会。人们对他的举动大惑不解，他说：“这笔钱对我已没有实质意义，减去它就是减去了我生命中的负担。”

在莱斯勒石油公司员工的印象中，永远看不到吉姆·特纳愁眉苦脸的时候。即使发生加勒比海海啸，给公司的油井造成1亿多美元损失，吉姆·特纳在董事会上依然谈笑风生，他说：“纵然减去1亿美元，我还是比你们富有10倍，我就有多于你们10倍的快乐。”他的一个孩子在车祸中不幸身亡，他说：“我有5个孩子，减去1个痛苦，还有4个幸福。”

乐观开朗的吉姆·特纳活到85岁时悄然谢世，他在自己的墓碑上给自己留下这样一行字：“我最欣慰的是用好了人生的减法！”

在社会上，人们不论对物质还是精神，历来提倡不懈地去追求、去得到、去积累，只有用加法积累起的人生才会富有，但失去实质应用意义的获得却会变成拥塞、愁闷和负担，对照起来，我们不妨学学吉姆·特纳的生存智慧：用好人生的减法！

用减法的意义在于重新评估、重新发现、重新安排、重新决定你人生的优先顺序。你会发现，在接下来的旅途中，因为用了减法，负担减轻，不再需要背负沉重的行李，你终于可以自由自在地开怀大笑。

欲望有毒，愈靠近愈危险

欲望是一朵带着剧毒的曼陀罗花，我们都中了它的毒，放下是唯一的解药。

禅语说：屋顶盖得粗糙，房子会遭雨水侵蚀，未经修养调整的心，欲望贪念会入侵。

佛说人有八苦，其中之一便是求不得。有欲而求，无奈求之不得，所以人生陷入万劫不复的痛苦深渊。而欲望，永不满足的欲望，是“有了千田想万田，当了皇帝想成仙”“人心不足蛇吞象”的人性弱点。

正如悲观主义哲学家叔本华所说，欲望是痛苦之源、烦恼之根。人的欲望是永远无法满足的，痛苦与生命是无法分离的。人世间真正的痛苦往往源于对欲望的执着。

传说，在西方极乐世界的佛国，空中时常发出天乐，地上都是黄金装饰的。有一种极芬芳美丽的花称为曼陀罗花，不分昼夜、不间断地从天上落下，满地缤纷。

初见曼陀罗的人，都会惊诧于它的美丽，然而，谁都不会想到是，如此美丽的花，却有剧毒，犹如充满诱惑力的欲望，掩盖的却是万丈深渊。然而在另一方面，欲望也不全是可怕的，人生也是活在欲望里的，但要是让欲望无穷无尽地在心中蔓延开来，人生也就变得欲壑难填，这样的人生会变得可悲。

有一对即将结婚的未婚夫妻，兴奋地憧憬着未来美好的日子，因为他们中了一张高额彩券，奖金是 7.5 万美元。可是，这对马上要结婚的新人，在中奖后隔天就为了“谁该拥有这笔意外之财”而闹翻了。两人大吵一架，并不惜撕破脸，闹上法庭。为什么呢？因为这张彩券当时是握在未婚妻的手中，但是未婚夫则气愤地告诉法官：“那张彩券是我买的，后来她把彩券放入她的皮包内，但我也没说什么，因为她是我的未婚妻嘛！可是，她竟然这么无耻、不要脸，说彩券是她的，是她买的！”

这对未婚夫妻在法庭上大声吵闹，各说各的，丝毫不妥协、不让步，所以也让法官伤透脑筋。最后，法官下令，在确定谁是谁非之前，发行彩券单位暂时不准发出这笔奖金。而两位原本马上要结婚的佳偶因争夺奖券的归属权而变成怨偶，双方也决定取消婚约。

欲望容易蒙蔽人的眼睛，使其是非难辨，幻想与现实不分。过度的欲望，只能令人陷于痛苦的深渊。故事中的未婚夫妻正是被欲望填充了心房，而忘却了彼此间的幸福与爱情。

智者云：欲望越大，就越容易致祸。的确，古往今来，多少人欲壑难填，多少人被贪婪打败，所以，生活中，我们一定要减轻欲望，懂得舍弃，只有这样才能从贪婪中解脱，从而获得内心的安宁。

欲望是一朵带着剧毒的曼陀罗花，我们都中了它的毒，放下是唯一的解药。世间万物，不必计较太多的东西，知足就好。

少一分物欲，多一分安宁

俗话说，人心不足蛇吞象。欲望，一方面是人们不懈追求的原动力，成就了人往高处走、水往低处流的箴言；另一方面也诠释了“有了千田想万田，当了皇帝想成仙”的人性弱点。其实，当我们细思量一番时，就会发现人一天需要的不过就是三餐饭、一张床。

人心常常是不清净的，之所以混乱是因为物欲太盛。人生在世，很难做到一点儿欲望也没有，但是物欲太强，就容易沦为欲望的奴隶，一生负重前行。人应学会克制欲望，更应学会知足常乐，因为心灵之舟载不动太多负荷。

唯有保持一颗清净心，并能善待欲望的人，才不会误入歧途。无尽的欲望只会让我们成为一口枯井。

从前，一个想发财的人得到了一张藏宝图，上面标明在密林深处有一连串的宝藏。他立即准备一切旅行用具，而且他还找出了四五个大袋子用来装宝物。一切准备就绪后，他进入了那片密林。他斩断了挡路的荆棘，过了小溪，冒险走过了沼泽地，终于找到了第一处宝藏，满屋的金币熠熠夺目。他急忙掏出袋子，把所有的金币装进了口袋。离开这一宝藏时，他看到了门上的一行字：“知足常乐，适可而止。”

他笑了笑，心想：有谁会丢下这闪光的金币呢？于是，他没留下一枚金币，扛着大袋子找到了第二处宝藏，出现在眼前的是成堆的金条。他见状，兴奋得不得了，依旧把所有的金条放进了袋子，当他拿起最后一根金条时，看到上面刻着：“放弃下一个屋子中的宝物，你会得到更宝贵的东西。”

他看了这一行字后，更迫不及待地走进了第三处宝藏，里面有一块磐石般大小的钻石。他发红的眼睛中泛着亮光，贪婪的双手抬起了这块钻石，放入了袋子中。他发现，这块钻石下面有一扇小门，心想，下面一定有更多的东西。于是，他毫不迟疑地打开门，跳了下去，谁知，等着他的不是金银财宝，而是一片流沙。他在流沙中不停地挣扎着，可是他越挣扎陷得越深，最终与金币、金条和钻石一起埋在流沙下了。

如果这个人能在看了警示后立刻离开，或在跳下去之前多想一想，那么他就会平安地返回，成为一个真正的富翁，但他却因不知足而丧失了自己的生命。

物质上永不知足是一种病态，其病因多是权力、地位、金钱之类引发的。这种病态如果发展下去，就是贪得无厌，其结局必然是自我爆炸、自我毁灭。在生活中，人们总喜欢抓点什么，房子、金钱、名利……抓得自己精疲力竭。实际上世间一切我们能抓住的只是很少的一部分，又何苦为了抓住更多而失去更多呢?

在现实生活中，我们需要有一种放弃欲望的清醒，要勇于放弃。如果抓住不放，贪得无厌，就会带来无尽的压力，让我们痛苦不安，甚至毁灭自己。其实在今天，摆在每个人面前的诱惑都有许多。唯有保持一颗清净心，并能善待欲望的人，才不会误入歧途。无尽的欲望只会让我们成为一口枯井。贪婪是耗尽人的能量，却永不让人满足的地狱。所以，我们一定要锁住自己的欲望，不要让它破坏我们的幸福。《伊索寓言》中有这样一句话："有些人因为贪婪，想得到更多的东西，却把现在所拥有的也失掉了。"

所以，生活中的我们应该明白：即使我们拥有整个世界，一天也只能吃三餐。这是人生思悟后的一种清醒，谁真正懂得它的含义，谁就能活得轻松，过得自在，白天知足常乐，夜里睡得安宁，走路感觉踏实，蓦然回首时没有遗憾。

佛经上说，人赤条条地来到这个世界上，不可能永久地拥有什么。现代西方经济学最有影响力的经济学家凯恩斯曾经说过：从长期来看，我们都属于死亡，人生是这样短暂，即使身在陋巷，我们也应享受每一刻美好的时光。

克制己欲，拒绝不需要的东西

人都有欲望，当利欲熏心到极点，就欲火焚身了。人的欲望像个无底的黑洞，永远没有填满的一天。一个人即使拥有了亿万财富，如果心被贪欲驱使，那么他就享受不到富足的快乐了。

一只老鼠不小心掉进了一个盛得半满的米缸里。这飞来的口福老鼠岂能放过？于是它开心地大吃了起来，一顿饱食后倒头便睡。不知不觉中老鼠在米缸里已过了好长一段时间，米也越吃越少了，虽然有时它也想跳出去算了，可是眼瞅着还剩下这么多的白米，嘴里便直痒痒，真舍不得离开。所以它不断安慰自己吃完这顿再说，直到有一天米缸见了底，老鼠才惊觉缸底到缸口的高度无论如何已是难以企及，它很难跳出去，更要命的是，此时它已胖得如一只笨拙的肥猫，几乎没有什么弹跳力了。

此时，它面临的只有两种不幸的结局：要么成为米主人的棒下鬼，要么饿死在米缸中。

老鼠的贪欲最终害了自己，那么我们现实生活中又有多少这样的“米”的诱惑呢？如果我们不能看清名利背后的可怕陷阱，或是看清了却无法按捺一时的欲望，无法让自己及时地跳出来，那么结果就同那只老鼠一样——每满足欲望一次，就会离毁灭更近一步，直至陷入绝境，无法跃出。

在我们的生活中，欲望就如口渴的人眼中的海水一般，给人以致命的诱惑和吸引，但是到后来是越喝越渴，直到陷入绝境。当整个社会盛行浮躁，人们也最容易成为盲从的羊群。因为对于红尘中人来说，身边很多东西的诱惑力实在太大了。当人们的欲望暂时得到满足后，接踵而来的则是更深切、更大的欲望，欲望无止境，只有学会满足现状，才不会让欲望控制自己。

有一天，几名学生怂恿苏格拉底去热闹的集市逛一逛。他们七嘴八舌地说：“集市里的东西可多了，有很多好听的、好看的和好玩的，有数不清的新鲜玩意儿，衣、食、住、行各方面的东西应有尽有。您如果去了，一定会满载而归！”他想了想，同意了学生的建议，决定去看一看，于是，在集市上苏格拉底认真地转了几圈儿，最后竟然空手而归。

第二天，苏格拉底一进教室，学生们立刻围了上来，急切地请他讲一讲集市之行的收获。他看着大家，停顿了一下说：“此行我的确有一个很大的收获，就是发现这个世界上原来有那么多我并不需要的东西。”

随后，苏格拉底说了这样的话：“当我们为奢侈的生活而疲于奔波的时候，幸福的生活已经离我们越来越远了。幸福的生活往往很简单，比如最好的房间就是必需的物品一个也不少，没用的物品一个也不多。做人要知足，做事要知不足，做学问要不知足。”

幸福要由自己定义，不能因为无关紧要的外界因素影响了自己的判断而胁迫到自己原本的思维方式。幸福很简单，追求自己所需要的，对于那些非必需的东西尽量不要，仅此而已。

在对欲望的追逐中，人会迷失本性，成为欲望的奴隶和俘虏。殊不知，追求欲望，难得返自由。太爱这个世界表面的那些浮华，就会让自己被浮华禁锢捆绑，天天戴着假面具，久而久之就会忘记自己的真面目。这样的生命看似很热闹，但实质上是可悲又可怜的。克制自己的欲望，寻找属于我们自己的自由，不仅仅是身体的自由，更是心灵的自由。

以“舍”医“贪”

一个不忘给予他人关怀的人最终所得的不仅仅是物质上的享受，更重要的是，他能得到心灵的宽慰。

医治“贪”病要用“舍”字。一切都是为自己着想，不肯将利益给别人，天下好东西恨不得完全归自己一人，管什么别人的幸福，谈什么别人的安乐，他人的死活存亡都与自己没有关系，因此“贪”病就自然地缠绕于身。假若我们懂得了“舍”，见到别人精神或物质上有苦难，把自己的幸福、安乐、利益施舍给人，这样，“贪”的大病当然就不会生了。

人双手合拢地降世，仿佛世界在他手中；人双手张开地离世，仿佛在说：“我经历红尘却不带走一粒尘埃。”这一收一放中所蕴含的即是施舍的禅理。一个不忘给予他人关怀的人最终所得的不仅仅是物质上的享受，更重要的是，他能得到心灵的宽慰。佛经《法句譬喻经》中《藏六如龟》的故事，也许会给我们一些启示。

有一比丘欲脱离尘世之苦就来到邻近河边的僻静森林，独自静坐修行，希望能够得道。这个比丘于僻静的林中过着安静的生活，但他的内心却不像表面看上去那样无欲无求。欲望在他的心中蠢蠢欲动。比如他会喜于自己吃到好素食、喝到甘美的泉水，或身处于怡人景色中；也会因天气不好、饮食不佳而忧愁烦闷、怨天尤人。如此，12 年过去后，这位心随境动的比丘依然没有在修为上有所增进，他自己心中也充满了疑惑。

一天，一位沙门来到了比丘所在的森林与比丘一同修法。当晚，天空一轮圆月高悬，一起修行的两人看见一只乌龟从河中爬到岸上来。正当此时，一只狐狸从远处跑来，看见乌龟张口便要咬。只见这乌龟急忙将四肢、头尾缩进壳内。这下，无论狐狸用什么办法都拿乌龟无可奈何，最终只能离去。当狐狸渐渐走远，乌龟悠悠然将头尾、四肢伸出壳外，最后爬回洞中。

两位比丘见到这一幕后，那位后来的沙门说："世间人真正还不如这乌龟呢。危险来了乌龟都知道把头尾和四肢藏起来，可世人却恣情放纵眼、耳、鼻、舌、身、意六根，追逐外在的色、声、香、味、触、法六尘。这一切都是由于人的心念无主，因此人才会被业力牵引，做种种恶业，使得烦恼魔、死魔、病魔有机可乘，就这样随着业力的牵引，在六道的轮转中，没有止境地受千万种的苦难。"接着沙门又说了一首偈语："藏六如龟，守意如城，慧与魔战，胜则无患。"比丘听了偈语后，心有所悟，从此以后断除了对世间色、声、香、味、触的种种贪求，专注修行，不久便证得阿罗汉果。

原来，这位沙门其实是佛陀。他知道这位比丘得度的因缘即将到来而化作沙门，前来开示他。

当年佛陀于菩提树下得道时曾说，众生皆有佛性，但只因众生"妄想执着而不证得"。就如故事中的比丘一样。因此，如果人能提起觉性，舍弃世间种种贪念欲望，则必然得大智慧、大解脱。佛教给世人的启示正是通过"舍"来医治人们内心的贪婪，帮助人们回归真善美的本性。

贪婪没有满足的时候，越加以满足，胃口就越大。贪婪的人每天都生活在殚精竭虑、费尽心机的算计中，更有甚者可能会不择手段、走极端。而贪婪的人在这个过程中是无法知道贪婪的结果的，因为贪欲早已迷惑了他的心，遮住了他的眼，他不知道自己该在什么时候停下来，就像一头拉磨的驴，只顾一个劲儿地往前走。贪的邪恶力量是无穷的，它所引起的欲望阴云会彻底覆盖一个人的本心，一个人如果沾染上贪的习气，就会陷入欲望的深渊中不能自拔。

事实上人人都有贪求，都想过美满幸福的生活，都希望丰衣足食，这很正常。但不能把这种贪求变成不正当的欲求，变成无止境的贪婪。因此佛教讲究布施，即在自己得到幸福的时候，别忘了给予他人帮助，这也是一种依靠"舍"来消除奢求的弊病的方法。"舍"能让自己的心胸敞开，不因小名小利而变得心胸狭窄、惹人生厌。

不贪恋生活中的“第四个面包”

非洲草原上的狮子吃饱以后，即使羚羊从身边经过，也懒得抬一下眼皮。瑞士奶牛也是一样，只要解决了吃饭问题，它就会闲卧在阿尔卑斯山的斜坡上，一边享受温暖的阳光，一边慢条斯理地反刍。

有一位作家非常赞赏瑞士奶牛和非洲狮子的生存哲学，他说，假如你的饭量是三个面包，那么你为第四个面包所作的一切努力都是愚蠢的。

王立有一个做医生的朋友，几年前到一个酒店去开会，一眼瞥见领班小姐，貌若天仙，便上前搭讪。小姐莞尔一笑，用一种很不经意的口气说：“先生，没看见你开车来哦！”这个朋友当即如五雷轰顶，大受刺激，从此立志加入有车族。后来他们在一起吃饭，几杯酒下肚之后，这个朋友告诉王立，准备把开了一年的“昌河”小面包卖掉，换一辆新款的“爱丽舍”，然后又问王立买车了没有。王立老老实实地回答，还没有，而且将来也没有这种可能。他同情地看着王立：“唉！一个男人，这一辈子如果没有开过车，那实在是太不幸了。”

这顿饭让王立吃得很惶惑。因为按他目前的收入水平，买辆“爱丽舍”，他得不吃不喝地攒上好几年。更糟糕的是，若他有一天终于买上了汽车，也许在他还没有来得及品味“幸福”滋味的时候，一个有私人飞机的家伙就会同情地对他说：“作为一个男人，没开过飞机太不幸了！”那他这辈子还有救吗？

这个问题让王立坐立不安了很长时间。如何挽救自己免于坠入“不幸”的深渊，让他甚为苦恼。直到有一天，他无意中听到了在台湾创立济慈医院的证严法师在一次讲法时说的一段话：有菜篮子可提的女人最幸福。因为幸福其实就渗透在我们生活中点点滴滴的细微之处，人生的真味存在于诸如提篮买菜这样平平淡淡的经历之中。我们时时刻刻拥有着它们，却无视它们的存在。

王立恍然大悟。原来他的这个医生朋友在用一个逻辑陷阱蓄意误导他：没有汽车是不幸的；你没有汽车，所以你是不幸的。但这个大前提本身就是错误的，因为“汽车”与“幸福”并无必然的联系。

在一个成功人士云集的聚会上，王立激动地表达了自己内心深处对幸福生活的理解：“不生病，不缺钱，做自己爱做的事。”会场上爆发了雷鸣般的掌声。

成功只是幸福的一个方面，而不是幸福的全部。人们对成功的需求是永无止境的，没完没了地追求来自外部世界的诱惑——大房子、新汽车、昂贵服饰等，尽管可以在某些方面得到快乐和满足，但是这些东西最终带给我们的是患得患失的压力和令人疲惫不堪的混乱。

在我们的生活中，有很多看起来很重要的东西，其实它们与我们的幸福并没有太大关系。当然我们对物质也不能一味地排斥，毕竟精神生活是建立在物质生活之上的，但不能被物质约束。面对这个已经严重超载的世界，面对已被太多的欲求和不满压得喘不过气的生活，我们应当学会过好生活的减法，把生活中不必要的繁杂除去，让自己过一种自由快乐的生活。

心灵载不动太多的贪欲

有这样一句名言：“满足不在于多加燃料，而在于减少火苗；不在于累积财富，而在于减少欲念。”

贪欲会使人的精力和体力双重透支。放下贪欲，追求平实简朴的生活，是获得快乐的最简单的方法。

贪多的结果只会是惹来无穷尽的烦恼和麻烦。学会接纳自己、欣赏自己，使我们从欲念的无底深渊中得到释放与自由。

据说上帝在创造蜈蚣时，并没有为它造脚，但是它仍可以爬得像蛇一样快。有一天，它看到羚羊、梅花鹿和其他有脚的动物都跑得比它还快，心里很不高兴，便嫉妒地说：“哼！脚愈多，当然跑得愈快。”

于是，它向上帝祷告说：“上帝啊！我希望拥有比其他动物更多的脚。”

上帝答应了蜈蚣的请求。他把好多好多的脚放在蜈蚣面前，任凭它自由取用。

蜈蚣迫不及待地拿起这些脚，一只一只地往身体上贴，从头一直贴到尾，直到再也没有地方可贴了，它才十分不舍地停止。

它心满意足地看着满身是脚的自己，心中暗暗窃喜：“现在我可以像箭一样地飞出去了！”但是，等它开始要跑步时，才发觉自己完全无法控制这些脚，这些脚噼里啪啦地各走各的，它非得全神贯注，才能使一大堆脚不致互相绊跌而顺利地往前走。

这样一来，它走得比以前更慢了。

过度的欲望让蜈蚣步伐缓慢、举步维艰，而人的心里一旦产生过分的欲望，终有一天，也会产生超载的现象，而这种负荷的结果是不堪设想的。

现今的社会是一个科技发达、物质丰富、充满竞争的社会，我们心中的欲望，常被挑逗得像是看见红色斗篷的斗牛；他人暴富的经历，更让我们血脉贲张，跃跃欲试；时尚名牌满天飞，哪能心如止水；美女香车招摇过市，我们的心早已蠢蠢欲动；更不能忍受的是别墅洋房的诱惑……因此，太多的时候，我们会被世上的名利、金钱、物质所迷惑。心中只想得到，只想将其统统归于己有，而不想舍弃，更舍不得放下，于是心中就充满了矛盾、忧愁和不安，心灵上就会承受很大的压力，以至于活得很累。

老师带着他的学生打开了一个神秘的仓库。这仓库里装满了散发着奇光异彩的宝贝，也不知存放者是谁。仔细看，每个宝贝上都刻着清晰可辨的字纹，分别是：骄傲、正直、快乐、爱情……

这些宝贝都是那么漂亮、那么迷人，学生见一件爱一件，抓起来就往口袋里装。

可是，在回家的路上他才发现，装满宝贝的口袋是那么沉。没走多远，他便气喘吁吁，两腿发软，脚步再也无法挪动。

老师说："孩子，我看还是丢掉一些宝贝吧，后面的路还长着呢！"

学生恋恋不舍地在口袋里翻来翻去，不得不咬咬牙丢掉两件宝贝，但他还是感到它很沉很沉，双腿依然像灌了铅一样行走艰难。

"孩子，"老师又一次劝道，"你再翻一翻口袋，看还可以丢掉些什么。"

学生终于把沉重的名和利也翻出来丢掉了，口袋里只剩下谦虚、正直、快乐、爱情……一下子，他感到说不出的轻松和快乐。

但是，当他们走到离家只有100米的地方时，学生又一次感到了疲惫，前所未有的疲惫，他真的再也走不动了。

"孩子，你看还有什么可以丢掉的，现在离家只有100米了。回到家，等恢复体力还可以回来取。"

学生想了想，拿出"爱情"看了又看，恋恋不舍地放在了路边。

他终于走回了家。

可是他并没有想象中那高兴，他在想着那个让他恋恋不舍的"爱情"。老师对他说："爱情虽然可以给你带来幸福和快乐，但是，它有时也会成为你的负担。等你恢复了体力还可以把它取回，对吗？"

第二天，他恢复了体力，按着来时路拿回了"爱情"。他真是高兴极了，他欢呼、雀跃，感到无比的幸福和快乐。这时，老师走过来摸着他的头，舒了一口气："啊，我的孩子，你终于学会了放弃！"

我们每个人都有欲望，但欲望太多了，人生就会变得疲惫不堪。在现代社会，如何控制好自己的欲望，不仅关系到我们每日的心情，更关系到我们的人生幸福与否。生命属于个人，每个人都有权设计自己的生活和人生道路。所有的心愿，只要符合法律和道德的要求，都应该受到尊重。

但是我们必须明白：生命的过程中，一切物质都是不可靠的奴仆，想让自己的人生得以升华，就必须放下这些本性之外的东西，去追求生活本身的淳朴，这样才能活得惬意、活得洒脱。每个人都应学会轻载，因为我们的心灵之舟载不动太多的贪念和欲望。

为欲望减减"肥"

很多人的沮丧很多时候都是因为得不到想要的东西。我们每天都在奔波忙碌，每天都在幻想填平心里的欲望，但是那些欲望却像是反方向的沟壑，我们越是想填平，它就向下凹得越深。

年轻的时候，艾莎比较贪心，什么都追求最好的，拼了命想抓住每一个机会。有一段时间，她手上同时拥有 13 个广播节目，每天忙得昏天黑地，她形容自己："简直累得跟狗一样！"

事情都是双方面的，所谓有一利必有一弊，事业愈做愈大，压力也愈来愈大。到了后来，艾莎发觉拥有更多、更大不是乐趣，反而是一种沉重的负担。她的内心始终有一种强烈的不安全感。

1995 年"灾难"发生了，她独资经营的传播公司被恶性倒账四五千万美元，交往了 7 年的男友和她分手……一连串的打击直奔她而来，在极度沮丧的时候，她甚至考虑过结束自己的生命。

在面临崩溃之际，她向一位朋友求助："如果我把公司关掉，我不知道我还能做什么！"朋友沉吟片刻后回答："你什么都能做，别忘了，当初我们都是从

‘零’开始的！”

这句话让她恍然大悟，也让她勇气再生：“是啊！我们本来就是一无所有的，既然如此，又有什么好怕的呢？”就这样念头一转，没有想到在短短半个月之内，她连续接到两笔很大的业务，濒临倒闭的公司起死回生，又重新运转了起来。

这些挫折让艾莎体悟到人生无常的一面，费尽了力气去强求，虽然勉强得到了，最后留也留不住；一旦放空了，随之而来的是更大的能量。

她学会了“舍”。为了简化生活，她谢绝应酬，搬离了150平方米大的房子，索性以公司为家，挤在一个10平方米不到的空间里，淘汰不必要的家当，只留下一张床、一张小茶儿，还有两条做伴儿的狗。

艾莎赫然发现，原来一个人需要的其实是那么有限，许多附加的东西只是徒增无谓的负担而已。

每个人都有欲望，都想过美满幸福的生活，都希望丰衣足食，这是人之常情。但是，如果欲望过度，变成无止境的贪婪，那我们就在无形中成了欲望的奴隶。

在欲望的支配下，我们不得不为了权力、为了地位、为了金钱而削尖了脑袋向里钻。我们常常感到自己非常累，但是仍觉得不满足，因为在我们看来，很多人比自己的生活更富足，很多人的权力比自己大。所以我们别无出路，只能硬着头皮往前冲，在无奈中透支着体力、精力与生命。

扪心自问，这样的生活，能不累吗？被欲望沉沉地压着，能不精疲力竭吗？静下心来想一想：有什么目标真的非让我们实现不可？又有什么东西值得我们用宝贵的生命去换取呢？

伊索说过：“许多人为了想得到更多的东西，却把现在所拥有的也失去了。”这是对得不偿失最好的诠释。无尽的欲望只会让我们失去更多，而不是获得自己真正想要的。

适当地修剪一下自己的欲望吧，别再让那些不必要的贪念支配我们的生活，让我们就那么不经意地错过了生命的花期。

以理性之眼，看住心中的贪婪与诱惑

每个人都有欲望，如果不能理性看待自己的欲望，就会产生诸多烦恼。欲望是没有止境的，就像一条锁链，一个牵着一个，永远都不能满足。

其实，人们追求欲望的最终目的，是为了得到满足和幸福。可是，太多的欲望会使人变得贪婪，最终造成痛苦。

贪婪是一枚青涩的果子，成熟之后，就是一种诱惑。诱惑则是个美丽的陷阱，落入其中者必将害人害己，无法自救；诱惑又是糖衣炮弹，无分辨能力者必定被击中；诱惑还是一种致命的病毒，会侵蚀每一个缺乏免疫力的大脑。

有一位书生准备进京赶考，赶了好几天的路，觉得非常累，于是就在树下睡着了。

书生睡了好几个时辰之后，醒来时还是觉得头脑发昏，整个人沉沉的，所以决定到附近的河边洗把脸，让自己清醒一些更有精神，以便继续赶路。

到了河边，刚好遇到一位渔夫钓到了一条大鱼。

书生：“哇，好大的鱼啊！”

渔夫看了书生一眼，得意地笑了一下。

书生：“你是怎么钓到这么大的一条鱼的？”

渔夫：“这当然需要一些技巧！”

书生：“能说来听听吗？”

渔夫：“其实我也是尝试了好几次才成功的。”

书生：“哦，怎么说？”

渔夫：“我在这里钓了这么久的鱼，从来也没有钓过这么大的鱼，所以当我发现它的时候，也觉得很惊喜，心想一定要钓到它。”

书生听得津津有味，很期待地追问：“然后呢？”

渔夫：“然后，我就按照以往钓鱼的方法，在钓鱼钩上挂上饵，放在水里给它吃，谁知道，它根本不理我，我想它可能觉得这个鱼饵实在太小了。”

书生：“那就换大一点的啊！”

渔夫：“是啊，于是我就把饵换成一只小乳猪，没想到这方法果然奏效，不一会儿，大鱼就上钩了，当它吃到鱼饵时，就被我的钩线牢牢地缠住嘴巴，无法动弹，当然就游不走了。”

书生听完后，感叹地说：“鱼啊，鱼啊，河里的小鱼小虾这么多，你一辈子都吃不完，你却禁不住诱惑，偏偏去吃渔夫送上门来的大饵，可说是因贪念而死啊！”

其实，人又能比鱼高明多少呢？

这个世界有太多的诱惑，因此有太多的欲望。一个人要以清醒的心智和从容的步履走过岁月，他的精神中必定不能缺少理性与淡泊。

所以，我们应放下对金钱的欲望，抬头看看天，云卷云舒，会发现我们的心灵从来没有这么惬意过。

心淡如水，寡欲则明

有时，得而复失，失而复得，幻想破灭，空欢喜一场，这都是快乐的过渡和转化。

私心、贪婪，常使人跌倒，重重地跌在自己恶念的祸害里。丹尼·罗德克说："世界上几乎所有宗教都有一条戒律，就是反对贪婪。在现实生活中，我们常会听到人们用鄙夷不屑的口吻说出'贪得无厌、贪心不足、贪婪成性'等贬斥贪婪的词汇来。"人性中的贪婪总是能被轻易而彻底地激发起来，当金钱成为人的目的，一个小小的谎言都能让人上当，贪婪也就在此刻开始牢牢地控制住人了。

《伊索寓言》讲述了这样一则故事：

有一次，孙子和祖父进林子里去捕野鸡。祖父教孙子用一种捕猎机，它像一只箱子，用木棍支起，木棍上系着的绳子一直接到他们隐蔽的灌木丛中。野鸡受撒下的玉米粒的诱惑，一路啄食，就会进入箱子，只要一拉绳子就大功告成了。

支好箱子，祖孙俩藏起不久，就有一群野鸡飞来，共有 9 只。大概是饿久了的缘故，不一会儿就有 6 只野鸡走进了箱子。孙子正要拉绳子，可转念一想，那 3 只也会进去的，再等等吧。等了一会儿，那 3 只非但没进去，反而走出来 3 只。

孙子后悔了，对自己说，哪怕再有一只走进去就拉绳子。接着，又有 2 只走了出来，如果这时拉绳，还能套住一只。但孙子对失去的好运不甘心，心想着还会有些野鸡要回去的，所以迟迟没有拉绳。

结果，连最后那一只也走了出来。孙子一只野鸡也没有捕到。

贪婪是欲望无止境的一种表现，它让人永不知足。捕野鸡的孙子，就是因为贪婪，想得到更多的东西，最后却什么也没得到。

"祸莫大于不知足。"这是老子《道德经》中的名言。孟子说："养心莫善于寡欲。其为人也寡欲，虽有不存焉者，寡矣；其为人也多欲，虽有存焉者，寡矣。"两者说的都是知足常乐的道理。

人生的快乐不在于得到了多少，而在于是否懂得享受自己所拥有的东西。我们每天奔波劳碌努力地为自己赚取更多，这原本无可厚非，也是一种正常的心理，但同时我们要有一颗感恩知足的心，珍惜已经拥有的，从贪欲中解脱出来，这样才能够获得更多的快乐。

其实，快乐是对追求过程的一种体验，而不是结果。结果无论成败得失，只要中间过程给我们带来了欢乐喜悦，那就行了。得而复失、失而复得、幻想破灭、空欢喜一场，这些都是快乐的过渡和转化。

而世上幸福的人，都有一个共同的特点便是知足，只有知足才能常乐，我们应该感恩自己当下所拥有的一切。

事实上，我们所拥有的并不少，仅仅是因为欲望太多就使自己不满足，甚至憎恨别人所拥有的或期望比别人拥有更多，以致心里产生忧愁、愤怒和不平衡。欲望太多，就会导致心理贫穷。在人类历史发展过程中，贪婪完全可以说是人类最大的敌人。

托尔斯泰说："欲望越少，人生就越幸福。"同理，也可以说欲望越多，就越容易致祸。生活中，我们一定要减少欲望，懂得舍弃，只有这样才能从贪婪中解脱，从而获得心灵的安宁。

用淡泊梳理生活，用宁静安抚心情

一个青年苦于现实生活的郁闷、惆怅，情绪非常低落，于是便到庙里走一走。到了寺院，但见寺庙里香客不断，檀香馥郁。再看香客们的脸，一张张都写满坦然、从容、镇定，他有些迷惑：莫非佛门真乃净地，果真能净化众生的心灵？流连寺院中，但见一位在枯树下潜心打坐的佛门老者，那入迷之态令他止住了脚步。走近细看，老者那慈祥却心纳天下的表情强烈地震撼了他——原来一个人能超然物外地活着是如此美好！

他悄然坐在了老者身边，请求老者开示。他向老者谈了他心中的苦痛，然后问："为什么人与人之间钩心斗角、纷争不已？"老者拈须而笑，声音铿锵而悠长地说："我送你一句佛语吧。"老者一字一顿地说："爱出者爱返，福往者福来！"青年幡然醒悟！听佛门一偈语，胜读十年书啊！

如果芸芸众生都能明白这个道理，这个世界岂不成了人间净土，又何来那么多的失意、忧烦、痛苦啊？

诚然，这个世界我们无力改变，但心是我们自己的，心境不同，看物与景的感觉自然不同。焦躁疑虑的人看到的是毫无生命光泽的枯草，而志定心安的人方可见云卷云舒。“爱出者爱返，福往者福来”便是这个道理。

很多时候，客观事物的改变只是由于自身心境的变迁，“心中有快乐，所见皆快乐”，若以宁静而无杂念的心去看世界，虽然它并没有变样，但你却能享受到那份平淡中的永恒。这时你再回头看看自己短短几十年的人生，就会发现它只是宇宙的一次呼吸而已，那些凡尘琐事真如过眼云烟般不值一提，有如此豁达的心境为伴，看问题便高人一筹，因此会少很多口舌之争、劳神之苦。

诸葛亮 54 岁时写给他 8 岁儿子诸葛瞻的《诫子书》中说：“非淡泊无以明志，非宁静无以致远。”意思是一个人在社会中生活，若淡泊名利等身外之物，便可以真正明确自己的志向，若心无旁骛地投入某项你所钟爱的事业中，便可以实现远大的目标。这是诸葛亮一生的真实写照，亦是我们后人谨遵的警示名言。为世俗名利所困扰，就算成功了，得到的也只是物质丰裕的快感，却缺少“闲居无事可评论，一炷清香自得闻”的那派悠然，按照诸葛亮所说的，我们若喜欢一件事物，沉下心来好好地投入，研究它、发展它，把功名等泛泛之事都抛到脑后，终有一天，你收获的除了兴致，还有成功。

拉尔夫是一位国际著名的登山家，他曾经在没有携带氧气设备的情况下，成功地征服了多座高峰，这其中还包括了世界第二高峰——乔戈里峰。其实，许多登山高手都以不带氧气瓶而能登上乔戈里峰为第一目标。但是，几乎所有的登山好手登到海拔 6500 米处就无法继续前进了，因为这里的空气变得非常稀薄，几乎令人感到窒息。因此，对登山者来说，想靠自己的体力和意志，独立征服 8611 米的乔戈里峰峰顶，确实是一项极为严峻的考验。

拉尔夫却突破障碍做到了，他在登顶成功后举行的记者招待会上，说出了这一段历险的过程。拉尔夫说，在突破海拔 6500 米的登山过程中，最大的障碍是心里各种翻腾的欲念。在攀爬的过程中，任何一个小小的杂念，都会让人意志松懈，转而渴望呼吸氧气，慢慢地让人失去冲劲与动力，而“缺氧”的念头也会开始产生，最终让人放弃征服的意志，不得不接受失败。

拉尔夫说：“想要登上峰顶，首先，你必须学会清除杂念，脑子里杂念愈少，你的需氧量就愈少；你的欲念愈多，你对氧气的需求便会愈多。所以，在空气极度稀薄的情况下，想要登上顶峰，你就必须排除一切欲望和杂念！”

排除一切欲望和杂念，保持身心安定、清净、祥和。身心清净，没有欲望和杂念的干扰，能量的消耗就会降到最低限度。

可见，淡泊、宁静并非陶渊明式的消极避世，反之，这是一种积极的进取，只是前进的途径不一样而已，就像中国的太极功夫，它最大的特点是以静制动、积柔成刚，就是把柔韧的力量积攒到一定强度，再以此击败对方。而这里说的是，你在行路的过程中，不急功近利，心态平和，以超然的心境过生活，生活才能有条不紊、安然前进。从这个角度来看，它们之间是相通的，这就像万事万物到了一定的高度都殊途同归一样。

淡泊是一种心态、一种胸怀，宁静是一种境界、一种品格。大凡真正淡泊宁静之人，皆能摒弃个人得失，能做到此点实属不易，但若是有远大的理想又乐于奉献的人，有宁静与淡泊一路相伴，他的生命必然充实稳健。

第五章
找对了池塘，才能钓到大鱼

找准人生的坐标

一个人怎样给自己定位，将决定其一生成就的大小。志在顶峰的人不会落在平地，甘心做奴隶的人永远也不会成为主人。

一位智者说，即使是最弱小的生命，一旦把全部精力集中到一个目标上也会有所成就。而最强大的生命如果把精力分散开来，最终也会一事无成。

你可以长时间卖力工作，创意十足、聪明睿智、才华横溢、屡有洞见，甚至好运连连——可是，如果你无法在创造过程中给自己正确定位，不知道自己的方向是什么，一切都会徒劳无功。所以说，你给自己定位什么，你就是什么，定位能改变人生。

一个像乞丐的人站在路旁卖橘子，一名商人路过，向那个人面前的纸盒里投了几枚硬币后，就匆匆忙忙地赶路了。

过了一会儿，商人回来了，说："对不起，我忘了拿橘子，因为你我毕竟都是商人。"

几年后，这位商人参加一次高级酒会，遇见了一位衣冠楚楚的先生向他敬酒致谢，并告知说他就是当初卖橘子的那个人。而他生活的改变，完全得益于商人的那句话：你我都是商人。

这个故事告诉我们：你定位于乞丐，你就是乞丐；当你定位于商人，你就是商人。定位决定人生，定位改变人生。

"汽车大王"福特从小就在头脑中构想能够在路上行走的机器，用来代替牲口和人力，而全家人都要他在农场做助手，但福特坚信自己可以成为一名机械师。于是他只用一年的时间完成了别人要三年时间才能完成的机械师培训，随后他花两年多时间研究蒸汽原理，试图实现他的梦想，但没有成功。

随后，他又投入汽油机研究上来，每天都梦想制造一部汽车。他的创意被发明家爱迪生所赏识，邀请他到底特律公司担任工程师。

经过10年努力，他成功地制造了第一部汽车引擎。福特的成功，完全归功于他的正确定位和不懈努力。

迈克尔在从商以前，曾是一家酒店的服务生，替客人搬行李、擦车。有一天，一辆豪华的劳斯莱斯轿车停在酒店门口，车主吩咐道："把车洗洗。"迈克尔那时刚刚中学毕业，从未见过这么漂亮的车子，不免有几分惊喜。他边洗边欣赏这辆车，擦完后，忍不住拉开车门，想坐上去享受一番。

这时，正巧领班走了出来，"你在干什么？"领班训斥道，"你不知道自己的身份和地位吗？你这种人一辈子也不配坐劳斯莱斯！"

受辱的迈克尔从此发誓："这辈子我不但要坐上劳斯莱斯，还要拥有自己的劳斯莱斯！"这成了他人生的奋斗目标。

许多年以后，当他事业有成时，果然买了一部劳斯莱斯轿车。如果迈克尔也像领班一样认定自己的命运，那么，也许今天他还在替人擦车、搬行李，最多做一个领班。目标对一个人的一生是何等重要啊！

在现实生活中，总有这样一些人，他们或因受宿命论的影响，凡事听天由命；或因性格懦弱，习惯依赖他人；或因责任心太差，不敢承担责任；或因惰性太强，好逸恶劳；或因缺乏理想，混日为生……总之，他们给自己定位低，遇事逃避，不敢为人之先，不敢转变思路，被一种消极心态所支配，甚至走向极端。

成功的含义对每个人都可能不同，但无论你怎样看待成功，你必须有自己的定位。

生命不让别人设定

一位成功人士回忆他的经历时说："小学六年级的时候，我考试得了第一名，老师送我一本世界地图，我好高兴，跑回家就开始看这本世界地图。那天轮到我为家人烧洗澡水。我就一边烧水，一边在灶边看地图，看到一张埃及地图，想到埃及很好，埃及有金字塔，有埃及艳后，有尼罗河，有法老，有很多神秘的东西，心想长大以后如果有机会我一定要去埃及。

“看得入神的时候，突然听得背后有人问：‘你在干什么？’我回头一看，原来是我爸爸，我说：‘我在看地图。’爸爸很生气，说：‘火都熄了，看什么地图！’我说：‘我在看埃及的地图。’我父亲跑过来‘啪、啪’给我两个耳光，然后说：‘赶快生火，看什么埃及地图！’打完后，踢我屁股一脚，把我踢到火炉旁边去，用很严肃的表情跟我讲：‘我给你保证！你这辈子不可能到那么遥远的地方！赶快生火！’

“我当时看着我爸爸，呆住了，心想：我爸爸怎么给我这么奇怪的保证，真的吗？这一生真的不可能去埃及吗？20年后，我第一次出国就去埃及，我的朋友都问我：‘到埃及干什么？’那时候还没开放观光，出国是很难的。我说：‘因为我的生命不能被别人设定。’自己就跑到埃及旅行了。

“有一天，我坐在金字塔前面的台阶上，买了张明信片寄给我爸爸。我写道：‘亲爱的爸爸：我现在在埃及的金字塔前面给你写信，记得小时候，你打我两个耳光，踢我一脚，保证我不可能到这么远的地方来，现在我就坐在这里给你写信。’写的时候感触很深。我爸爸收到明信片时跟我妈妈说：‘哦！这是哪一次打的，怎么那么有效？一脚踢到埃及去了。’”

每个人都是自己的设计师，成龙成虫全在自己。如果将自己的发展依赖于别人的定位，而没有自己的人生目标，没有自我实现的欲求，就不可能做出一番事业。你的生命，要靠自己去雕琢。你要选择自己的生活道路，确定人生的目标，也就是为自己“人生道路怎么走”“朝着什么方向走”“最终要达到什么目的”进行设计。

被别人设定，并且照着别人的设定去做的人，他的生命注定只能平淡无奇、碌碌无为。只有对自己的生命充满激情和幻想的人，才会不断地超越自己，达到一个又一个高峰，人生也因此而绚丽多彩、跌宕起伏。

看清方向再努力

方向对一个人来说是非常重要的，方向错了，再怎么努力也只能是徒劳。努力也是有条件的，当你陷进泥塘里的时候，就应该及时爬出来，远远地离开那个泥塘。有人说，这个谁不会啊！而事实上，不会的人很多。比如一个不适合自己的公司，一堆被套牢的股票，一场“三角”或“多角”恋爱，或者一个难以实现的梦幻……

在这样的境遇里，你再怎样挣扎也无济于事，真正聪明的做法就是调整方向，重新来过。也许有人会说，这有什么不懂，谁都不是傻子。

然而在现实生活中确实有一些人在做着无谓的斗争与努力，就像是已经坐上了反方向的公共汽车，还要求司机加快速度一样。有好心人告诉他停止前进，重新选择方向的时候，他还振振有词，不肯下车。而明白的确坐反了时却又把责任推给售票员，指责售票员没有阻止自己登上汽车；于是就努力说服司机改变行车路线；在遭到拒绝后又下决心要消灭这辆汽车，因为消灭一个错误也是伟大的事业；于是坚持坐到底，因为在 999 次失败后也许就是最后的成功。

人生道路上，我们常常被一些高昂而光彩的语汇弄昏了头，以不屈不挠、百折不回的精神坚持如一，不肯认输，最终输掉了自己！选对方向，及时改变方向应该是最基本的生活常识，泥塘教过我们，只是我们一离开“老师”，就不愿从上错了的车上走下来。就像我们会经常听见有人聊天：

——工作怎么样啊？

——嗨，凑合，混口饭吃吧！

既然只能是“凑合”着，“混饭”吃，那为什么不去选择一份更适合自己、自己更喜欢的工作呢？

如果你发现自己现在所从事的工作并不适合你，那就要赶紧调整前进的方向。不要担心来不及，如果你一直有这样的顾虑，那才真正丧失了大好的时机。

当你发现自己真的走错了方向时，最好先静下来想一想，然后再去努力寻找新的机会，并在新的领域里重新开始，立志有所作为。那种明知自己走错了路，又前怕狼后怕虎的人，只能是徒自空叹，虚度一生！

发挥长处

人这一生会有很多难处，但最难的就是找到适合自己走的那条道。每一个人都应该努力根据自己的特长来设计自己的人生航向。根据自己的环境、条件、才能、素质、兴趣等，确定前进的方向。每个人都应该尽力找到自己的最佳位置，找准属于自己的人生跑道。当你事业受挫时，你不必灰心也不要丧气，相信坚强的信念定能点亮成功的灯，总结失败的原因，考虑重新给自己定位。

很多成就卓著人士之所以成功，首先得益于他们充分了解自己的长处，能根据自己的特长来进行定位或重新定位。如果不充分了解自己的长处，只凭一时的兴趣和想法，那么定位就很不准确，有很大的盲目性。歌德一度没能充分了解自己的长处，树立了当画家的错误志向，害得他浪费了十多年的光阴，为此他曾非常后悔。美国女影星霍利·亨特一度竭力避免被定位为短小精悍的女人，结果走了一段弯路。后来幸亏经纪人的引导，她重新根据自己身材娇小、个性鲜明、演技极富弹性的特点进行了正确的定位，出演了《钢琴课》等影片，一举夺得戛纳电影节的“金棕榈”奖和奥斯卡大奖。

古今中外，还有很多名人经过重新给自己定位而取得令人瞩目的成就：著名科普作家阿西莫夫一开始想成为一名科学家，直到有一天上午，他坐在打字机前打字的时候，突然意识到：“我不能成为一个第一流的科学家，却能够成为一个第一流的科普作家。”于是，他几乎把全部精力放在科普创作上，终于成了当代世界著名的科普作家。伦琴原来学的是工程科学，他在老师孔特的影响下，做了一些物理实验，他逐渐体会到，这就是最适合自己干的行业，后来果然成了一位有成就的物理学家。

在生活中，谁都想最大限度地发挥自己的能量。但是，由于种种原因，并不是你想干什么就能干什么。目前，有许多人是在自己并不喜欢甚至厌恶的岗位上，干自己不愿干的工作，于是牢骚满腹。在这种情况下，还是不要着急为好，所谓的生活其实就如写文章一样，当你发觉笔下的那一句不是自己最满意的词句，甚至是败笔的时候，那你就暂时停笔思考一下，删除那些拙劣的语句，然后等到精彩的华章涌向笔尖，再重新抒写，直至满意为止。

选好人生路

漫漫人生路，但并不是每条都适合你去走，你一旦选择错了，也许你一生都难以过得顺畅。

两个乡下人，外出打工。一个去深圳，一个去北京。在候车厅等车时，听到人们议论说：深圳人精明，外地人问路都收费；北京人质朴，见吃不上饭的人，不仅给馒头，还送旧衣服。

去深圳的人想，还是北京好，挣不到钱也饿不死，幸亏车还没开，不然真掉进了火坑。

去北京的人想，还是深圳好，给人带路都能挣钱，还有什么不能挣钱的？我幸亏还没上车，不然真失去一次致富的机会。

于是他们在退票处相遇了而且相互交换了车票。于是，原来要去北京的得到了去深圳的票，去深圳的得到了去北京的票。

去北京的人发现，北京果然好。他初到北京的一个月，什么都没干，竟然没有饿着。不仅银行大厅里的矿泉水可以白喝，而且大商场里欢迎品尝的点心也可以白吃。

去深圳的人发现，深圳果然是一个可以发财的城市。干什么都可以赚钱，带路可以赚钱，开厕所可以赚钱，弄盆凉水让人洗脸可以赚钱，只要想点办法，再花点力气就可以赚钱。凭着乡下人对泥土的感情和认识，他不久就在郊区的农田里装了十包含有沙子和树叶的土，以“营养土”的名义，向不见泥土而又爱花的深圳人兜售。当天他在城郊间往返 5 次，净赚了 100 元钱。一年后，凭“营养土”他竟然在深圳拥有了一间小小的门面。在长年的走街串巷中，他又有了一个新的发现：一些商店楼面亮丽而招牌较黑，一打听才知道是清洗公司只负责洗楼不负责洗招牌。他立即抓住这一空档，买了人字梯、水桶和抹布，办起了一个小型清洗公司，专门负责擦洗招牌。如今他的公司已有 150 多名职员，业务也由深圳一隅发展到沿海省份的十几个城市。

前不久，他坐火车去北京考察清洗市场，在北京站，一个捡破烂的人把头伸进软卧车厢，向他要一只空可乐易拉罐。就在此时两人都愣住了，因为就在几年前，他们曾换过一次票。

虽然说选择常能决定命运，但真正决定人命运的还是自己的心态和努力。以上两人同样都选择大城市发展，一个人靠自己的努力闯出了一片天地，而另一个人却沦落到拾破烂为生。不能不说是他们不同的心态导致选择了不同的人生道路。

确定对的就勇往直前

如果你能确定自己是正确的，就要勇往直前走下去，而不要犹豫不决，也不要太在意别人的看法。

约翰·莱特福特不但是个博士，而且当过英国剑桥大学副校长。在达尔文出版《物种起源》这部名著前夕，他郑重指出："天与地，在公元前4000年10月23日上午9点诞生。"

狄奥尼西斯·拉多纳博士生于1793年，曾任伦敦大学天文学教授。他的高见是："在铁轨上高速旅行根本不可能，乘客将不能呼吸，甚至将窒息而死。"

1786年，莫扎特的歌剧《费加罗的婚礼》初演，落幕后，拿波里国王费迪南德四世坦率地发表了感想："莫扎特，你这个作品太吵了，音符用得太多了。"

国王不懂音乐，我们可以不苛责，但是美国波士顿的音乐评论家菲力普·海尔于1873年表示："贝多芬的第七交响乐，要是不设法删减，早晚会被淘汰。"

乐评家也不懂音乐，但是音乐家就懂音乐吗？柴可夫斯基在他1886年10月9日的日记里说："我演奏了勃拉姆斯的作品，这家伙毫无天分，眼看这样平凡的自大狂被人尊为天才，真教我忍无可忍。"

有趣的是乐评家亚历山大·鲁布，1881年就事先替勃拉姆斯报了仇。他在杂志上撰文表示："柴可夫斯基一定和贝多芬一样聋了，他运气真好，可以不必听自己的作品。"

1962年，还未成名的披头士合唱团，向英国威克唱片公司毛遂自荐，但是被拒绝。公司负责人的看法是："我不喜欢这群人的音乐，吉他合奏已经落伍了。"

你听说过艾伦斯特·马哈吗？他曾任维也纳大学物理学教授。他说："我不承认爱因斯坦的相对论，正如我不承认原子的存在。"

爱因斯坦对以上批评并不在意，因为早在他10岁于慕尼黑念小学的时候，任课老师就对他说："你以后不会有出息。"

严格说来，遭人反对、小看不是坏事，这可以促使我们争取进步。可是，人身攻击就令人难以忍受了。

法国小说家莫泊桑，曾被人批评为："这个作家的愚蠢，在他的眼睛里表露无遗。那双眼珠，有一半陷入上眼皮，如在看天，又像狗在小便。他注视你时，你会为了那愚蠢与无知，打他一百记耳光仍觉吃亏。"

就是西方文学的大宗师莎士比亚，也曾被人恶意攻击。以日记文学闻名的法国作家雷纳尔，1896年在日记中说："第一，我未必了解莎士比亚；第二，我未必喜欢莎士比亚；第三，莎士比亚总是令我厌烦。"1906年，他又在日记中说："只有讨厌完美的老人，才会喜欢莎士比亚。"

这位雷纳尔先生爱说俏皮话，他在1906年的日记中说：“你问我对尼采有何看法，我认为他的名字里赘字太多。”连名字都有毛病，文章如何自不待言。

英国作家王尔德也以似通不通的修辞技巧批评萧伯纳说：“他没有敌人，但是他的朋友都深深地恨他。”

思想家卢梭54岁那年，即1766年，被人讽刺为：“卢梭有一点像哲学家，正如猴子有点像人类。”

这些被批评和讥讽的人士后来都被证明他们和他们的作品是多么的伟大。如果他们当时被批评和嘲笑所打倒，那么世界艺术长河中将失去许多璀璨的明珠。他们没有受别人的影响，因为他们坚信自己、坚信自己的成就，并且勇往直前地做下去了。

戴维·克罗克特有一句很简单的座右铭：“确定你是对的，然后勇往直前。”

每一个人，无论是凡夫走卒还是英雄人物，总有遭人批评的时候。事实上，越成功的人，受到的批评就越多。只有那些什么都不做的人，才能免遭别人的批评。真正的勇气就是秉持自己的信念，而不受别人的支配。

选定你的舞台

人生有各种各样的舞台，但最能展现你才华的舞台却只有一个。只有准确地选择这个舞台，你的才华才能得到施展，从而实现自己的人生梦想。

伟大的抽象派画家毕加索说：“准确地选择，你的才华就会得到更好的发挥。”

世界三大男高音歌唱家之一帕瓦罗蒂，就是因正确的人生选择才成功展示了他歌唱方面的才华。

帕瓦罗蒂1935年出生在意大利的一个面包师家庭。他的父亲是个歌剧爱好者，他常把卡鲁索、吉利、佩尔蒂莱的唱片带回家来听，耳濡目染，帕瓦罗蒂也喜欢上了唱歌。

小时候的帕瓦罗蒂就显示出了唱歌的天赋。

长大后的帕瓦罗蒂依然喜欢唱歌，但是他更喜欢孩子，并希望成为一名教师。于是，他考上了一所师范学校。在学习期间，一位名叫阿利戈·波拉的专业歌手收帕瓦罗蒂为学生。

临近毕业的时候，帕瓦罗蒂问父亲：“我应该怎么选择？是当教师呢，还是成为一个歌唱家？”他的父亲这样回答：“卢西亚诺，如果你想同时坐两把椅子，你只会掉到两个椅子之间的地上。在生活中，你应该选定一把椅子。准确地说，你只能选定一个能够发挥你才华的舞台。”

听了父亲的话，帕瓦罗蒂选择了教师这个职业。不幸的是，初执教鞭的帕瓦罗蒂因为缺乏经验而没有权威。学生们就利用这点捣乱，最终他只好离开了学校。于是，帕瓦罗蒂又选择了另一个舞台——唱歌。

17 岁时，帕瓦罗蒂的父亲介绍他到“罗西尼”合唱团，他开始随合唱团在各地举行音乐会。他经常在免费音乐会上演唱，希望能引起某个经纪人的注意。

可是，近七年的时间过去了，他还是个无名小辈。眼看着周围的朋友都找到了适合自己的位置，也都结了婚，而自己还没有养家糊口的能力，帕瓦罗蒂苦恼极了。偏偏在这个时候，他的声带上长了个小结。在菲拉拉举行的一场音乐会上，他就好像脖子被掐住的男中音，于是被满场的倒彩声轰下台。

失败让他产生了放弃的念头。

冷静下来的帕瓦罗蒂想起了父亲的话，于是他坚持了下来。几个月后，帕瓦罗蒂在一场歌剧比赛中被选中于 1961 年 4 月 29 日在雷焦埃米利亚市剧院演唱著名歌剧《波希米亚人》，这是帕瓦罗蒂首次演唱歌剧。演出结束后，帕瓦罗蒂赢得了观众雷鸣般的掌声。

第二年，帕瓦罗蒂应邀去澳大利亚演出及录制唱片。1967 年，他被著名指挥大师卡拉扬挑选为威尔第《安魂曲》的男高音独唱者。

从此，帕瓦罗蒂的声名日高，成为国际歌剧舞台上的最佳男高音。

后来有人问帕瓦罗蒂成功的秘诀时，他说：“我的成功在于我在不断的选择中选对了自己施展才华的方向，我觉得一个人如何去体现他的才华，就在于他要选对人生奋斗的方向，在适合自己的舞台上施展抱负。”

不同的人有不同的路

在人生奋斗中，遭遇坎坷挫折在所难免，不慎跌倒并不表示永远的失败，只有跌倒后就失去了奋斗的勇气才是永远的失败。我们若以平常心观之，失败本身也就不足为奇了。一个人若没有经历过失败，他就难以尝到人生的辛酸和苦涩，难以认识到生命的底蕴，也就不可能感受到成功时的巨大欣喜。

其实，通向成功的路绝不止一条，不同的人可以选择不同的路，成功与否，往往不在于对道路的选择，而在于一旦选定了自己的路，便不再彷徨而是坚定地走下去。所以，能否到达心中的目标，首先取决于对脚下道路的信任。

要想博得成功、博得荣誉，除了要选择一条适合自己的路走以外，还要有执着的精神。女娲补天、夸父追日、精卫填海、愚公移山、大禹治水，卧薪尝胆的勾践、闻鸡起舞的祖逖、面壁静修的达摩、程门立雪的杨时……这些执着的故事不老，人物不死。咬定青山不放松、百折千磨志不改、衣带渐宽终不悔、不到长城非好汉……这些执着的佳句不朽。

“执着”的骨子里有一种素质：一种激情如火的素质，一种追求根源的素质，一种苦行僧式的素质，一种认准了目标不回头的素质，一种坚持自己不受他人支配的素质，一种固执甚至偏激的素质。具备这种素质的人常常能创造出人间奇迹。弗洛伊德、拿破仑、贝多芬、凡·高；还有《吉尼斯世界大全》一书中所记载的诸多人物，不能不承认是这些大大小小的人物使我们这个世界变得有声有色。他们的性格中明显有着共同的一点，即执着。他们执着地将他们热爱的某项事业推向极致，什么也阻止不了他们——除了自身的死亡。

执着并不是你将整个世界抓在手里，当你执着一种东西时，你同时便选择了放弃另一种东西。执着的前提是你知道了你要选择什么。学会放弃、善于放弃也不是执着的对立面。

只不过是从头再来

在人的一生中，每个人都不能保证一切顺利，面对失业，很多人往往痛苦不堪，为失去工作而烦恼。其实，失业不一定是坏事，只要树立信心，肯定会有“柳暗花明又一村”的新景象。很多人正是由于被解雇才使自己获得更大的发展空间。

达尼是一个很有事业心的人，他在一家业务公司跟着老板一干就是5年，从一个刚毕业的大学生一直做到了分公司的总经理职位。在这5年里，公司逐渐成为同行业中的佼佼者，达尼也为公司付出了许多，他很希望通过自己的努力将企业带入一个更加成功的境地。然而就在他兢兢业业拼命工作的时候，达尼发现老板变了，变得不思进取、“牛”气十足，对自己渐渐也不信任了，许多做法都让人难以理解。而达尼自己也找不到昔日干事业的感觉了。

同样，老板也看达尼不顺眼，说达尼的举动使公司的工作进展不顺利，有点碍手碍脚。不久，老板把达尼解雇了。

从公司出来后，达尼并没有气馁，他对自己的工作能力还是很自信的。不久，达尼发现有一家大型企业正在招聘一名业务经理，于是将自己的简历寄给了这家企业，没过几天他就接到面试通知，然后便是和老总面谈，最终顺利得到这份工作。工作大约一个月时间，达尼觉得该公司总经理是一个很有气魄和工作能力的人。同时，他也感到总经理同样十分赏识他的才华与能力。在工作之余，总经理经常约他一起去游泳、打保龄球或者参加一些商务酒会。

在工作中，达尼发现公司的企业图标设计得相当烦琐，虽然有美感，但却缺乏应有的视觉冲击力，便大胆地向总经理提出更换图标的建议。没想到总经理也早有此意，他把这件事安排给达尼去完成。为了把这项工作做好，达尼亲自求助于图标设计方面的专业人士，从他们设计的作品中选出了比较满意的一件。当他把设计方案交给总经理的时候，总经理大加赞赏，马上升达尼为公司副总，薪水增加了一倍。

是的，被解雇并不是一件坏事，达尼面对无情的解雇，凭借着才能找到了更适合自己的工作，而且得到了一位真正伯乐的赏识。

其实路就在脚下，被解雇了，我们不必去计较，走过去，前面也许有更光明的一片天空在等着我们。

作为一个现代人，应具有迎接挑战的心理准备。世界充满了机遇，也充满了风险。要不断提高自我应对挫折的能力，调整自己，增强社会适应力，坚信挫折中蕴含着机遇，只不过是从头再来。

也许在人生交汇点的你正在为自己的失落而烦恼不堪。其实这于事无补，相信上天在关上一扇门的同时会为你打开一扇窗，机遇可能就在你的面前。

人生需要设计

一所国际知名大学 30 年前曾对当时的在校学生做过一项调查，内容是个人目标的设定情况。调查数据显示，没有目标的人有 27%，目标模糊的人有 60%，短期目标清晰的人有 10%，长期目标清晰的人只有 3%。30 年后哈佛大学研究了这些调查对象的情况，结果发现，第一类人几乎都生活在社会的最底层，长期在失败的阴影里挣扎；第二类人基本上都生活在社会的中下层，他们没有多大的理想和抱负，整日只知为生存而疲于奔命；第三类人大多进入了白领阶层，他们生活在社会的中上层；只有第四类人，他们为了实现既定的目标，几十年如一日努力拼搏、积极进取、百折不挠，最终成了百万富翁、行业领袖或精英人物。30年前的目标设定情况决定了30年后的生活状况。

设定自己的目标，就是要设计自己的人生。目标，无论是生活中的小目标，还是人生中的大目标，都需要精心设计。设计会使我们的人生更加完善，而完善的人生一直都是我们所追求的。不论你是知名企业的总裁，还是普通公司的小职员；不论你是已经到了古稀之年，还是正处于花季少年，你都离不开人生设计。

人一生中会做无数次的设计，但如果最大的设计——人生设计没做好，那将是最大的失败。设计人生就是要对人生实行明确的目标管理。如果没有目标，或者目标定位不正确，你的一生必然碌碌无为，甚至是杂乱无章。做好人生设计，很重要的是必须把握两点：一是善于总结，二是善于预测。对过去进行总结和对未来进行设计并不矛盾。只有对自己的过去进行好好的回顾、梳理、反思，才能找出不足，扬长避短。而对未来进行预测，就是说要有前瞻性的观念和能力。假如缺少了前瞻性观念和能力，人将无法很好地预见自己的未来、预见事物的动态发展变化，也就不可能根据自己的预见进行科学的人生设计。一个没有预见性的人，是不可能设计好人生、走好人生的。

还有一点必须记住，那就是设计好人生的前提是自知、自查。了解自己，了解环境，这是成功的法则。知己知彼，方能百战不殆。对自己有了详细的了解与估量，才能有的放矢地进行人生设计。在知己知彼以后，需要对自己合理定位。

人不是神，有很多不足和缺陷，对自己期望过低、过高都不利于成长。但设计人生不能盲从，也不能一味地服从与遵从死理。设计目标是为了实现，而不是为了设计而设计。设计只是一种手段，不是我们要的结果。因此，我们需要变通的设计，要因事、因时、因地而变化。设计也不是屈服，设计的主动权要掌握在我们自己的手中——我的人生我做主，用自己手中的画笔在画布上绘出美丽的图画。

一个人要有独特的、负责任的人生设计，这不只是个人的事情，也是这个时代对他的要求。如果你的理性还在沉睡中，那就快醒醒吧，赶快设计好自己的人生，不要等来不及时才匆匆忙忙地应付。

点亮人生的希望

由米勒教授和另外两名地质专家组成的考察团，准备进溶洞考察。溶洞在当地人们的眼里是一个“迷洞”，曾经有胆大的人进去过，但都是一去不复返。

随身携带的计时器显示，他们在漆黑的溶洞里走了14个小时，这时一个有半个足球场大小的水晶岩洞呈现在他们的面前。他们兴奋地奔了过去，尽情欣赏、抚摸着那些迷人水晶。

待激动的心情平静下来之后，其中那个负责画路标的专家忽然惊叫道：“刚才我忘记刻箭头了！”他们再仔细看时，四周竟有上百个大小各异的洞口。那些洞口就像迷宫一样，洞洞相连，他们转了很久，始终没能找到来时的路。

米勒教授在洞口前默默地搜寻着，突然他惊喜地喊道：“在这儿有一个标志！”他们决定顺着标志的方向走。米勒教授走在前面，每一次都是他先发现标志。

终于，他们的眼睛被强烈的太阳光刺疼了，这意味着他们已经走出了“迷洞”。另外两个专家竟像孩子似的掩面哭泣起来，他们对米勒教授说：“如果没有那位前人……”而老教授缓缓地从衣兜里掏出一块被磨去半截的石灰石递到他俩面前，意味深长地说：“在没有退路可言的时候，我们唯有相信自己……”

是啊，其实人生不就是一次最有意义的探险吗？也许当我们为追寻一个目标而艰苦跋涉的时候，突然间会迷失方向，陷入孤独无援的境地。生活往往就是这样奇怪，它在馈赠给我们蜜饯的同时，又悄悄地在我们面前布下了一个个“迷洞”，来考验我们的执着与勇气。

面对人生的许多“迷洞”，我们不能惊慌失措，也不能裹足不前，唯有在心头点燃一根火柴，点亮人生的希望，并义无反顾地走下去！

条条大路通罗马

人生道路千万条，条条都能通“罗马”，每条路都是我们的选择之一。所以，一旦这条路行不通，不要犹豫，立即换一条路，即使这条道上行人稀少、环境恶劣，但它往往就通向成功宝殿的大门。行行出状元，在无力接受某一课程时，千万不要强求自己，否则只会越来越糟，耽误时间不说，还耽误了自己的美好前程。

一个叫王丽的姑娘，长得端庄、秀丽，她表姐是外企职工，收入颇高，工作环境也很好，她对王丽的影响很大。王丽也想走进这个阶层，无奈她的外语太差，单词记不住，语法也总是弄不懂。马上要面临高考了，她想报考外语专业，可越急越学不好。她整天想着白领阶层的生活，不知不觉沉浸其中。

她将所有时间都押在外语上了，其他课目全部放弃。由于只有一条路，她更担心一旦考不上外语系，那就全完了。整天就想着考上以后的生活、考不上又怎么办，而全无心思专心学习。

虽然“白日梦”是青春期常见的心理现象，但整天沉醉于其中的人，往往是那些对现状不满意又无力改变的人。因为“白日梦”可以使人暂时忘记不如意的现实，摆脱某些烦恼，在幻想中满足自己被人尊敬、被人喜爱的需要，在“梦”中，“丑小鸭”变成了“白天鹅”。

做美好的梦，对智者来说是一生的动力，他们会由此梦出发，立即行动，全力以赴朝着这个美梦发展，一步步努力使梦想成真。但对于弱者来说，“白日梦”不啻于一个陷阱，他们在此处滑入深渊，无力自拔。

如何走出深渊呢？首先，要有勇气正视不如意的现实，并学会管理自己。这里教给你一个简单而有效的方法，就是给自己制订时间表。先画一张周计划表，把第一天至少分为上午、下午和晚上三格，然后把你在这一周中需要做的事统统写下来，再按轻重缓急排列一下，把它们填到表格里。每做完一件事情，就把它从表上划掉。到了周末总结一下，看看哪些计划完成了、哪些计划没有完成。这种时间表对整天不知道怎么过的人有独特的作用，因为当你发现有很多事情等着做，而且做完一件事就有一种踏实的感觉时，就比较容易把幻想变为行动了。你用做事挤走了幻想，并在做事中重塑了自己，增强了自信。

梦虽是美好的，但毕竟是梦。与其在美梦中遐想，不如另辟他途，走出一条适合自己的路，所以该放弃就放弃，千万不要有丝毫的犹豫和留恋，迅速踏上另一条通向“罗马”的旅途。

目标之外的宝藏

京城中一富豪有两个儿子，哥哥好酒，弟弟恋花。南海生长一种长生果，如果幸运地找到并吃进肚腹，就一定可以长命百岁。两人便都带足盘缠，兴致勃勃地朝南海出发。

他们来到一个山谷中，看见满谷绿草如茵、山花烂漫、彩蝶飞舞。弟弟在京城中从未见过如此奇观，加之爱花如命，于是他停下脚步，决定久居山谷，不再去想长生果了。

哥哥一人离开山谷，踏上征途。一天，一眼清泉使他驻足徘徊。泉水酒香袭人，饮之则觉清洌甘甜。哥哥开怀畅饮，将寻找长生果之事抛诸脑后。

就这样，兄弟两人都没能到达南海，也没去找长生果，但他们都找到了自己的快乐，找到了内心的幸福。

生活中，我们为自己树立了一个又一个目标。然而，很多时候，在向目标前进的途中，我们会被许多目标之外的风景吸引住，甚至为它们停住脚步。其实，我们不必为自己的“半途而废”而自怨自艾，因为那并不是我们甘于放弃目标，而是由于我们发现了更真实、更符合自己内心愿望的去处。

很多时候，我们历经艰辛也没能达到目标，但回首其过程，又不乏充实和快乐。其实，在寻找之中我们已悄然获得了目标之外的宝藏。

只做自己感兴趣的事

选择事业的目标应该和自己的爱好相一致，只有这样，你的主动性才会得到充分发挥。善于根据兴趣确定自己的事业目标，并以此推销自己的优势是你择业、成大事的起点。我们要把生活中最感兴趣的事作为自己的终身职业。

要确定你的终身奋斗目标，首先要问问你自己的兴趣所在。所谓兴趣，是指一个人力求认识某种事物或爱好某种活动的心理倾向，这种心理倾向是和一定的情感相联系的。“我喜欢做什么？”“我最擅长什么？”一个人如果能根据自己的爱好去选择事业的目标，他的主动性将会得到充分发挥。即使十分疲倦和辛劳，也总是兴致勃勃、心情愉快；即使困难重重也绝不灰心丧气，而能想尽办法，百折不挠地去克服它，甚至废寝忘食，如醉如痴。爱迪生就是个很好的例子。他几乎每天都在实验室里辛苦工作十几个小时，在那里吃饭、睡觉，但他丝毫不以为苦，“我一生中从未做过一天工作。”他宣称，“我每天其乐无穷”。

很多人往往一时很难弄清楚自己的兴趣所在或擅长什么，这就需要在实践中发现自己、认识自己，不断地了解自己能干什么、不能干什么，如此才能取己所长、避己之短，进而成就大事。

作家斯贝克一开始并没有意识到自己会成为作家，曾几次改行。开始，因为他身高 1.9 米多，所以他爱上了篮球运动，成为市男子篮球队员。因为球技一般，年龄渐长，又改行当了专业画家。他的画技也无过人之处，当他给报刊绘画时，偶尔也写点短文，终于发现自己的写作才能，从此走上了文学创作的道路。

你可以通过对自己经历的回顾，发现和准确判断自己的兴趣所在。然后在此基础上，将自己的兴趣归于某种兴趣类型，并与相应的职业对比，这样可以帮助你选择适合自己兴趣的职业。

敢为天下先

很多外国饮料商都发现，要想打开比利时首都布鲁塞尔的市场非常难。于是就有人向畅销比利时国内的某名牌饮料厂家取经。这家叫“芬乐”的饮料厂位于布鲁塞尔东郊，无论是厂房建筑还是车间生产设备都没有很特别的地方。但该厂的销售总监哈里是轰动欧洲的策划人员，由他策划的饮品文化节曾经在欧洲多个国家盛行。当有人问哈里是怎么做芬乐饮品的销售时，他显得非常得意而自信。哈里说，自己和芬乐饮品的成长经历一样，从默默无闻开始到轰动世界。

哈里刚到这个厂时还是个不满 25 岁的小伙子，那时候他有些发愁自己找不到对象，因为他相貌平平且又贫穷。但他还是看上了厂里一个很优秀的女孩，当他在情人节给她偷偷献花时，那个女孩伤害了他，说：“我不会看上一个普通得像你这样的男人。”于是哈里决定做些不普通的事情，但什么是不普通的事情呢？哈里还没有仔细想过。

那时的芬乐饮料厂正一年一年地减产，因为销售的不景气而没有钱在电视或者报纸上做广告，这样开始恶性循环，做销售员的哈里多次建议厂长到电视台做一次演讲或者广告，都被厂长拒绝了。哈里决定冒险做自己想要做的事情，于是他贷款承包了厂里的销售工作，他在琢磨怎样去做一个最省钱的广告，不知不觉中他走到了布鲁塞尔市中心的于连广场。这天正是感恩节，虽然已是深夜了，但广场上还是有很多欢快的人们，广场中心撒尿的男孩铜像就是因挽救城市而闻名于世的小英雄于连。当然铜像撒出的“尿”是自来水。广场上一群调皮的孩子用自己喝空的矿泉水瓶子去接铜像里“尿”出的自来水来泼洒对方，他们的调皮启发了哈里的灵感。

第二天，路过广场的人们发现于连的尿变成了色泽金黄、有浓浓水果气息的芬乐饮品。铜像旁边的大广告牌子上写着芬乐饮品免费品尝的字样。一传十，十传百，全市老百姓都从家里拿来自己的瓶子、杯子排成长队去接啤酒喝。电视台、报纸、广播电台争相报道，哈里把芬乐饮品的广告不掏一分钱就成功地做上了电视和报纸。该年度的啤酒销售量比以前增加了 1.8 倍。

哈里成了闻名布鲁塞尔的销售专家，这就是他的经验：敢于“吃螃蟹”，做别人没有做过的事情。

怀才不遇莫哀叹

一个人再有才干，也会碰到无法施展自己才干的时候，这时候千万要记住：即使你觉得自己怀才不遇，也不能明显地表现出来，你越是沉不住气，别人就越看轻你。

怀才不遇往往不是他人造成的，如果你没有遇到你的伯乐，可能是因为你没才！

如今，怀才不遇好像成了很多年轻人的一种通病，他们普遍的症状是，牢骚满腹，喜欢批评他人，有时也会显出一副郁郁不得志的样子，和这种人交谈，搞不好还会被其批评一顿。

当然，这类人中有的的确是怀才不遇，由于客观环境无法与之适应，“虎落平阳被犬欺，龙困浅滩遭虾戏”，但为了生活，他们又不得不委屈自己，所以生活得十分痛苦。

难道现实中有才的人都是如此吗？不，尽管有时出现千里马无缘遇伯乐，但如果你真是一匹千里马，一次错过伯乐，应该还有第二次、第三次……很多人之所以无缘于伯乐，大部分是自己造成的。有些人确实有才，但他们常自视清高，看不起那些能力和学历比较低的人，可如今的社会并不是你有才气，就能成就大器。别人看不惯你的傲气，就会想办法排挤你。至于你的上司，因为你的才干本来就会威胁到他的生存，再加上你不适度收敛自己，生怕别人不知道你的才干，那他怎会提拔你呢？所以，最后的结局就是，你慢慢变成了一位怀才不遇者。

还有一种怀才不遇者，其实就是一类自我膨胀的庸才，因为他们本身无能，别人当然无法重用他们，这可不是嫉妒他们。但他们并没有认识到自己没用，反倒认为自己怀才不遇，没人识才，于是到处发牢骚、吐苦水。

最后的结果就是，“怀才不遇”感越强的人，越会把自己孤立在一个越来越小的圈子里，最终无法与其他人相交。每个人都怕惹麻烦而不敢跟这种人打交道，人人都对其敬而远之！一个人如果给众人的不良印象已成定局，那除非遇到贵人大力提拔，否则将永无出头之日。

我们难道就这样一辈子“怀才不遇”下去？下面几点不妨参考一下：

1. 请别人来客观地评估自己

人应该有一个自我评价的能力，如果你怕自己评估不太客观，可以找个朋友和较熟的同事帮助你一起分析，如果别人的评估比你自我评估的结果要低，那你就要虚心接受。在有些情况下，旁人可能对我们了解得更加准确深刻，那何不虚心接受他人的评价？

2. 检查一下自己的能力为何无法施展

是一时找不到合适的机会，还是受大环境的限制，还是人为的阻碍？如果是机会的原因，那继续等待机会就行了。如果是大环境的缘故，那就离开这一环境好了。如果是人为因素导致你无法施展自己的能力，比如你得罪过他人，你可主动与人诚恳沟通，改善自己的人际关系。

3. 亮出自己的其他专长

有时候，怀才不遇者是因为用错了专长，他们确实有才，但用得不对，或者不是时候。如果你有第二专长，可以要求他人给你机会试试，很可能为你开辟出一条生路。

4. 营造一种更加和谐的人际关系

不要成为别人躲避的对象，而应该以你的才干主动协助同事。但要记住，帮助别人时不要居功，否则会吓跑你的同事。此外，谦虚客气、广结善缘，这将为你带来意想不到的便利。

5. 继续强化你的才干

也许你确实在某一方面有才，但可能由于才气不够，所以没让人看出来。这种情况下，你就应该更加强化自己这方面的能力，只有在你的能力和展示的时机都已成熟时，你才会发出耀眼的光芒，别人就会重视你。

不管怎样，你最好不要成为一位“怀才不遇”者，勤恳地做好自己的事，即使是大材小用，也比没用要好。从小处开始，你也许有一天能得到大用！

放下身架，路越走越宽

有一个研究生，在校时成绩很好，大家都很看好他，认为他必将有一番了不起的成就。后来，他是有了成就，但既不是高官也不是老总，而是卖米线卖出了成就。

原来他在毕业后不久，得知家乡附近的夜市有一个过桥米线的小摊要转让，他那时还没找到工作，就向家人借钱，把它租了下来。因为他对烹饪很有兴趣，便自己当老板，卖起米线来。他的研究生身份曾招来很多不以为然的眼光，但却也为他招来不少生意。他自己倒从未对自己学非所用及高学低用产生过怀疑。

现在，他还在卖蚵仔米线，但也搞投资，钱赚得不少。

“要放下身架，不要被面子所左右。”这是那位研究生的口头禅和座右铭。

放下身架，路会越走越宽。那位研究生如果不去卖蚵仔米线或许也会很有成就，但无论如何，他能放下研究生的身架，还是很令人佩服的。你不必学他非得去做类似的事情不可，但在必要的时候，实在需要有他的勇气。

人的身份是一种自我认同，并不是什么不好的事，但这种自我认同也是一种自我限制，也就是说：“因为我是这种人，所以我不能去做那种事。”而自我认同感越强的人，自我限制也就越厉害。千金小姐不愿意和她的女佣同桌吃饭，博士不愿意当基层业务员，高级主管不愿意主动去找下级职员，知识分子不愿意去做“不用知识”的工作……他们认为，如果那样做，就有损他的身份和面子。

其实这种“身份”认同只会让人路越走越窄。不是说有“身份”的人就不能有得意的人生，但我们相信，在非常时刻，如果还放不下身架，那么只会让自己无路可走。像博士如果找不到工作，又不愿意当业务员，那只有挨饿；只有放下身份，路才会越走越宽。

你如果想在社会上走出一条路来，那么就要放下身架，也就是放下你的学历、放下你的家庭背景、放下你的身份和面子，让自己回归到一个普通人，甚至比普通人更为谦虚。同时，也不要在乎别人的眼光和批评，做你认为值得做的事，走你认为值得走的路。

放得下身架比放不下身架的人在竞争上明显占优势：

能放下身架的人，他的思考富有高度的弹性，不会有刻板的观念，而能吸收各种资讯，形成一个庞大而多样的资讯库，这将是他的资本。

能放下身架的人会比别人早一步抓到机会，也能比别人抓到更多的机会，因为他没有身份的顾虑。

有一则这样的故事：一个千金小姐随着婢女在饥荒中逃难，干粮吃尽后，婢女要小姐一起去乞讨，千金小姐说：“我是小姐。”小姐不愿意去。

结果呢？

——饿死了。

如果想追求成功，你就要放下你的身架，不管以前的你多么高大、多么辉煌，都应该努力使自己心态平静，要有从零开始做的准备，只有这样，你才能在竞争中求得生存。

寻找生命的“大石块”

一位专家在给学生讲课。“我们来做个小实验。”专家拿出一个一加仑的广口瓶放在桌上。随后，他取出一堆拳头大小的石块，把它们一块一块地放进瓶子里，直到石块高出瓶口再也放不下了。

他问学生：“瓶子满了吗？”

所有的学生应道：“满了。”

“真的吗？”专家问道。说着他又取出一桶砾石，倒了一些进去，并敲击玻璃瓶壁使砾石填满石块间的间隙。

“现在瓶子满了吗？”

这一次学生有些明白了，“可能还没有。”一个学生应道。

“很好！”接着专家又拿出一桶沙子，把它慢慢倒进玻璃瓶。沙子填满了石块的所有间隙。

他又一次问学生：“瓶子满了吗？”

“满了！”学生们又如第一次那样肯定地说。

专家听了，拿过一壶水倒进玻璃瓶直到水面与瓶口齐平。学生们看了，又都沉默了。

这个例子告诉我们一个道理：“如果你不先把大石块放进瓶子里，那么你就再也无法把它们放进去了。那么，什么是你生命中的‘大石块’呢？你的信仰、志向、学识……切记我们应先处理这些‘大石块’，否则会终生错过。”

寻找生命中的“大石块”的过程其实是一个自我规划的过程。在我们成长的过程中，我们生命中的“大石块”会越来越多，亲情、爱情、友情、事业、金钱、名利、虚荣……我们肩头的担子逐渐地加重了。

乍一想，似乎这些都是我们生命中的“大石块”，我们不舍得割舍其中的任意一个，于是我们只好背着所有的“石块”上路。

为什么我们不能挑选合适的“石块”上路呢？是因为我们的欲望，我们总是需要太多的东西。让我们试着在下面这个故事中挑选出那些对于我们来说不算重要的“石块”丢掉吧！

有五个人在天堂里争辩什么是人生最重要的东西。

第一个人指着头说：“理性才是最重要的。”

第二个人指着胸说：“爱才是最重要的。”

第三个人指着胃说：“食物才是最重要的。”

第四个人则说：“性才是最重要的。”

第五个人说：“你们说的都不对，因为宇宙间的一切都是相对的。”

上帝笑着说：“你们说一个活着的人如果得知自己下一秒就要死去，那么对于他来说什么最重要？”

其实，答案真的很简单，我们的生命最重要，生命就是“大石块”，对于每个人来说，拥有生命就可以拥有一切，没有生命也就一切皆无了。既然如此，那生命以外的东西还有什么是不能放弃的呢？只要把得与失的心态调整好，任何东西，当我们得到时要好好珍惜，而失去时要看破并放下，生命的真谛其实就这么简单。

相信自己最优秀

古时候，有位智者临终前有一个不小的遗憾——他多年的得力助手，居然在半年多的时间里没能给他寻找到一个优秀的闭门弟子。

事情是这样的：

智者在风烛残年之际，知道自己时日不多了，就想考验和点化一下他的那位平时看起来很不错的助手。

他把助手叫到床前说："我的蜡烛所剩不多了，得找另一根蜡烛接着点下去，你明白我的意思吗？"

"明白，"那位助手赶快说，"您的思想光辉得很好地传承下去……"

"可是，"智者慢悠悠地说，"我需要一位优秀的传承者，他不但要有相当的智慧，还必须有充分的信心和非凡的勇气……这样的人选直到目前我还未见到，你帮我寻找和发掘一位好吗？"

"好的，好的，"助手很温顺、很尊重地说，"我一定竭尽全力去寻找，不辜负您的栽培和信任。"

智者笑了笑，没再说什么。

那位忠诚而勤奋的助手，不辞辛劳地通过各种渠道开始四处寻找了。可他领来一位又一位，都被智者一一婉言谢绝了。有一次，当那位助手再次无功而返地回到智者病床前时，病入膏肓的智者硬撑着坐起来，抚着那位助手的肩膀说："真是辛苦你了，不过，你找来的那些人，其实还不如你……"

智者笑笑，不再说话。

半年之后，智者眼看就要告别人世，最优秀的人选还是没有眉目。助手非常惭愧，泪流满面地坐在病床边，语气沉重地说："我真对不起您，令您失望了！"

"失望的是我，对不起的却是你自己，"智者说到这里，很失望地闭上了眼睛，停顿了许久，他努力半睁开眼，不无哀怨地说，"本来，最优秀的人就是你自己，只是你不敢相信自己，才把自己给忽略了，不知道如何发掘和重用自己……"话没说完，智者就永远离开了他曾经深切关注着的这个世界。

那位助手非常后悔，甚至后悔、自责地过完了后半生。

虽然这只是一个传说，但其中深含的寓意却让我们每一个人感慨不已。为了不重蹈那位助手的覆辙，每个向往成功、不甘沉沦者，都应该牢记先哲的这句至理名言："相信自己最优秀！"

第六章

放弃浮躁，心安身安：淡定的人生不寂寞

成功要耐得住寂寞

成功需要耐得住寂寞，所谓“论至德者不和于俗，成大功者不谋于众”。

成就大业者在其创业初期，都是能耐得住寂寞的，古今中外，概莫能外。门捷列夫的化学元素周期表的诞生、居里夫人发现镭元素、陈景润在哥德巴赫猜想中摘取桂冠等，都是他们在寂寞、单调中沉得住气，扎扎实实做学问，在反反复复冷静思索和数次实践中获得的成就。

成就事业要能忍受孤独、平心静气，这样才能深入“人迹罕至”的境地，汲取智慧的甘泉，如果过于浮躁、急功近利，就可能适得其反，劳而无功。

小威和孙博同时被一家汽车销售店聘为销售员，同为新人，两人的表现却大相径庭：小威每天都跟在销售前辈身后，留心记下别人的销售技巧，学习如何销售更多的汽车，积极向顾客介绍各种车型，没有顾客的时候就坐在一边研究、默记不同车款的配置；孙博则把心思放在了如何讨好领导上，掐算好时间，每当领导进门时，他都会装模作样地拿起刷子为车作清洁。

一年过去了，小威潜心业务，能力不断提升，终于得到回报，不仅在新人中销售业绩遥遥领先，在整个公司的业务中也名列前茅，得到了老板的特别关注，并在年底顺利被提升为销售顾问。孙博却因为没有把公关特长用在工作上，出不了业绩，甚至好几个月业绩不达标而濒临淘汰，部门领导也因此冷落了他。孙博在公司的地位岌岌可危，不久便被迫离职了。

其实，做演员很累，因为很容易被揭穿。我们在表演忙碌的时候很累，劳动量不亚于实际工作。因此，我们与其把大部分时间放在表演上，还不如真真正正

做点事情。与其辛苦表演最后却换来竹篮打水一场空的结果，倒不如一开始就端正态度，沉住气，扎扎实实做事，这样我们在为公司创造业绩的同时，自己的能力与价值也得到了提升，今后要想谋求大的发展也就相对容易了。

庄子说："虚静恬淡，寂寞无为者，天地之平，而道德之至也。"持重守静乃是抑制轻率躁动的根本。浮躁太甚，会扰乱我们的心境，蒙蔽我们的理智，所谓"言轻则招扰，行轻则招辜，貌轻则招辱，好轻则招淫"，浮躁为人之大忌。要想成就一番功业，就该戒骄戒躁，脚踏实地，扎扎实实地积累与突破，这样才能在人生路上走得稳，并且走得远。

在流行唱高调，凡事讲究"惊天动地""轰轰烈烈"的今天，低姿态的进取方式往往能够取得出奇制胜的效果。老子说："轻率就会丧失根基，浮躁妄动就会丧失主宰。"缄默沉静者，大用有余；轻薄浮躁者，小用不足。

做人切忌浮躁、虚荣、好高骛远，而应沉下心来，守住内心的宁静，淡泊名利，踏实求进。我们无论在工作中还是在生活中，都应该静下心来深入钻研，"见人所不能见，思人所不能思"，其结果也必然是成人所不能成。

因此，在人生的道路上，即使我们的希望一个个落空了，我们也要坚定，要沉着，要知道成功永远属于那些耐得住寂寞的人。

修为内在，成就外在

谁都知道季羡林是"国宝"级的大师，但他毫无架子，对下属、对助手、对学生关怀备至，博大无私。正因如此，季羡林赢得了校内外乃至全国广大师生的崇敬。有一篇别人写的关于季羡林的真实故事：

在北大新生入学的时候，一个学生因为身边的行李太多不好随身携带，因此把行李托付给一位老人。这个学生自己跑去新生报到处了，由于学生众多，等他把一切手续都办好后，他才发现已经过去了很久，但是当他回来的时候那位老人一直在，他感谢了老人，却忘记询问老人是谁。

新生开学后不久要举行开学典礼，让这位新生惊讶的是，走上来致辞的副校长就是那天帮自己看东西的老人。至此，他才明白原来那是季羡林。

学问深处意气平。一个人的成就是他才能的外显。内在有修为，才能够外在有成就。平易随和才是真正的大家风范。

《格言联璧》中有一句话，叫“意粗性躁，一事无成；心平气和，千祥骈集”。心浮气躁事必难成。现实生活中，尤其是一些年轻人，渴望成就，却吝于成长；渴望卓越，却不能甘于平凡。他们不知道机遇来自自我提升、作为来自内在修为，一进公司就想要好的岗位和机遇，却认识不到自己与别人的差距。等到职业的“新鲜期”一过，就陷入浮躁的情绪中，轻则消极怠工，重则跳槽走人，这实在是很可惜的事情。

联想集团培养人才有一个方法叫作“缝鞋垫”与“做西服”。柳传志认为，培养一个战略型人才和培养一个优秀的裁缝是一样的道理，一开始不能给他一块上等毛料让他去做西服，而是应让他从缝鞋垫做起。不能操之过急，要一个一个台阶爬上去，最后才能做出好的西服。

杨元庆于1988年从中国科技大学研究生毕业后来到联想，从推销员干起，两年后当上业务部经理，之后才调到最重要的微机事业部做总经理。在微机事业部他带领一群人拼搏，使联想电脑的市场份额在两年间获得了大的飞跃，1996年更是在中国电脑市场上一马当先，令许多同行业厂家刮目相看。

郭为1988年研究生毕业后进入联想集团，是联想集团第一位有MBA学位的员工。他先后做过总裁秘书、公关部经理，一年后成为集团办公室的主任经理。在以后的5年里，他做过业务部门的经理、企划部的总经理，负责过财务部门的工作，后担任神州数码的领导。1994年郭为被派到广东惠州联想集团新建的生产基地，担起创业的重任，之后又被派往香港负责投资事务。

1997年3月，他又负责联想科技公司的成立工作，之后成功地完成了公司代理业务的整合。岗位变动频繁，每一次都是不同类型的业务。这期间他也有过失误，也曾在全体员工大会上作过检查，可以说经受过了无情的捶打与磨炼才走到了今天。

与1979年后诞生的一些新型企业相比，联想这种稳扎稳打、步步为营的人才培养的做法与耐心是极其少见的。今天联想能够有那么多位年轻的总经理领军作战，这种令人振奋的局面，从根本上与20世纪80年代末就开始的人才策略是分不开的。

只有在当前的工作中不断地磨砺和完善自己，才能够在日后担当大任。《礼记·大学》中有“止于至善”的说法，做工作和追求学问是一样的，都要有“止于至善”的精神，不断磨砺自己，精益求精，才能走向成功。

有一次，孔子带领众弟子去参观鲁桓公的庙宇，发现了一种叫“溢满”的容器，这种圆形容器倾斜而不易放平。

孔子不解地问守庙人，守庙人说：“这是君王放置在座位右边的一种器具。当它空着的时候就会倾斜，装入一半水时就正立着，灌满了就翻倒过来。”

于是孔子就叫一个弟子往容器内灌水，果然是在水灌满的时候容器就翻倒过来了。孔子感慨地说：“不错！哪有满而不翻的道理呢！”针对这种现象，孔子又趁机向弟子们讲述了一番做人的道理，即做人一定要谦虚，不能骄傲自满，要像大地一样低调沉稳、承载万物，像大海一样虚怀若谷、容纳百川。

当一个人觉得自己不需要提高的时候，就好像被灌满的容器一样，马上就会翻倒了，自满是一个人成长路上最大的阻碍。

我们应当做的就是保持一颗谦虚的心，唤醒自己内心深处对学习的渴望，在工作中不断提升自我，用持续的成长，带给自己持续的成功。同时，在生活中，保持一颗谦虚淡然的心，唤醒自己内心深处的宁静，在生活中不断提升自我。

欲速则不达，宁静以致远

孔子的弟子子夏在莒父做地方官，他来向孔子问政，孔子告诉他为政的原则：“无欲速，无见小利；欲速则不达，见小利则大事不成。”意即要有远大的眼光，百年大计，不要急功近利，不要想很快就能拿成果来表现，也不要为一些小利益花费太多心力，要顾全到整体大局。“欲速则不达”便是其中的核心与关键，这是人所共知的道理，柏杨也曾说：“躁进之士跟野心家不同，野心家有时候还可以克制自己，躁进之士则身不由已地到处寻觅可以撞门的别人的人头，更为劳苦、危险。”

一味地求急图快，结果只能是越急事情越办不好，这和人们常说的“心急吃不了热豆腐”是同一个道理。万事万物都有一定的发展规律，越是着急，就越是会把事情弄得一团糟。

有一个小朋友，很喜欢研究生物，很想知道蛹是如何破茧成蝶的。有一次，他在草丛中玩耍时看见一只蛹，便取了回家，日日观察。几天以后，蛹壳出现了一条裂痕，里面的蝴蝶开始挣扎，想抓破蛹壳飞出。艰辛的过程达数小时之久，蝴蝶在蛹里辛苦地拼命挣扎，却无济于事。

小朋友看着有些不忍，想要帮帮它，便随手拿起剪刀将蛹剪开，蝴蝶破蛹而出。但没想到，蝴蝶挣脱以后，因为翅膀不够有力，根本飞不起来。

破茧成蝶的过程原本就非常痛苦与艰辛，但只有付出这种辛劳才能换来日后的翩翩起舞。外力的帮助，却让爱变成了害，违背了自然的规律。自然界中这一微小的现象放大至人生，意义深远。

现代社会中，许多人拥有的都是一颗躁进的心，于是，人们在不断跳槽中错过了人生中适合进步与发展的最佳时机，在金钱至上的追逐中失去了欢笑与幸福的能力，在“速度就是一切”的观念中迷失了自我。

有一个人这样诉说自己的苦闷：“我这一两年一直心神不定，老想出去闯荡一番，总觉得在我们那个破单位待着憋闷得慌。看着别人房子、车子、票子都有了，心里慌啊！以前也做过几笔买卖，都是赔多赚少。我去摸奖，一心想摸成个暴发户，可结果花几千元连个声响都没听着就没有影了。后来又跳了几家单位，不是这个单位离家太远，就是那个单位专业不对口，再就是待遇不好，反正找个合适的工作太难了！天天像无头苍蝇一般，反正，我心里就是不踏实，闷得慌。”

这便是现代人典型的躁进心理，面对急剧变化的社会，不知所措，对前途毫无信心，心神不宁、焦躁不安。于是，行动之前通常缺乏思考，变得盲目，只要能满足自己想要的，甚至可以不择手段。其实，静下心来，耐心地去追求自己想要的，成功就在不远处。

棋坛有“石佛”之称的韩国围棋第一高手李昌镐，他总是以一颗平常心来对待每次对弈，置胜负于外，只平心静气地走好每一步棋，借用一句《士兵突击》中的话就是“心稳了，手也就稳了”。外于劣势时，棋手大多有些慌乱，而他依旧毫无表情，纹丝不动，所以最终的胜者常常是他。

与李昌镐相比，现代人大多患上了浮躁的心理疾病，它使人失去了对自我的准确定位，使人随波逐流，使人漫无目的地努力，最终的结果却是事与愿违。

其实，欲速则不达的道理大家都懂，但在实际行动中却总是背道而驰，就连宋朝著名的朱熹也曾犯过同样的错，直到中年时，才感觉到，速成不是创作的良方，之后下过一番苦功方有所成。他用“宁详毋略，宁近毋远，宁下毋高，宁拙毋巧”这16字箴言将“欲速则不达”作了最精彩的诠释。

罗马非一日建成；冰冻三尺，非一日之寒。追求效率原本没错，然而，一旦陷入躁进的旋涡之中，失败便已注定了。我们需铭记诸葛亮的“非淡泊无以明志，非宁静无以致远”，时时清除心灵深处的浮躁，时时提醒自己“一口吃不成个胖子”，及时给自己的心灵洗个澡，去除那些躁进的因子，恢复一颗淡泊、宁静的心，人生才会拥有更大的幸福。

摒弃浮躁，抓住机遇

刚刚走入社会的年轻人，充满了蓄势待发的豪情、青春的朝气以及前卫的思想，梦想着丰厚的待遇和轰轰烈烈的事业。年轻人充满梦想是件好事情，但他们往往不懂梦想只有在脚踏实地的工作中才能得以实现。

因此，面对纷繁复杂的社会，他们往往会产生浮躁的情绪。在浮躁情绪的影响下，他们常常抱怨自己的“文韬武略”无从施展，抱怨没有善于识才的伯乐，以致年华耗尽也没有找准自己的人生位置。

许多浮躁的人都曾经有过梦想，却始终无法实现，到最后只剩下牢骚和抱怨，他们把这归因于缺少机会。实际上，在生活和工作中到处都充满着机会：学校中的每一堂课都是一个机会；每次考试都是生命中的一个机会；报纸中的每一篇文章都是一个机会；每个客户都是一个机会；每次训诫都是一个机会；每笔生意都是一个机会。这些机会会带来勇敢，培养品德，造就友谊。

脚踏实地的耕耘者在平凡的工作中创造了机会，抓住了机会，实现了梦想；而不愿俯视手中工作、嫌其琐碎平凡的人，只能在焦虑的等待中度过不愉快的一生。因此，要想获得成功，唯一的捷径就是踏踏实实，摆脱浮躁的情绪，认真对待每一次机会。

一个学僧问禅师：“师父，以我的资质多久可以开悟？”

禅师说：“10年。”

学僧又问：“要10年吗？师父，如果我加倍苦修的话，又需要多久开悟呢？”

禅师说："得要20年。"

学僧很是疑惑，于是又问道："如果我夜以继日，不休不眠，只为禅修，又需要多久开悟呢？"

禅师说："那样你永无开悟之日。"

学僧惊讶道："为什么？"

禅师说："因为你只在意禅修的结果，又如何有时间来关注自己呢？"

禅师的意思是劝诫学僧，凡事切不可急。的确，想要成就一番伟业，关键在于戒除急躁，能够真正静下心来做好某件事，你越是急躁，就会在错误的思路中越陷越深，也就越难摆脱痛苦。

所谓"登高必自卑，行远必自迩"，正如爬山，你只能低着头，认真耐心地攀登。在付出辛劳努力之后，你才可以看到自己已经克服了重重困难，走过了无数险路。这样一次次的小成功，慢慢才会累积成大的、更接近理想目标的成功。

一个人在工作中，不可能总是一帆风顺，事事遂心，难免会遭受挫折，甚至是失败。比如，你的想法得不到上司的支持、其他人阻挠你的工作、当你试图主动提建议时总是遭到白眼等，这些是每个在职场上奋斗的人都经历过的挫折，是难以避免的。

由于很多人心理素质较差，情绪浮躁，经不起一点点的失败，工作时一遇到挫折，就会对自己失去信心，一天到晚愁眉不展、怨天尤人，根本无法振作精神，即使有好机会使问题得到扭转，也被这拉长的苦脸吓跑了。

相比之下，优秀的人在困难来临时，总是努力寻求新的机会，这样的人在职业生涯中会比别人达到更高的高度。

能否摆脱浮躁是决定一个人能否成功的关键。因此，每一天都要尽心尽力地工作，每一件小事情都要力争高效地完成。尝试着超越自己，努力做一些分外的事情。这样，即使机遇没有光临，但你也在为机会的来临而时时准备的行动中扩展、提升了自己的能力。实际上，你可能已经为未来某一时刻创造出了另一个机遇。

长久潜伏林中的鸟，一旦展翅高飞，必然一飞冲天；迫不及待绽开的花朵，必然早早凋谢。了解了这个道理，你就会知道凡事焦躁是无用的。做事的大忌就是浮躁，克服浮躁方能成就大事。

沉住气才能成大器

“浮躁”在字典里解释为：“急躁，不沉稳。”浮躁的人常常表现为：心浮气躁，心神不宁；自寻烦恼，喜怒无常；见异思迁，盲动冒险；患得患失，不安分守己；这山望着那山高，既要鱼也要熊掌；静不下心来，耐不住寂寞，稍不如意就轻易放弃，从来不肯为一件事倾尽全力。

随着经济发展如浪潮般步步攀高，浮躁的气息在社会中蔓延，几乎触及了参与其中的每一个人。很多人都想成功，却总是被成功拒之门外。

一个叫小付的人看到有人要将一块木板钉在树上，便走过去管闲事，想要帮那个人一把。小付对那人说：“你应该先把木板头子锯掉再钉上去。”

于是，小付找来锯子，但没锯两三下又撒手了，想把锯子磨快些。于是他又去找锉刀，接着又发现必须先在锉刀上安一个顺手的手柄。于是，他又去灌木丛中寻找小树，可砍树又得先磨快斧头……

后来人们发现，小付无论学什么都是半途而废。小付从未获得过什么学位，他所受过的教育也始终没有用武之地，但他的祖辈为他留下了一些钱。他拿出10万元投资办一家煤气厂，可造煤气所需的煤炭价钱昂贵，这使他大为亏本。于是，他以9万元的售价把煤气厂转让出去，入股开办起煤矿来。可又不走运，因为采矿机械的耗资大得吓人。因此，小付把在矿里拥有的股份变卖成8万元，转入了煤矿机器制造业。从那以后，他便像一个滑冰者，在相关的各种工业部门中滑进滑出，没完没了。

正如小付困惑的那样，为什么自己付出那么多，终究一事无成呢？答案很简单，小付总是这山望着那山高，急于追求更高的目标，而不是在一个既定的目标上下功夫。要知道，摩天大楼也是从打地基开始的。小付这种浮躁的心态只能导致他最后两手空空。

很多人在做事情的时候不能静下心来扎扎实实地从基础开始，总是觉得踏踏实实地做事情的方法很笨，于是做什么事情都求快，想以最小的付出获得最大的利益。浮躁的心态让人不会专注地做一件事情，所以也就很难成功。在人生的牌局中，要想赢牌，浮躁是最大的敌人。

《士兵突击》中，许三多显然是一个“异类”，他不明白做人做事为什么要如此复杂，一切投机取巧、偷奸耍滑的世故做法，他都做不来，或者根本就没有想过。他有的只是本性的憨厚与刻入骨髓的执着。他做每一件小事都像抓住一根救命稻草一样，投入自己所有的能量和智慧，把事情做到最好，他这样做并不是为了得到旁人的赞赏与关注，只是因为这是有意义的。

许三多面对困难从来不说“放弃”，而是默默地承受，慢慢地解决，毫无抱怨，绝不气馁。当一个又一个问题被他以执着的劲头解决之后，他俨然成长为一个巨人。他不会因为诱惑放弃忠诚，当老A部队的队长向他发出邀请时，许三多用一句“我是钢七连的第四千九百五十六个兵”作出了态度鲜明的回答。

“许三多”已成为家喻户晓的人物形象，他被定格为一种沉稳、踏实的文化符号，成为“浮躁”的反义词。有句话说得好：“世界上怕就怕‘认真’二字。”如果我们能安下心来认真做一件事情，就没有做不好的。

很多人开始做一件事时会满腔热血，但慢慢地这种热情会消退，最后就会被完全放弃。是什么原因让那么多人半途而废呢？是急于求成、不愿直面困难的浮躁心理。很多人好高骛远，总是急于看到事情的结果，而不能忍受事情完成的过程，当他们觉得这些事情没有意义时，于是选择了放弃。

古往今来，那些成大器者，无一不是沉稳、干练、能够耐得住寂寞的人。在当今中国市场经济的大背景下，很少有人能按捺住自己一颗浮躁的心，守住自己可贵的孤独与寂寞。浮躁是一种情绪，一种并不可取的生活态度。人浮躁了，会终日处在又忙又烦的应急状态中，脾气会暴躁，神经会紧绷，长久下来，会被生活的急流所裹挟。凡成事者，既要心存高远，更要脚踏实地，这个道理并不难懂。

踏实、沉稳，心平气和、不急不躁，抛开浮躁的心态，从身边的小事做起，脚踏实地地坚持，坚忍不拔地努力，我们才有可能达成人生的目标，走向成功。

静心过滤浮躁，留守安宁

心静，则万物莫不自得；心动，则事象差别现前。如何达到动静合一的境界，关键就在于我们的心是否能去除差别妄想。抛却心中的妄念，能够于利不趋，于色不近，于失不馁，于得不骄，进入宁静致远的人生境界。

心静可以沉淀出生活中许多纷杂的浮躁，过滤出浅薄、粗率等人性的杂质，可以避免许多鲁莽、无聊、荒谬的事情发生，不轻易起心动念，如此才能达到“心静则万物莫不自得”的境界。

约翰是一家大型航空公司的经理。一次偶然的邂逅让他学会了一种“坐在阳光下”的艺术，这让他第一次能够在忙碌的生活中找回宁静的心境。下面是他对这段宝贵体验的回顾：

在一个 2 月的早晨，我正匆匆忙忙走在加州一家旅馆的长廊上，手上满抱着刚从公司总部转来的信件。我是来加州度假的，但是仍无法逃脱我的工作，还是一早就得处理信件。当我快步走过去，准备花两个小时来处理我的信件时，一位久违的朋友坐在摇椅上，帽子盖住他部分眼睛，他把我从匆忙中叫住，用缓慢而愉悦的南方腔说道：“你要赶到哪儿去啊，约翰？在我们这样美好的阳光下，那样赶来赶去是不行的。过来这里，好好‘嵌’在摇椅里，和我一起练习一项最伟大的艺术。”

这话听得我一头雾水，问道：“和你一起练习一项最伟大的艺术？”

“对，”他答道，“一项逐渐没落的艺术。现在已经很少人知道怎么做了”。

“噢，”我问道，“请你告诉我那是什么，我没有看到你在练习什么艺术啊”。

“有哦！我有，”他说道，“我正在练习‘只是坐在阳光下’的艺术。坐在这里，让阳光洒在你的脸上，感觉很温暖，闻起来很舒服，你会觉得内心很平静。你曾经想过太阳吗？太阳从来不会匆匆忙忙，不会太兴奋，它只是缓慢地善尽职守，也不会发出嘈杂声——不按任何钮，不接任何电话，不摇任何铃，只是一直洒下阳光，而太阳在一刹那间所做的工作比你加上我一辈子所做的事还要多。想想看它做了什么。它使花儿开，使大树长，使地球暖，使果蔬旺，使五谷熟；它还蒸发了水，然后再让它回到地球上来，它还使你觉得有‘平静感’”。

“我发现当我坐在阳光下，太阳在我身上起作用了，它洒在我身上的光线给了我能量。这是我花时间坐在阳光下的赏赐。”

“所以请你把那些信件都丢到角落去，”他说道，“跟我一起坐到这里来。”

我照做了。当我后来回到房间去处理那些信件时，我几乎一下子就完成了工作。这使得我还留有大部分的时间来做度假的活动，也可以常“坐在阳光下”放松自己。

内心的平静是智慧的珍宝，它和智慧一样珍贵，比黄金更令人垂涎。拥有一颗宁静之心，比那些汲汲于赚钱谋生的人更能够体会到生命的真谛。

如今，越来越多的人开始学习追求内心的平静。冥想和静思已经成为一种时尚。他们通过各种沉思冥想训练自己，让注意力在宇宙间飘浮，不被焦虑所困。

伊斯华伦在他的《征服心灵》中说："在深沉的冥想中，我们的心灵是静止、宁静而澄净的。这是我们童稚时期的天真状态，借此我们才知道自己是谁，以及生命的目的是什么。"

生活中，有千千万万个像约翰一样忙于工作而无暇自顾的人。针对这种情况，我们应该考虑是否该独处一段时间了。我们可以找一个时间让自己静一静，将宁静从自己的心中重新找回来。每天花点时间进行静思。这种练习能使你的精神活动放慢。一旦你放慢内在混乱状态的活动的速度，那么外在生活自然也就慢下来了。如果你的外在生活被塞得满满的，如果你习惯于寻求外在的成就感，就应该尝试一下这种方法。

唯有宁静的心灵，才不眼热于显赫权势，不奢望成堆的金银，不乞求声名鹊起，不羡慕美宅华第，因为所有的眼热、奢望、乞求和羡慕，都是一厢情愿，只能加重生命的负荷，加速心灵的浮躁，使我们与豁达康乐无缘。

按住浮躁，守住一份安宁，人生自得闲情逸致。

少一份躁动，多一份平静

为什么同样的环境和条件、差不多的基础，有的人业务进步明显，三两年就成了公司的骨干，而有的人却频繁跳槽，应聘的工作单位一个接一个，能力却没有太大的提高？这其中的差别主要就在心态上。

真正的进取心是体现在脚踏实地上的，离开了脚踏实地的精神，进取心就成了一句空话。只有务实的人才能够在成功的路上走得更远。

一个人即便是名校 MBA 毕业，学识和能力都很强，如果不能够安于岗位，为企业创造价值，也很难在事业上有所成就。

1999 年 9 月，阿里巴巴网站建立了。马云立志要使之成为中小企业敲开财富之门的引路人。

同年10月，阿里巴巴获得以高盛牵头提供的500万美元风险资金，马云立即着手的一件事情就是，从香港和美国引进大量的外来人才。

马云对外宣称“创业人员只能够担任连长及以下的职位，团长级以上职位全部由MBA担任”。当时，在阿里巴巴12个人的高管团队成员中除了马云自己，其他人都来自海外。接下来几年，阿里巴巴聘用了更多的MBA，包括哈佛、斯坦福等学校的MBA，还有国内知名大学毕业的MBA。但是，后来这些MBA中90%以上都被马云开除了。

后来，谈及这次人才引进，马云认为，这批毕业于名校的MBA素质并不十分让人满意。“很多MBA进了阿里巴巴之后，基本的礼节、专业精神、敬业精神都非常缺失，认为自己是精英、高级管理者，不肯虚下心来、脚踏实地，一进来就要求年薪至少10万元，一开口全都是战略，往往是讲的时候热血沸腾，但做的时候不知道从哪儿做起。”

由此，马云总结出一个关于人才使用的理论：只有适合企业需要的人才是真正的人才。他把当初引进MBA的事情做了一个比喻：就好比把飞机的引擎装在了拖拉机上，最终还是飞不起来。

企业引进人才是为了更好地发展，获得更大的效益，而不是为了装点门面。如果引进的MBA不能为企业带来效益，没有企业会欢迎这样的人。一个人不管你有多大的才能和志向，只有脚踏实地，才能够做出成绩来。对于那些不能安下心来的高学历人才来说，显赫的学历反而成了成功路上的绊脚石。

同等条件下，安静的人比躁动的人在人生和事业上走得更远。某公司的董事长黄先生，在员工大会上讲了这样一件事。

在黄先生的公司里，有两位很出色的员工——袁先生和高小姐，均被另外一家公司看上，想以高薪挖走他们。袁先生看到对方提出的薪酬比黄先生的高，于是很快就递交了辞职信。黄先生对他说：“你再考虑一下，那家公司很可能只是要利用你。”但袁先生没有听从黄先生的劝告，坚决地投奔了那家公司。

而高小姐却拒绝了那家公司的高薪聘请，选择继续留在黄先生的公司，一直勤勤恳恳地工作。后来，跳槽的袁先生果真如黄先生所料的那样，并没有得到重用。没过多长时间，当那家公司利用完袁先生以后，就把他“踢”出门外。而选择留下的高小姐，此时已经是黄先生公司中国区的总裁了。

黄先生最后总结道："你来工作，并不是为了薪水这个目标，而是谋求将来的发展。那位袁先生看到的只是眼前的小利，而高小姐看得却很长远，她选择的是发展，像这种员工就值得去栽培。尽管发展之路开始时可能很艰难，但走到后面却是一条黄金之路。如果连路都是黄金铺成的，那还怕没钱吗？"

故事中的高小姐，面对竞争对手公司的高薪聘请，不为所动，仍能够安于岗位、脚踏实地，因此她取得了比袁先生更好的发展机会。

在战争中，躁动的人会吃败仗，甚至会失去性命。在工作生活中，躁动的人容易见异思迁，误入歧途；躁动也会使一个人变得冷漠，导致家庭关系、人际关系失和；过度躁动会产生焦虑，严重时会危害身心健康。

纵观古今中外，凡成大事者，无一不是具备沉稳的性格，经得起诱惑，耐得住寂寞，无论在什么环境中都保得住操守，不忘记自己的方向。

因此，我们要想有所成就，就应该学会克服内心的浮躁，让自己慢慢沉淀下来。少一份躁动，多一份平静。

去除妄念，安之若素

去除杂念，心静如水，人的天性便会出现。不求得心的平静，却一味追寻人的天性，那就好比拨开波浪而去捞水中的月亮一样。

静是什么？是泰山崩于前而色不变，是大胸襟，也是大觉悟，非丝非竹而自恬愉，非烟非茗而自清芬。静，是一种大知大觉的灵机，是高山野云般的空灵智慧，是修佛之人必持的禅定智慧。证严法师曾说："宁静即释迦。"我们的心若能常常清静，没有贪、嗔、痴，遇到什么境界都不受影响——不论外在的利诱，或是险恶的威胁，内心都不受其影响，这就叫宁静。

静不是任何人能独享的状态，但却是任何人都能达到的境界。对生活紧张而焦灼的人来说，很难品味到静的清芬与恬愉。可是忙忙碌碌一生，我们却又未必能真正获得快乐。与其让浮躁影响我们正常的思维，不如放开胸怀，静下心来，默享生活的原味。毕竟唯有宁静的心灵，才不营营于权势显赫，不奢望金银成堆，不乞求声名鹊起，不羡慕美宅华第。因为所有的营营、奢望、乞求和羡慕，都是一厢情愿，只能加重生命的负荷、加速心灵的浮躁，而与豁达康乐无缘。

有三个愁容满面的信徒去请教无德禅师，如何才能使自己活得快乐。

无德禅师："你们先说说自己活着是为了什么。"

甲信徒道："因为我不愿意死，所以我活着。"

乙信徒道："因为我想在老年时，儿孙满堂，会比今天好，所以我活着。"

丙信徒道："因为一家老小靠我抚养，我不能死，所以我活着。"

无德禅师："你们当然都不会快乐，因为你们活着，只是由于恐惧死亡，由于等待年老，由于不得已的责任，却不是由于理想，人若失去了理想和责任，就不可能活得快乐。"

甲、乙、丙三位信徒齐声道："那请问禅师，我们要怎样生活才能快乐呢？"

无德禅师："那你们想得到什么才会快乐呢？"

甲信徒道："我认为我有金钱就会快乐了。"

乙信徒道："我认为我有爱情就会快乐了。"

丙信徒道："我认为我有名誉就会快乐了。"

无德禅师听后，深不以为然，就告诫信徒道："你们有这种想法，当然永远不会快乐。当你们有了金钱、爱情、名誉以后，烦恼忧虑就会随着到来。"

三位信徒无可奈何地道："那我们怎么办呢？"

无德禅师："办法是有，但你们先要改变观念，金钱要布施才有快乐，爱情要肯奉献才有快乐，名誉要用来服务大众，你们才会快乐。"

信徒们终于听懂了生活上的快乐之道！

宁静可以沉淀出生活中许多纷杂的浮躁，过滤出浅薄粗率等人性的杂质，可以避免许多鲁莽、无聊、荒谬的事情发生。

宁静是一种气质、一种修养、一种境界、一种充满内涵的悠远。安之若素，沉默从容，往往要比气急败坏、声嘶力竭更显涵养和理智。

那么，该如何进入静之境？

不轻易起心动念——这或许是达到"心静则万物莫不自得"境界的最佳途径。有些时候，人真的不必太急功近利，不如将心放缓，随青山绿水而舞，见鱼跃鸢飞而动。水流任急境常静，花落虽频意自闲。此心常在静处，荣辱得失，谁能差遣我？

我们常人之所以有分别，完全因为起心动念。如何达到动静一如的境界，关键就在你的心是否能去除差别妄想。

人淡如菊自飘香

“人淡如菊”是一种平实内敛、拒绝傲气的心境。人淡如菊，要的是菊的内敛和朴实。生活中不缺少激情，但是激情都是一刹那的事，生活终将归于平淡，人终将归于平淡，一如平实淡定的菊花。人淡如菊，既不是淡得没有性格、没有特点，也不是“独傲秋霜幽菊开”的孤傲和清高。人淡如菊，是清得秀丽脱俗，雅得韵致天然的一种遗世独立的从容与淡定。人淡如菊是懂得舍得的洒脱。

人生多秋，总难以事事如意，且无法达到古风再现，毕竟红尘俗事难了，仅有心定的意境还是能够修到的。随心，随缘，随遇，行到水穷处，坐看云起时。落花无言而有言，人淡如菊心亦素。入眼处皆花，花落无声。人亦淡泊自如，若同那菊。

一个流浪歌手，抱着一把电吉他，站在车水马龙的街头唱着一首叫不出名的歌曲。一曲罢了，他说：“我6岁的时候知道自己得了先天性心脏病，这种病无法治愈。妈妈告诉我，以后不能太悲伤，也不能太高兴，因为不论是悲伤还是高兴，都会刺激心脏。”

他笑了，是那种淡得像水一样的微笑，“但是，我还是想做一些努力，为自己筹一些钱，希望能到上海或者北京的大医院去治疗。”

他的歌唱得挺好的，人围得越来越多，给的钱也越来越多。有一个人挤进人群，看了看流浪歌手，大声对他说：“骗人的吧，街头像你这样的人多得是，谁知道你有没有心脏病？”

流浪歌手的脸抽搐了一下，又浅浅地笑了，他说：“不是我选择了此生，而是此生选择了我。”在场的人并没有听懂。

这是一种旷世的淡然情感。命运之潮非常强大，许多时候并非人力所能扭转，“认命”并不见得是一件坏事。“不是我选择了此生，而是此生选择了我”，这样笑对人生，才能把苦难放下，负责任地去面对多舛的命运。

生活应该是淡淡的，如菊般刚毅，如菊般纯洁，如菊般潇洒，如菊般自傲。

不管外界是春夏或秋冬，不管别人诧异或迷惑的眼光，只一心坚持自己的理想。为美好的生活、为理想的人生怒放一生的芬芳，尽全力释放人生里极致的美丽。

大部分人犹如平凡的菊花茶，没有闪耀的光环，也不是什么珍贵的品种。不管你愿意不愿意，如果不努力，从一出生便注定要守着清贫，耐着平凡度过一生。

但是，菊花茶的人生清淡中透着甘甜，开始品尝的时候或许会有些苦涩，但随后而来的便是清淡的芬芳和耐人寻味的甜美。

处变不惊，泰然自若

当震惊突然来临时，能使人变色，但是，如果能吸取教训，戒慎恐惧，便不会惊慌失措，而能冷静地面对，镇定自若。《易经》震卦中所说的惊雷是一种自然现象，用它比喻人世间的震动和各种不平凡的情况，人们对此应该冷静面对，理智地去处理。如果在面对震动时能够沉着冷静，我们就能得到更客观的评价，就能迅速找到正确有效的解决问题的方法。

一位空军飞行员说："第二次世界大战期间，我担任 F6 战斗机的驾驶。头一次任务是轰炸、扫射东京湾。从航空母舰上起飞后，一直保持高空飞行，然后再以俯冲的姿态滑落至目的地 300 英尺上空执行任务。

"然而，正当我以雷霆万钧的姿态俯冲时，飞机左翼被敌军击中，顿时翻转过来，并急速下坠。

"我发现海洋竟然在我的头顶。你知道是什么东西救我一命的吗？

"我接受训练的期间，教官一再叮咛说，在紧急状况中要沉着应对，切勿轻举妄动。飞机下坠时，我就只记得这么一句话，因此，我什么机器都没有乱动，我只是静静地想，静静地等候把飞机拉起来的最佳时机和位置。最后，我果然幸运地脱险了。假如我当时顺着本能的求生反应，未待最佳时机就胡乱操作了，必定会使飞机更快下坠而葬身大海。"

他再强调："一直到现在，我还记得教官那句话：'不要轻举妄动而自乱脚步；要冷静地判断，抓住最佳的反应时机。'"

成功人士总是在明晰情况后才付诸行动。可以想象，如果方向错了，行动越快，显然会陷得越深。只有处变不惊，才能有效地处理问题。

沉不住气的人遇到紧急情况时最容易失败，因为急躁的情绪已经占据了他们的心，他没有时间考虑自己的处境和地位，更不会坐下来认真思索有效的对策。在发展进步过程中，面对大的震惊，不要惊慌失措，要镇定自若，冷静地去面对，这是一个人的气度和能耐。这种气度和能耐来自理智的头脑，这种气度和能耐能使人在大的变动中沉着应对，处变不惊。

1952 年，尼克松参加了艾森豪威尔的总统竞选班子。就在这时，有人揭发：加利福尼亚的某些富商以私人捐款的方式暗中资助尼克松，而尼克松将那笔钱据为己有。

尼克松据理反驳，说那笔钱是用来支付政治活动开支的，自己绝没有据为己有。但是，艾森豪威尔要求他的竞选伙伴必须像猎狗的牙齿一样清白，于是准备把尼克松从候选人名单中除去。

在 1952 年 10 月的一天晚上，10 点 30 分，全国所有的电视台都将各自的镜头、话筒对准了尼克松，他不得不通过电视讲话解释这件事，为自己的清白辩护。尼克松在讲话中并没有单刀直入地为自己辩护，而是多次提到他的出身如何卑微、如何凭借自己的勇气和勤奋工作才得以逐步上升的。这合乎美国竞争面前人人平等的国情，博得了国民的同情。

说着说着，他话题一转，似乎是顺便提起了一件有趣的往事，他说道："在我被提名为候选人后，的确有人给我送来一件礼物。那是在我们一家人动身去参加竞选活动的当天，有人寄给了我一个包裹。我前去领取，你们猜是什么东西？"

尼克松故意打住，以提高听众的兴趣。"打开包裹一看，是一个箱子，里面装着一条西班牙长耳朵小狗，全身有黑白相间的斑点，十分可爱。我那 6 岁的女儿特莉西亚喜欢极了，就给它起了一个名字，叫'棋盘'。大家知道，小孩子都是喜欢狗的。所以，不管人家怎么说，我打算把狗留下来……"

事后，美国的一份娱乐杂志把这次"棋盘演说"嘲讽为花言巧语的产物。好莱坞制片人达里尔 · 扎纳克则说："这是我从未见过的最为惊人的表演。"

尽管如此，最后事情的发展完全出乎大家的意料，成千上万封赞扬尼克松的电报涌进了共和党全国总部，尼克松也因为表现出色而最终被留在了候选人的名单中。

因此，我们可以看到，处变不惊是卓越的基础，只有这样才能让自己不乱方寸，在谣言的旋涡中站住脚，以便伺机出手反击。处变不惊更是保证我们准确判断的重要因素，它能使我们产生正确的决策和行之有效的计划。处变不惊更是一种出色的自制力，使我们能够直接切中问题的要害，达到自己满意的效果。

第七章

进退有数，把握取舍的艺术

宁可在尝试中失败，也不在保守中成功

蝴蝶破茧而出的时候，会疼吗?

从笨拙的躯壳中挣扎着伸出细嫩的触角，翅膀因为粘满液体依旧合拢，几乎透明的足肢，支撑着颤抖的身体，微风吹过，它摇晃着几乎快倒下了。只有耐心等待。阳光的照耀使它慢慢变得轻盈，那薄而绚烂的翅翼上色彩一点点明媚起来。空气中的温度通过触角传遍全身，让它一分一秒地强壮起来。然后，你似乎听到一声轻轻的叹息，那是终于自由的释怀。一展翅，它起飞了。

其实我们每个人，都有这化蝶的一刻，完成一次蜕变，让世界大吃一惊，而痛却只有自己知道。

不过，有时候，因为怕疼，或因为嫌慢，我们在“蜕变”时开始尝试走捷径，比如来自外界的帮蝴蝶撕开茧的手，虽是出于好意，但却缩短了它的奋斗历程，删除了它蜕变过程中最重要的一步，导致蝴蝶最终蜕变失败。

如果说蝴蝶自我蜕变是一种勇敢的尝试，是对生命的渴望和挑战，那么在外力帮助下的蝴蝶的蜕变则是一种保守的行为，不敢接受挑战，不敢自我超越，即使成功，也是一种假象，经不起碰触，被残酷现实刺穿以后，它就只剩下老坏而愚钝的外壳。

在开放中尝试改变，即使失败也精彩。蜕变，就是一次次突破想象，包括自己的想象，然后去追寻更高、更远、更灿烂的天空。

在未来的社会，那种以自我为中心、自我封闭、自我满足、自以为是，以及自我设限的人，根本不可能适应社会，甚至生存都会成问题。变，正是人生的魅力所在，而不变的，是心中超越自我的渴望。

当别人都在努力向前时，你不妨倒回去

艺术家说：学我者生，似我者死。

文学家说：抄袭是埋葬一切才华的坟墓，创新是精品产生的源泉。

经济学家说：逃离竞争残酷的红海，奔向空间无限的蓝海。

做一条反向游泳的鱼，不走寻常路，才能看到别样风景；不走寻常路，是因为心系远方。

当你面对一个史无前例的问题，沿着某一固定方向思考而不得其解时，灵活地调整一下思维的方向，从不同角度展开思路，甚至把事情整个反过来想一下，那么就有可能反中求胜，摘得成功的果实。

宋神宗熙宁年间，越州（今浙江绍兴）闹蝗灾。只见蝗虫乌云般飞来，遮天蔽日。所到之处，禾苗全无，树木无叶，一片肃杀景象。当然，这年的庄稼颗粒无收。

这时，素以多智、爱民著称的清官赵汴被任命为越州知州。赵汴一到任，首先面临的是救灾问题。越州不乏大户之家，他们有积年存粮。老百姓在青黄不接时，大都过着半饥半饱的日子，而一旦遭灾，便缺大半年的口粮。灾荒之年，粮食比金银还贵重，哪家不想存粮活命？一时间，越州米价居高不下。

面对此种情景，僚属们都沉不住气了，纷纷来找赵汴，求他拿出办法来。借此机会，赵汴召集僚属们来商议救灾对策。

大家议论纷纷，但有一条是肯定的，就是依照惯例，由官府出告示，压制米价，以救百姓之命。僚属们七嘴八舌，说附近某州某县已经出告示压米价了，我们倘若还不行动，米价天天上涨，老百姓将不堪其苦，会起事造反的。

赵汴静听大家发言，沉吟良久，才不紧不慢地说："今次救灾，我想反其道而行之，不出告示压米价，而出告示宣布米价可自由上涨。"

众僚属一听，都目瞪口呆，先是怀疑知州大人在开玩笑，而后看知州大人认真的样子，又怀疑这位大人是否吃错了药，在胡言乱语。赵汴见大家不理解，笑了笑，胸有成竹地说："就这么办，起草文告吧！"

官令如山，赵汴说怎么办就得怎么办。不过，大家心里都直犯嘀咕：这次救灾肯定会失败，越州将饿殍遍野，越州百姓要遭殃了！这时，附近州县都纷纷贴出告示，严禁私增米价。若有违犯者，一经查出严惩不贷。揭发检举私增米价者，官府予以奖励。而越州则贴出不限米价的告示，于是，四面八方的米商闻讯而至。开始几天，米价确实增了不少，但买米者看到米上市得太多，都观望不买。过了几天，米价开始下跌，并且一天比一天跌得快。米商们本想不卖再运回去，但一则运费太贵，增加成本，二则别处又限米价，于是只好忍痛降价出售。

这样，越州的米价虽然比别的州县略高点，但百姓有钱可买到米。而别的州县米价虽然压下来了，但百姓排半天队，却很难买到米。所以，这次大灾，越州饿死的人最少，受到了朝廷的嘉奖。

僚属们这才佩服了赵汴的计谋，纷纷请教其中原因。赵汴说："市场之常性，物多则贱，物少则贵。我们这样一反常态，告示米商们可随意加价，米商们都蜂拥而来。吃米的还是那么多人，米价怎能涨上去呢？"

逆向思维不迷信原有的传统观念和经典信条，对既定事物进行批判性的思考，体现的是一种叛逆精神。这种思维在一般人看来是不合情理甚至是荒谬的，但正是因为采取这种思维，思考者才得以摆脱传统观念和习惯势力的束缚，向着新的成果跃进，创造出新的观念和理论来，导致新旧理论的更替和生活面貌的改变。

逆向思维本身就是灵感的源泉。遇到问题，我们不妨多想一下，能否从反方向考虑一下解决的办法。反其道而行是人生的一种大智慧，当别人都在努力向前时，你不妨倒回去，做一条反向游泳的鱼，去寻找属于你的捷径。

要大智慧，不要小聪明

在工作中有的人喜欢投机取巧，耍小聪明偷懒，明明可以做得更完善的事情却不去做，总认为差不多就行了；明明是自己的责任，却推卸给别人或设法掩盖。殊不知一个人的素质和能力往往就体现在工作的细节上，自认为头脑机灵而沾沾自喜，却不知这会影响了自己的前程。

亚里士多德说："德可以分为两种：一种是智慧的德，另一种是行为的德，前者是从学习中得来的，后者是从实践中得来的。"想成功，唯有诚信、负责、创新、积极进取等大智慧可取。而敢于冒险走创新路，也是一种可贵的大智慧。

在奥斯维辛集中营，一个犹太人对他的儿子说："现在我们唯一的财富就是智慧，当别人说1加1等于2的时候，你应该想到大于2。”纳粹在奥斯维辛毒死了536724人，这父子俩却活了下来。

1946年，他们来到美国，在休斯敦做铜器生意。一天，父亲问儿子一磅铜的价格是多少，儿子答35美分。父亲说：“对，整个得克萨斯州都知道每磅铜的价格是35美分，但作为犹太人的儿子，你应该说3.5美元。你试着把一磅铜做成门把手看看。”

父亲死后，儿子独自经营铜器店。他做过铜鼓、做过瑞士钟表上的簧片、做过奥运会的奖牌。他曾把一磅铜卖到3500美元，这时他已是麦考尔公司的董事长。

然而，真正使他扬名的是纽约州的一堆垃圾。

1974年，美国政府为清理给自由女神像翻新扔下的废料，向社会广泛招标。但好几个月过去了，没人应标。正在法国旅行的他听说后，立即飞往纽约，看过自由女神像下堆积如山的铜块、螺丝和木料后，他未提任何条件，当即就签了字。

纽约许多运输公司对他的这一愚蠢举动暗自发笑。因为在纽约州，垃圾处理有严格规定，弄不好会受到环保组织的起诉。就在一些人要看这个犹太人的笑话时，他开始组织工人对废料进行分类。他让人把废铜熔化，铸成小自由女神像；他把木头等加工成底座；废铅、废铝做成纽约广场的钥匙。最后，他甚至把从自由女神像身上扫下的灰尘都包装起来，出售给花店。不到3个月的时间，他让这堆废料变成了350万美元，每磅铜的价格整整增长了1万倍。

这位犹太人有长远的眼光、智慧的头脑，一生受益无穷。其境界、谋略非小聪明可以比拟。

人生最忌讳的是耍小聪明。让我们来看看小吴的求职经历：

小吴到一家外资公司应聘总经理助理职位。经过种种测验，他与另一位对手从几十名应聘者中胜出，准备接受总经理的最后面试。出乎意料的是总经理没有提出任何问题，便带领他俩去附近一家公司谈判签单。

走出公司大门后，因距要去的公司仅有一站地路程，总经理提议乘坐公共汽车前往，并递给他们每人5角钱，叮嘱每人自己买自己的车票。当时的车票票价是4角，因缺少零钱，乘务员们几乎都已养成收取5角不找零的习惯，小吴交出5角后，心想，为1角钱开口显得太小气，丢面子，便没有向乘务员索要应找回的1角钱。可是他的竞争对手却没有默认，而是认真地开口向乘务员要求找零。乘务员轻蔑地看着小吴的对手，好一会儿才冷冷地递出1角钱，他一脸泰然地接了过来。小吴看罢，心里还有一点儿幸灾乐祸，想对手的财迷和小气表现，老总一定不会满意的。

没想到，到站下车后，总经理却对小吴的竞争对手说："你被聘用了。"

小吴立即怔住了，总经理说："你们俩的材料我都仔细看过了，能力不分伯仲，才智不分上下，不过，在刚才买票的问题上我看到了你们的差异。一个人只有懂得坚持自己的权益，才能够维护公司的利益，而一个连自身利益都不能坚持的人，又如何能够维护公司的权益呢？"

小吴败在了自己的小聪明上。因面子等因素不坚持权益，总有一天，它会演变为不坚持原则，这对工作之弊显而易见。小聪明易被聪明误，小聪明得小利，大智慧得大益。有大智慧，才有大美丽、大人生。

善用大智慧的人，前途才会充满光明。

切莫贪图小便宜，它总有一天会让你偿还

欧洲某些国家的公共交通系统的售票处大部分是自助的，也就是说，你想到哪个地方可根据目的地自行买票。没有检票员，甚至连随机性的抽查都极少。据说逃票被抽检抓到的大约只有万分之三。一位亚洲留学生发现了这个管理上的"漏洞"。他很乐意不用买票而坐车到处游玩。在他4年的留学期间，他因逃票被抓住两次。

4年后，他大学毕业，试图在当地寻找工作。他知道许多跨国大公司都在积极地开发亚太市场，就向这些公司投了自己的求职资料，可都被拒绝了。一次次的失败，使他愤怒地认为这些公司有种族歧视的倾向。终于有一天，他冲进了一家公司人力资源部经理的办公室："先生，我想问一下贵公司为何不录用我。你们是不是歧视亚洲人？"

"先生，我们并没有歧视你，相反，我们很重视你，因为我们公司一直在亚洲进行市场开发，我们需要一些优秀的本土人才来协助我们完成这个工作，所以你刚来求职的时候，我们对你的教育背景和能力很感兴趣。老实说，你就是我们所要找的人。"经理回答。

“那为什么不录用我呢？”

“因为我们查了你的信用记录，我们发现你有两次乘车逃票的记录。”

“我承认。但为了这点小事，你们就放弃了一个能为你们带来更大利益的人才？”

“小事？不，不！先生，我们并不认为这是小事。我们注意到了，第一次逃票你说自己还不熟悉自动售票系统，这有可能。但在之后，你又逃了票。这如何解释呢？”

“那时刚好我口袋中没零钱。”

“不，不！先生，我不同意这种解释。我相信你可能逃过数百次的票。对不起，我只是说可能。此事证明了几点：第一，你不仅不尊重规则，而且善于发现规则中的漏洞并恶意使用；第二，你不值得信任，我们公司的许多工作的进行是必须依靠诚信来完成的，如果你负责了某个地区的市场开发，公司将赋予你许多职权，但为了节约成本，我们不会设置复杂的监督机构，正如我们的公共交通系统一样。因此我们没办法雇用你，而且我可以断定：在这个国家甚至在整个欧盟，可能没有公司会冒险来雇用你。”就这样，仅仅因为贪图了一些小便宜，这个留学生付出了惨痛的代价。

生活中，这样的例子可谓是屡见不鲜。我们中的许多人常常会像这个留学生一样，抱着侥幸的心理，以为贪图一些小便宜并无伤大雅，殊不知，即便是再小的便宜，终有一天，它也会让你悉数偿还，甚至是加倍奉还。

贪图小便宜，就像顺手牵羊一样容易，尽管先辈们再三叮嘱我们要做到“慎独”，要牢记“不以恶小而为之”，然而我们往往会禁不住心中的撒旦的诱惑，去贪图一些小便宜。我们往往会美滋滋地自以为占了便宜，殊不知其实是吃了大亏。微不足道的蝇头小利，使可贵的诚信受到了玷污，而失去诚信，不啻是失去了人性中最为重要的一种品质，其间利害，不言自明。

长辈们常常会语重心长地告诉儿孙们“吃亏是福”，对于其间的真谛，没有几个人能够明了。反之，贪小便宜，往往是吃了大亏。就像这位逃票的留学生，自以为占了大便宜，却不知，一切善恶皆有果，不是不报，时候未到，总有一天，需要你加倍偿还。

当力量薄弱时，借助他人的力量

有一句话乍听上去颇为苍凉，却也大有深意：一个不成熟的男人想要为他的事业献身；一个成熟的男人愿意为了他的事业卑贱地活着。

这句话说出了现实中的一种不得不“忍辱负重”以求他日辉煌的悲壮心态。在一个人的事业或者人生遭遇困境的时候，义气用事是不成熟的表现，只有能承受屈辱和苦难的人，才能真正笑到最后，成为真正的胜利者。从这个角度讲，“宁为瓦全”才是高策。

在此，讲一个关于刘勰的成名逸事。

刘勰是南朝梁时期的文学理论家，他很小的时候就失去了父亲，生活极为贫穷。但他笃志好学、博经通史，《文心雕龙》就是他的代表作。他生活的年代盛行门第制度，一个人出身的贵贱决定了这个人社会地位的高低。像刘勰这样出身低微的平民，自然默默无闻，无人知晓。因其社会地位，《文心雕龙》写成后也根本得不到重视。

但刘勰本人十分自信，深知自己著作的价值，他不愿意看到自己用心血写成的书稿被湮没，便决心设法改变这种局面。

沈约是当时的文坛领袖，有着很高的声望，刘勰想请他评定写成的《文心雕龙》，借以赢得声誉。但是沈约身为名流，哪能轻易见到？于是刘勰想出了一个主意。他事先打听到沈约外出的时间，背上自己的书稿，装成卖书的小贩，早早地等在离沈府不远的路上。当沈约乘坐的马车经过时，刘勰便乘机兜售。沈约喜欢读书，当即停下来，顺手取出一本《文心雕龙》，见是自己没有读过的书，便随手翻阅起来。这一看，沈约便被深深地吸引住了，当即买了一本带回家去，放在案头认真阅读。在以后上流社会举行的聚会中，沈约还不时地向别人推荐这本书。

大家见沈约对这本《文心雕龙》如此推崇，也注意到此书的价值，继而争相传阅，刘勰很快名声大噪。

讲述这个故事，看起来是教人使手段，事实上，任何人、任何时代都应该借鉴于此。有时为了获得他人的帮助，甚至要不惜承受巨大的损失。

乍一看，这好像是和中国传统文化中的观念相冲突，细细思量，却不尽然。大丈夫要能屈能伸，当你的力量还很薄弱的时候，你只有背靠大树，才好乘凉。

不要拿那些值得同情的事情开玩笑

世上本来就有很多不幸的人，出生之后，即背负了身体上的缺陷。而更值得同情的是，他们之所以如此，并非自己心甘情愿。因此，凡是有怜悯之心的人，都不应该以他们身体上的缺陷为话题。事实上，这也是与人交往时，必须注意的一种礼节。

当着别人的面说那种伤人的话，是非常不人道的。例如，有些人常常使用一些刻薄的言语，如“货底”“嫁不出去的老女人”“睁眼瞎子”“拖油瓶”“烂货”、“拖累人的废物”“精神薄弱儿”“坏胚子”等字眼。

假如你有心的话，将不难察觉到这些字眼是极为伤人的，甚至是一些非人道而残酷的字眼。我们不妨设身处地地想一想，如果自己被如此称呼，颜面何存?

一天，几个同事在办公室聊天，其中有一位胡小姐在前一天配了一副眼镜，于是拿出来让大家看看她戴眼镜好看不好看。大家不愿扫她的兴，都说很不错。这件事使老常想起一个笑话，他就立刻说出来:“有一个老小姐走进皮鞋店，试穿了好儿双鞋子，当鞋店老板蹲下来替她量脚的尺寸时，这位老小姐——要知道她是近视眼，一看到店老板光秃秃的头，以为是她自己的膝盖露出来了，连忙用裙子将它盖住。‘混蛋！’店老板叫道，‘保险丝又断了！’”

接着是一片哄笑声，孰料事后竟从未见胡小姐戴过眼镜，而且碰到老常再也不和他打招呼了。

其中的原因不难明白。说者无心，听者有意，在老常来想不过是说起一则近视眼的笑话，然而，胡小姐则可能这样想:“你取笑我戴眼镜不要紧，还影射我是个老小姐。我老吗? 我才 26 岁！”

别人的伤疤是不能轻易触碰的，更不能拿来当作玩笑的谈资。笑你的同学考试不及格，笑你的朋友怕老婆，笑你的亲戚做生意亏了本，笑你的同伴在走路时跌了一跤……本来这些都是应该给予同情的，而却拿来取笑别人，不仅使对方难堪，而且表现出一个人的冷酷无情。同样，不可拿别人生理上的缺陷来做开玩笑的题材，如对眼、瞎子、跛脚、驼背等，属于一个人的不幸，应该怜悯而不是取笑。诙谐而不伤人自尊的语句，能使人快乐，更会发人深省，这种智慧型的玩笑，是玩笑中最上乘的，在不伤害别人的同时，使大家开心。如果能诚心诚意地这样做，一定可以获得更多人的信赖、更多人的钦佩，也会交到更多的朋友。

不拿别人的隐私开玩笑

玩笑是生活的调味品，适当地开个玩笑，不仅可以调节气氛，减轻疲劳，而且能缩短与朋友和同事之间的距离。一句玩笑话可以化干戈为玉帛，消除积怨，一句玩笑话也可以批评或拒绝某人。

开玩笑时必须要注意尺度和分寸，尤其不要拿别人的隐私开玩笑。因为每个人都有隐私，而且也不允许别人触及自己的隐私。一旦有人喜欢拿别人的隐私开玩笑，那他必定是一个不受欢迎的人。

某人的妻子结婚两个月，就生了一个小孩，邻居们赶来祝贺。这人的一个要好的朋友杰克也来了。他拿来了自己的礼物——纸和铅笔，这人谢过了杰克，并且问："尊敬的杰克先生，给这么小的孩子赠送纸和笔，不是太早了吗？"

"不，"杰克说，"您的小孩儿太性急。本该9个月后才出生，可他偏偏2个月就出世了，再过5个月，他肯定会去上学，所以我才给他准备了纸和笔。"

杰克的话刚说完，全场哄堂大笑，却令这对夫妇无地自容。

调侃他人的隐私是不礼貌的，上例中杰克明显道出了这位妻子未婚先孕的事实，令大家都处于尴尬的局面。

所以说，调侃时说出了他人的隐私，有时是言者无意，但听者却有心。他会认为你是有意跟他过不去，从此对你恨之入骨。他做的事别有用心，极力掩饰不使人知，如果被你知道了，必然对他不利。如果你与对方非常熟悉，绝对不能向他表明你绝不泄密，那将会自找麻烦。最好的办法是假装不知，若无其事。

心理学家研究表明，谁都不愿把自己的错误和隐私在公众面前曝光，一旦被曝光，就会感到难堪而愤怒。因此，在与人交往谈话中，如果不是为了某种特殊需要，一般应尽量避免接触这些敏感区，免使对方当众出丑。必要时可采用委婉的话暗示你已知道他的错处或隐私，让他感到有压力而不得不改正。知趣的、会权衡的人须"点到即止"，一般是会顾全双方的脸面而悄悄收场的。当面揭短，让对方出了丑，说不定会使他人恼羞成怒，或者干脆耍赖，出现很难堪的局面。至于一些纯属隐私、非原则性的错处，还是那种方法：装聋作哑，千万别去追究。

找到最重要的事情，不要因小失大

你应该找到那件最重要、最关键的事情去做好它，而不是被纷繁芜杂的假象所蒙蔽，因小失大，酿成祸患。

有一个笑话，说的是一对馋嘴的夫妻一起分吃三个饼，你一个，我一个，最后还剩下一个，两人互不相让，于是决定从现在起都不说话，谁坚持的时间长，就能得到最后一个饼。

两人面对面坐下，果然都不开口。到了晚上，一个盗贼溜进屋里，看见夫妻俩，先是有点害怕，但看他们毫无反应，就放心大胆地搜罗起财物来。盗贼将家中稍微值钱点的东西一件一件地搬出门去，妻子心里虽然着急，看丈夫一动不动，便只好继续忍耐。盗贼有恃无恐，干脆连最后一个米缸也搬走了，妻子再也坐不住了，高声叫喊起来，并恼怒地对丈夫说："你怎么这样傻啊！为了一个饼，眼看着有贼也不理会。"

丈夫立刻高兴地跳了起来，拍着手笑道："啊，蠢货！你最先开口讲的话，这个饼属于我了。"

在这个笑话中，这对愚蠢的夫妇就是没有区分最重要的事情，因小失大，闹出了笑话。当两人打赌争饼时，遵守赌约，闭口无言是双方的主要问题，应着力解决。可是，当盗贼进屋盗窃财物时，如何联手赶走盗贼，保护家中财产，则成为新的主要问题，而此时赌饼约定已经不再重要。

此时此刻，夫妇二人就应该抓住最主要的问题，齐心协力，抓住盗贼，保护财产。然而，夫妇二人因为牢记赌约，对盗贼不予理睬，而让盗贼有了可乘之机，将财物盗走，从而丧失了抓贼的大好时机，为了一个饼失去了全部财产。

古人常说："射人先射马，擒贼先擒王。"想问题、办事情，都应该牢牢抓住最主要的问题，不能主次不分，因小失大。在实际工作中，我们也必须弄清当时当地客观存在的最重要的问题是什么，从而采取正确的解决方法，以收到事半功倍的效果。

英国前首相撒切尔夫人对抓住重点有深刻而简洁的见解。有人问她："在日理万机的情况下还能照顾好家庭，你的秘诀是什么？"她回答："把要做的事情按轻重缓急一条一条列下来，积极行动，做好之后，再一条一条删掉就行了！"

真理是朴素的，也是容易被忽视的。加强计划，抓住重点，积极突破，带动一般，这就是各个领域普遍适用的重要方法，也是常被忽视的重要方法。

失信者失去的是人心

信用是一个人处世的资本，是社交场合的通行证，是获得成功的前提条件。失信的人不仅会失去朋友，也会失去成功的机会。

心理学家马斯洛在研究大量著名人物的基础上，总结出了成功者的健康个性特征，其中第一条就是讲信用。马斯洛还指出，一个人要走向成功或者培养健康的个性有八条途径，其中就有两条与信用相关。因此，要想成就一番事业，必须讲信用，要想获得朋友，也需讲信用。就像一位哲人所言：讲信用的人走到哪里都受人尊重，受人欢迎。而不讲信用的人，则会受到众人的唾弃。

有一位商人要到邻国去经商，临行前将家中的财物托一位远房亲戚保管。他的财物有钻石、珍珠以及一些金器，如金杯、金壶等。

"放心去办你的事吧！我一定会替你小心保管这些东西的。"他的远房亲戚对他说。

商人听了就安心上路了。

转眼 3 年过去了，平安归来的商人回到家里后，就通知他的远房亲戚，希望能取回托他保管的财物。商人还想把从国外带回来的珍贵土特产送给这位远房亲戚作为谢礼。

但这位远房亲戚想："我已经帮他保管了 3 年。时间过了这么久，我可以跟他说我并没有替他保管东西。然后，找个秘密的地方把这些宝物藏起来，他就没办法了。"

第二天一早，这个起了贪念的远房亲戚在前往商人家的途中，遇到一个跛着脚、又瘦又小、留着长长的白胡子的老人。老人用锐利的眼光看着他。商人的远房亲戚正感到疑惑时，老人说："我是诺言之神，我专门寻找那些不遵守诺言的人，把他们带到高山上，从悬崖上推下去，以示惩罚。"

商人的远房亲戚知道这个老人就是诺言之神后，脸色马上变了。他战战兢兢地问道："那你是不是常常在这里走动呢？"

"不，我经常要到不同的地方，去巡视人们是否遵守诺言，大约20年后才回来。"诺言之神说。

商人的远房亲戚听到这个回答，心里想："好极了，诺言之神离开这里之后，20年之内不会再来。"于是，商人的远房亲戚决定迟延一天，等诺言之神走后再到商人家去。

第二天，这个远房亲戚到了商人的家里，他对商人说："我并没有替你保管什么东西啊！"

商人没想到他的远房亲戚竟然如此背信弃义，伤心地流着眼泪说："请你不要这样！我在3年前请你替我保管许多财物……求求你，还给我吧！"

可是这位远房亲戚根本就不承认，冷冷地说："我说没有就是没有，我没有替你保管东西，叫我怎么还给你呢？"然后掉头就走。

第二天一大早，商人的远房亲戚在睡梦中听到有人敲门，就揉着惺忪的睡眼去开门，发现站在门外的竟是诺言之神。诺言之神伸出细长的双手，掐住他的脖子，把他拉到门外。

"出来！你这个不遵守诺言的家伙！现在，我要带你到高山上，把你从悬崖上推下去。"诺言之神怒目圆睁，瞪着他大声骂着。

商人的远房亲戚害怕得全身战栗着说："请原谅我！诺言之神。可是，你不是说20年后才回来吗？为什么不到一天的时间，你又回到这里来惩罚我呢？"

诺言之神说："你好好听着，如果人们没有做违背诺言的事，我是要等20年后才回来。可是当你作出我最厌恶的不守诺言的事时，我就随时会出现。"

诺言之神说完，就拉着他往山上走去。

失信于人，既显示出一个人的人格低下、品行不端，又是一种自我毁灭的愚蠢行为。《没有信誉就没有一切》这篇文章中说："一个成熟的社会，一个有力量的社会，不但要考虑每一个人，而且还要为他们建立必要的档案，这并不是要建立黑档案，而是能够向有关方面证实你的可信度。"

我们可以设想一下，假如已经建立了这样的档案，只有讲信用的人银行才会贷款，商人才敢和你做生意，公司才会聘用你，他人才敢和你交朋友。没有信用，你在社会上就难以立足。

在此，我们有必要记住文学家爱默生的一句话："坚守信用是成功的最大关键。"

不拒绝，可能更伤感情

有时候我们为了热情、乐于助人、讲义气等美名，就不愿拒绝别人的要求，结果做到了还好，做不到的还要拼命努力去做，有时甚至不惜撒谎和欺骗，最后把自己弄得疲惫不堪。所以说，不拒绝别人的要求，永远说"没问题"，并不会让你快乐，反而会给你的生活带来不必要的压力和负担，到头来因为不能实现诺言，反而伤了彼此之间的和气。

经常对别人作出承诺，我们会觉得自己是个牺牲者，有太多事要做而无法休息，若拒绝别人的请求，又会产生内疚感，所以我们总是处于进退维谷的状态。

因此，一定要告诉自己：减少对别人的承诺，不论是对朋友还是对家人。如果别人的邀请对你来说是没有吸引力的甚至是无聊乏味、浪费时间的，你就应该学会断然而礼貌地拒绝。

卡耐基在《人际交往艺术》一书中告诉我们："你可以用一些言辞上的技巧，来减少你的承诺，让你可以拥有自己的时间。"因此，你不妨在言辞上多下功夫试试看，或许会有效果。

哈里是一位成功的部门经理，他为人随和并且乐于助人，这让他赢得了极好的人缘，但同时也给他的生活带来了不少的麻烦。哈里为人热情，但他有一个缺点，就是他处理社交问题很不果断。如果有人向他发出邀请，即使他不愿意去，也不好意思拒绝。

他打扮整齐，奔向一个乏味的聚会，而不能留在家里看自己喜欢的片子，他很无奈：自己竟不能掌握自己的生活。

有一次受到邀请的时候，他正在和孩子一块儿读卡通书。那个晚上他很不想离开家，可是坚决地予以回绝又好像不太礼貌，于是他撒了个小谎，说身体不太舒服，想留在家里休息。这样，他为自己赢得了一个轻松安静的晚上。

这让哈里学会了如何有效拒绝他人的方法。他把可以作为拒绝邀请的理由写在纸上，列成清单放在电话机旁边，在接到那些他不喜欢的邀请的时候，他就随时会有一些合理的理由，委婉地回绝。

虽然，这样导致了他社交活动的减少，但是他丝毫没有为此感到遗憾。学会说“不”解放了哈里的时间和生活，现在他有更多的时间去做自己喜欢做的事，他的生活变得简单、轻松、充满乐趣。

生活中，有些人碍于面子不肯拒绝他人，最终吃亏和难受的还是自己。其实，如果做到实事求是、量力而行，懂得在适当的时候说出“不”字，就不会将自己搞得那么累。如果想像哈里一样，婉拒那些恼人的应酬，巧妙地拒绝别人，不妨试试以下的方法：

不好正面拒绝时，可以采取迂回的战术，转移话题也好，另有理由也罢，主要是善于利用语气的转折——绝不会答应，但也不至于撕破脸。比如，先向对方表示同情，或给予赞美，然后再提出理由，加以拒绝。由于先前对方在心理上已因为你的同情而对你产生好感，所以对于你的拒绝也能以“可以谅解”的态度接受。

幽默也是一种很好的方法。一次，钱锺书在电话里对想拜访他的一个英国女士说：“假如你吃了个鸡蛋觉得不错，又何必认识那只下蛋的母鸡呢？”用下蛋的母鸡比喻自己，不但巧妙生动，而且表现了钱锺书的和蔼可亲、幽默风趣。

也可以通过敷衍的方法。一次，庄子向监河侯借贷，监河侯敷衍他，说道：“好！再过一段时间，等我去收租，收齐了，就借你三百两金子。”这话有几层意思：一是我目前没有，现在不能借给你；二是我也不是富人；三是过一段时间不是确指，到时借不借再说。庄子听后已经很明白了，但他不会怨恨什么，因为监河侯并没有说不借给他。

总之，在生活中，当我们没有能力或者根本不想接受别人的意见时，就要学会巧妙地拒绝别人，否则累了自己，别人也不高兴。

让人一步需有高人一筹的智慧

进退有度，是人际交往中最难领会的部分之一。如何做到该进时长驱直入、该退时让人一步，这需要高人一筹的智慧。

战国时，有一次赵王派孔青带领大军救援廪丘。孔青是员猛将，加上足智多谋的宁越辅佐，所以赵军一战大败齐军，击毙了齐军统帅，并俘获战车两千辆。战场上留下了三万具齐军尸体，孔青决定把这些尸体封土堆成两个大高丘，以此彰明赵国的战功。

宁越劝阻道："这样做太可惜了，那些尸体可以另有用处。我看不如把尸体还给齐国人。这样做可以从内部打击齐国，从而让齐军不再侵犯！"

"死人又不可能复活，怎么能从内部打击齐国呢？"孔青想不通。

宁越说："战车和铠甲在战争中丧失殆尽，府库里的钱财在安葬战死者时用光了，这就叫作从内部打击他们。我听说，古代善于用兵的人，该坚守时就坚守，该后退时就后退。我军不如后退三十里，给齐国人一个收尸的机会。"

孔青大致明白了宁越的用意，但转念一想，又说："但是，齐国人如果不来收尸的话，那又该怎么办呢？"

"那就更好了，"宁越胸有成竹地说，"作战不能取胜，这是他们的第一条罪状；率领士兵出国作战而不能使之归来，这是他们的第二条罪状；给他们尸体却不收取，这是他们的第三条罪状。老百姓将会因为这三条罪状而怨恨齐国的高级将领。居于高位的人也就无法役使下面的人，而下面的人又不愿侍奉居于上位的人，这就叫作双重打击！"

"好，还是您技高一筹啊！"孔青终于完全领会了宁越的良苦用心。果然不出宁越所料，齐国因此元气大伤，很长一段时间不能对外用兵。

宁越的主张看起来好像并不是那么咄咄逼人，相反，似乎还有点软弱，是在向齐国让步。殊不知，这"让步"里面却大有文章，表面上的退步其实换取的是更大的进步。有进有退，能屈能伸，不执着于无利的方面，这是成功的必要条件。那种一往无前、有进无退的人仅仅是村夫莽汉，表面上英勇，实则是成事不足、败事有余。

想要给出有力的一拳，首先就要缩回拳头，来增加打出去的力量，那些杰出的人物往往更加懂得这个道理，他们不会执着于一时的意气用事。退，有时是为了更好地进，特别是当我们的力量还处在弱势的地位时，更应该多一些隐忍，等机会成熟之时再大显身手，从而达到最佳的效果。

不揽自己办不好的事

量力而为，在适当的时候为自己留有余地，对那些心有余而力不足或棘手的事情说"不"。在交际中你必须知道：当亲友或上司委托你做某事时，一定不要不假思索地满口应承，要冷静一分钟，在大脑中转一个圈，考虑这件事自己能不能办得到、办得好。把自己的能力与事情的难易程度以及客观条件结合起来统筹考虑，然后再做决定。

如果为了一时的情面接受自己根本无法做到或不愿做的事情，一旦失败了，同事、亲友、上司不会考虑到你当初的热忱，只会以这次失败的结果来评价你。

某教师分配到某中学工作，正赶上市教委向该校抽人，对全市的中学实地考察，并写出调查报告。因这位教师还没有安排授课，学校就派他去。起初，他感觉为难，认为自己刚刚走出校门，不仅对本市教学情况不熟悉，就是对教育工作本身也知之甚少。他本不想参加，无奈校长已经开口，实在不好推掉，只好勉强服从。

一个半月过去了，别人都按分工交了调查报告，唯有他一人，由于不谙世故，又缺乏经验，对自己分工调查的三个中学连情况都没摸准，更不用说分析了。市教委主任为此很恼火，责备该校校长，怎么推荐这样一个人。这位教师又是气又是羞愧，一下子病倒了，在床上躺了两个星期。

这位教师由于当初不好意思拒绝，或者害怕因拒绝会引起上司不高兴而勉强接受任务，由此，他的处境可想而知。所以，无论做什么，都要量体裁衣，遇到自己感到难以做到的事，要鼓起勇气，说："对不起，我实在无能为力，您是否可以另找别人。"或者："实在抱歉，我水平有限，只能让您失望了。我想，如果我硬撑着答应，将来误了事，那才对不起您呢。"否则，将来丢脸的人肯定是你。

但是在这个世界上，我们毕竟不能独来独往。做自己的事情时，有时要涉及别人的利益。因此，我们在人际交往过程中，必须全盘衡量，把握分寸，协调好各方面的利害关系。有些事情，不该做时就不能做，一旦做了，可能就违法、违情、违理，使自己或别人的名誉、经济或地位受到损害。当有人托你办风险很大的事时，你也绝不能贪图一时之利，而不负责地随便答应，一定要慎重考虑可能引起的后果。如果有人想整治别人，编造假的事实，求你出面作伪证，或者有人想让你同他一起干违法乱纪的勾当，你就应坚决拒绝这类对自己不利的要求。

另外，有人请你代其完成工作，或你的同事把自己分内的工作往你身上推，此类情况，都应巧妙拒绝。因为，形形色色的人在社会舞台上都扮演了不同的角色，每一个人都有自己的责任和义务。既然承担了某种社会责任或契约，就应该践约。的确，拒绝别人的要求是件不容易的事。而当别人央求你，你又不得不拒绝的话，更是叫人头痛，因为每个人都有自尊心，都希望得到别人的重视，同时也不希望别人不愉快，因而，也就难以说出拒绝的话了。

不过，当你经过深思熟虑，知道答应对方的要求将会给你或他带来伤害时，那么，就应该拒绝，千万不要为了面子问题，做出违心的事来，结果对双方都无好处。

第八章

放弃名利，心灵才能得以安宁

在名利的旋涡中寻回单纯的自己

名利的旋涡容易让人迷失自己。

正如佛家所言，在无常的人生里，山河大地脆弱，世间不断遭到破坏。佛陀要我们时时警惕，照顾好自己的心，不要与身外的名利、地位等纠缠不清，心若有贪念——贪名利、地位、权势，等等，这一生不仅不会快乐，还会过得很辛苦。凡夫就是时时在名利的旋涡里打转，才会由不得自己。

佛说人有20难，而富贵学道就是第二难。在其中，佛提到：凡夫易被名利牵，贡高只因权势显；谦和好礼心有爱，富贵学道也不难。

这句话告诉人们，人生路上，最重要的是调适身心，只要身心调好了，世间就没有难以解决的困难。人生最大的烦恼是心中有贪欲，佛陀告诉我们，生命不长久，寿命一期期不断地轮转，我们容易在无常、短暂的生命中起惑造业，因业力、烦恼的牵缠，让人人心行颠倒迷失。知道富贵学道比较困难，这很容易理解，因为富贵的人容易迷失道心。世间有多少人，在显达前非常努力，低声下气，认真地付出，以争取他人信任。有朝一日，当他财、名、利共聚时，傲慢之心就随之而生，忘了当初困顿的生活，这是因权势名利牵缠着他的心。

很久以前，佛教创立后，很多的国王、大臣也皈依三宝，虽然他们处于富贵名利当中，但是经过佛法的洗练后，逐渐了解佛法的真理，进而成为一国仁王、仁臣。

不过，在佛法普及人心的同时，也有人燃起了利欲之心。譬如提婆达多，他原本是佛陀的弟子，在皈依出家后，看到佛陀受到很多人尊重敬仰，许多国王、大臣、长者都来皈投佛陀。佛陀能统理大众，提婆达多看在眼里，羡慕在心里，于是就开始生起贡高之心。因为他不仅是释迦种族，也是王子之一。他想：既然佛能得到天下人的尊重，难道我就不可以？于是，为了要超越佛陀，他开始追求利养。当时频婆娑罗王的太子阿阇世年轻气盛，也有着贡高我慢的心态，又受提婆达多的影响、唆使，两人臭味相投，最后竟衍变成一个篡夺王位、杀父害母，另一个则是屡次要伤害佛陀、分散佛陀的僧团。可后来事与愿违，只得以失败告终。

所以说，人心一旦被名利牵制，将造成不堪设想的后果。有智慧的人，在短暂的人生里，视荣华富贵为浮云、梦境，也如草上的露水。而愚痴者总是被权势名利所迷惑。

孔子曾说："贤哉！回也。一箪食，一瓢饮，在陋巷，人不堪其忧，回也不改其乐。贤哉！回也。"颜回家境极其贫困，但内心却快乐无比，这种精神连孔子都不禁赞叹、折服。而在现实中，能做到这点的人少之又少，不过唯其如此，这类人才更值得人们钦佩欣赏。

一对夫妻年轻时共同创业，到了中年终于小有成就，公司净资产达1000多万元，而且发展势头良好，提起这对夫妻，商界的人都伸大拇指。

然而，就在他们的事业如日中天的时候，两人却隐退了，他们辞去了董事长、总经理的职务，将大部分股份卖给一个他们很欣赏的企业家，将房子和车委托给好朋友照管，两个人潇洒地环游世界去了。消息传出后，大家都觉得太可惜了，一些亲戚朋友也不理解，讽刺他们说："年龄这么大了，办事却像小孩一样，那么大的家业说丢就丢，放着好好的老总不做，偏要去环游世界！"

在一些人眼里，这对夫妻从此以后再也体验不到当老总的风光了。可环游世界一直就是这对夫妻的理想，他们抛弃了虚名浮利而得到了生活的真正乐趣，名利被他们看作生命的修饰物，而不是人生的最终目的。

一个人如若有看淡名利的人生态度，那么面对生活，他也就更易于找到乐观的一面。如此方能在纷繁的世界里，在自己的心中，构筑一片宁静的田园。

真正的快乐与金钱或地位是没有直接联系的。人的烦恼多半来自对名利的追逐。若身陷追逐名利的繁杂事务中，即使地位显赫，也没有快乐可言。

富与贵并不是永恒的，只有在名利的旋涡中寻回单纯的自己才是最明智的。

身无分文，也可以开心快乐

我们一向以为，浪漫只是有钱人的专利，他们可以用鲜花、烛光、音乐来营造出如梦如幻的多彩世界，却没有想到还有一种不需要金钱的投入就能营造出来的别致浪漫。作为一个平常人，我们应调整好自己的心态，按照自己的理想生活。不要以为只有有钱的人才能开心快乐，采取适当的方式，即使我们身无分文，也可以开心快乐。

一天中午，太阳火辣辣地炙烤着大地，阳光刺眼，大街上没几个行人，晓芸独自从天桥上走过，看见一个小伙子在吃力地背着个姑娘上天桥，小伙子的额头上渗出细密的汗珠。像这样的事，平时晓芸见多了，所以她开始时并没有太在意。但是当她从他们身边走过的那一瞬间，她突然感到那男孩子的两腿抖得厉害，不像平时遇到的那种玩闹的恋人。

于是，晓芸走上前去帮忙搀扶，问小伙子："她生病了吧？是去医院吗？怎么不打车？"男孩只是低头不语。

来到天桥上，姑娘忽然大笑起来，小伙子一边擦汗一边向晓芸道歉："对不起，谢谢您，我们是在玩游戏。"

"什么？"晓芸尴尬中有些恼怒。

姑娘好久才停止住笑，上前解释道："今天是我们结婚3周年纪念日，我们特意来逛街，本想买点东西庆祝，不过都太贵了，我们舍不得钱。于是想起以前上学时读过的一篇文章，文章里的主人公就是用这种方式来纪念他们的结婚周年的。于是我们便照做了。

"我们没有钱，我不让他买什么礼物作纪念，可是他有的是力气，所以我才让他背我上天桥，一趟算一年，才背了一个来回，他就累成这样了。若是将来我们结婚30周年、40周年，我还让他背我那么多个来回，他还得背……"

姑娘一边心疼地为男孩拭着额头的汗珠，一边又笑了起来。

如果不是亲眼见证，晓芸怎么都不敢相信，这样贫穷的两个人，却能过得这么开心。

幸福从未明码标价，就像上述故事中的那对小夫妻，没有钱也可以获得幸福。所以，那些把财富作为追求幸福的资本的人是多么愚蠢。耗尽一生的精力追求而来的物质财富并不能买来幸福，与其在临死之时带着遗憾而去，不如在有生之年把这些物质的财富转化为内心的珍宝。镶嵌在棺木上的珍珠玛瑙远不如一句赞美的墓志铭更有意义。

一对青年男女步入了婚姻的殿堂，甜蜜的爱情高潮过去之后，他们开始面对日益艰难的生计。妻子整天为缺少财富而忧郁不乐，他们需要很多的钱，1万、10万，最好有100万。有了钱才能买房子，买家具家电，才能吃好的、穿好的……可是他们的钱太少了，少到只够维持最基本的日常开支。她的丈夫却是个很乐观的人，丈夫不断寻找机会开导妻子。

有一天，他们去医院看望一个朋友。朋友说，他的病是累出来的，常常为了挣钱不吃饭、不睡觉。回到家里，丈夫就问妻子："下次如果给你钱，但同时让你跟他一样躺在医院里，你要不要？"

妻子想了想，说："不要。"

过了几天，他们去郊外散步。路边有一幢漂亮的别墅，从别墅里走出来一对白发苍苍的老者。丈夫又问妻子："假如现在就让你住上这样的别墅，同时变得跟他们一样老，你愿意不愿意？"

妻子不假思索地回答："我才不愿意呢。"

所以，即使你没有足够的物质财富，也不必悲伤，幸福从来都不是靠物质财富来衡量的。如果你拥有足够的财富，那么请你珍惜你的财富，布施给需要它的人，即使是给没有鞋穿的人买一双鞋，也是帮助他获得了从未有过的幸福。

一个认清了生命本质的人从不会囤积财富，囤积对他来说并无意义，囤积财富的人目的只是为了证明自己的价值而已。外在的财富都是过眼浮云，内在的财富才是永远的财富。

淡泊名利，克己制欲

人生在世，无论贵贱贫富、逆顺穷达，都少不了要与名利打交道。对待名利，人们有着不同的态度，有的人追名逐利，有的人淡泊名利。放眼古今，很多著名的学者都是淡泊名利的代表者。他们都实践着"非淡泊无以明志，非宁静无以致远"的目标，他们对个人的名利常常采取漠然冷淡和不屑一顾的态度，而把主要精力放在对理想、事业的追求上。

居里夫人是著名的科学家，她曾两次获得诺贝尔奖，在世界上享有很高的声誉。1903 年 12 月，居里夫妇和贝克勒尔一起获得了诺贝尔物理学奖。他们夫妇功勋盖世，然而他们却极端藐视名利，最厌烦那些无聊的应酬。他们把自己的一切都献给了科学事业，而不捞取任何个人私利。

在镭提炼成功以后，有人劝他们向政府申请专利权，垄断镭的制造以此发大财。居里夫人对此说：“那是违背科学精神的，科学家的研究成果应该公开发表，别人要研制，不应受到任何限制。何况镭是对病人有好处的，我们不应借此来谋利。”居里夫妇还把得到的诺贝尔奖金大量地捐赠给需要的人。

居里夫人如此严谨而富有责任心的作风，这种甘于寂寞、淡泊自守、不求闻达的精神，实在是让人佩服。俗话说：“名为锢身锁，利是焚身火。”只有学会淡泊名利，人才会更加高尚。

《红楼梦》中说：“天下熙熙，皆为利来；天下攘攘，皆为利往。”人的欲望是无限的，而那些贪腐者追求的其实不外乎身体的舒适、丰盛的食品、漂亮的服饰、绚丽的色彩和动听的乐声，这些奢侈腐化的追求，到头来终究只是一场空。

有一个人，潦倒得连床也买不起，家徒四壁，只有一张长凳，他每天晚上就在长凳上睡觉。

他向佛祖祈祷：“如果我发财了，我绝对不会像现在这样吝啬。”

佛祖看他可怜，就给了他一个装钱的口袋，说：“这个袋子里有一个金币，当你把它拿出来以后，里面又会有一个金币，但是当你想花钱的时候，只有把这个钱袋扔掉才能花。”

那个穷人就不断地往外拿金币，整整一晚上没有合眼。他家地上已经到处都是金币了，就算这一辈子什么也不做，这些钱也足够他花的了。每次当他决心扔掉那个钱袋的时候他都舍不得，于是他就不吃不喝地一直往外拿金币，屋子里装满了金币。

可是他还是对自己说：“我不能把袋子扔了，钱还在源源不断地出来，还是等钱再多一些的时候再把袋子扔掉吧！”

这样直到他虚弱得连把钱从口袋里拿出来的力气都没有了，但是他还是不肯把袋子扔了。最后他死在了钱袋的旁边，屋子里装的都是金币。

因为不知足而死，到死也成不了富人，可见不懂得克制欲望是多么可怕。

常言道：淡泊名利，克己制欲。何为“淡泊”？是朱熹“事理通达心气和平，品节详明德行坚定”的随和，还是陶渊明“采菊东篱下，悠然见南山”的闲适，抑或郑板桥“难得糊涂”的豁达？古往今来，没有一个确定的概念。不过，有一点可以肯定，凡是真正“淡泊”的人，方能将个人得失置之度外，视名利如粪土，心态平和，操守清廉。俗话说：“不羡黄金罍，不羡白玉杯；不羡朝入省，不羡暮登台；千羡万羡西江水，曾向竟陵城下来。”

挡不住今天的诱惑，将失去明天的幸福。人降临世界的时候，手是合拢的，似乎在说：“世界是我的。”人离开世界时手是张开的，仿佛在说：“瞧哪，我什么都没有带走。”人一死，双脚一蹬，生命便终止了，身前的种种，人又能带走哪一样呢？名和利都只是暂时的，看开了这一点，生活也便轻松了。

只有卸下身上的重负，才能看清生活真正的本质。从古至今上演了太多为名利而亡的故事，名利不该是人活着的终极目标，人还有更有价值的追求。

其实，一切功名利禄都不过是过眼云烟，得而失之、失而复得等情况都是经常发生的。我们要意识到一切都可能因时空转换而发生变化，这样才能把功名利禄看淡、看轻、看开些，做到“荣辱毁誉不上心”。

淡名寡欲，安贫乐道

一位著名的禅师感觉到自己即将离开人世，这个消息传出去后，很多人从四面八方赶来，连朝廷也派人赶来送别。

大家到齐后发现禅师脸上洋溢着净莲般的微笑，禅师此时望着满院的僧众和来客，大声说：“我在世间沾了一点闲名，如今躯壳即将散坏，闲名也该去除。你们之中有谁能够替我除去闲名？”

禅师说完，殿前一片寂静，没有人知道该怎么办，也没有人懂禅师到底是什么意思。忽然，一个前几日才上山的小和尚走到禅师面前，恭敬地顶礼之后，高声问道：“请问和尚法号是什么？”

小和尚的话一出口，所有的人都投去埋怨的目光。旁边的人低声斥责小沙弥目无尊长，对禅师不敬，还有的人埋怨小沙弥无知，连鼎鼎大名的洞山禅师的法号都不知道还当什么和尚，这时院子里闹哄哄的。

禅师听了小和尚的问话，大声笑道："好啊！现在我没有闲名了，还是小和尚聪明呀！"于是，闭目合十，就此离去。此时小和尚已经热泪盈眶，他心中暗暗庆幸能为师父除去闲名。

其他小和尚立刻将他围了起来，众僧纷纷责问："岂有此理！连咱们的老禅师的法号都不知道，你到这里来干什么？"

小和尚看着周围的人，无可奈何地说："他是我的师父，他的法号我岂能不知？"众僧追问道："那你为什么要那样问呢？"

小和尚答道："我那样做就是为了除去师父的闲名！"

有多少人为了这样的闲名而终其一生，世上能做到舍弃名利、除去闲名的人又有几个呢？

其实，人生关心的问题很多，其中最令人挂念的事就是自己的名誉、地位。老禅师明白名利的危害性，所以淡看名利，去除闲名。在现在的社会里，很少有人不重视自己的地位和名声，诸如在家庭里的地位、在朋友中的地位、在公司里的地位，等等，总想得到一个合乎自己身份的地位。

世人贪名逐利，你欺我骗，斤斤计较成败得失。人生本来就不易，何必把名利看得那么重？如果人把生命都耗费在虚有的名利上，到头来只能是一场空。除去闲名对于我们来说就是看淡名利，做到无争、无价、安宁、幸福。要知道，那些闲名只不过是人生的泡沫与尘灰，我们又何必抵死相争呢？

以"药王"美称载入史册的孙思邈，是唐朝京兆华原（今陕西耀县）人。他少年时代，酷爱文学，立志写出流芳百世的文章。可后来突然发生的一场天灾人祸，使他改变了志向。

这一年，华原一带大旱，井水干涸，庄稼枯死，接着又瘟疫流行，许多村庄成了"无人乡"。孙思邈也染上了疫症，幸亏一位云游郎中路过此处，用几剂良药救了他的性命。这件事引起了孙思邈的深思。他想，在猖獗的瘟疫面前，自己的满腹诗书一点用也没有；连两榜进士出身的华原县令也逃之夭夭，把十几万黎民百姓丢给了张着血盆大口的瘟神。相比之下，那云游郎中就显得高尚多了。于是，他决心抛却功名，做一个为天下黎民百姓赐药治病的好医生。

可时过不久，朝廷突然传下圣旨，急宣孙思邈进京，授官国子监博士。

一些乡亲暗暗替孙思邈高兴，说他进京当了大官，有了功名利禄，就能享一辈子富贵荣华了。

谁知孙思邈根本不把所谓的功名、厚禄看在眼里。他向钦差施了一礼，辞谢道：“请钦差大人回复圣上，思邈不才，且弃文习医多时，不能应诏赴京……”

钦差笑着劝说道：“圣上知你能诗善赋，特命下官前来诏请。请不要过谦，马上随下官进京吧！”

孙思邈还是推辞。钦差变了脸，怒喝道：“不必多说。限你三日内进京面君，违了期限，以欺君论罪。”说罢，催马而去。

当天晚上，孙思邈辗转反侧，冥思苦想：三天之后我若还不赴京，朝廷必定不肯罢休。看来，要实现自己的志向，只有远走高飞、浪迹天涯了。就这样，孙思邈毅然告别慈母，离开了故乡。

虚名者，有名无实，或果其名而不果其实之谓也。孙思邈深谙闲名之无用，恪守为天下黎民百姓赐药治病的志向实在令人钦佩！

与世俗之人“讨名”“买名”相反，真正的名人却是“逃名”“除名”的，他们视虚名为粪土，并且对此弃之如敝屣。

我们只有静下心来，不奢望过多的繁华与名利，懂得安守，懂得安贫乐道，以淡名寡欲的思想，除去自己的闲名，以一颗自然、平常之心来对待我们的任何处境，快乐、自在才会常驻我们的生活、我们的内心。

不争名于朝，不争利于市

“名利”这个东西，一般人都是持一种向往的态度，如果说一点都不渴望那是不现实的，关键是如何对待名利。如果陷在名利的围城里不能自拔，追求名利过度，利欲熏心，最终只能将自己的心神精力全部耗费殆尽在所谓的“名”与“利”上，将自己原本纯净、安然、幸福、快乐的内心变成一片没有生机、黑暗阴森的坟墓。

慧忠禅师曾经对众弟子说：“青藤攀附树枝，爬上了寒松顶；白云疏淡洁白，出没于天空之中。世间万物本来清闲，只是人们自己在喧闹忙碌。”世间的人在忙些什么呢？其实不外乎是名和利。万物清闲，人又何必为了争名夺利而使自己不得清闲呢？摆脱名利等外物的束缚，才能体会“闲看庭前花开花落，漫随天外云卷云舒”的惬意。

人生本来就不易，如果把生命都耗费在那些虚有的名利上，到头来终是一场空，对于生命而言，名利只不过是过眼云烟。不争名夺利也是名士良臣普遍的心态。

春秋时代，晋献公死后，晋国内乱，诸子争夺王位，公子重耳（晋文公）被赶出了晋国。先锋营首领介子推等大臣跟随重耳，忠心耿耿，在国外流亡长达19年。在最困苦的情况下，重耳流亡到卫国，饥不能行，介子推偷偷地到山沟里，把自己腿上的肉割下一块，同野菜煮成汤送给重耳。重耳感动得泪如雨下，夸介子推有“割股奉君”之功。公元前636年秋，重耳返回晋国继承王位，介子推为了国家的复兴，不计较个人得失，不去争功，不愿居功邀赏。有的大臣鼓动介子推去找晋文公争功要官，介子推回答说：“我宁愿终生当平民，也不愿贪天功为己功。”于是，介子推一直躲在家里侍奉老母亲。

介子推的邻居解张为他鸣不平，写了一首《龙蛇歌》贴在晋都宫门。晋文公醒悟过来，十分悔恨，命令全国上下一起寻找介子推。后来得知介子推隐居绵山，晋文公立即带领众大臣来到绵山，派人登山寻找。绵山雄伟高大、崖陡洞幽、沟壑纵横、深谷野岭，树林又茂密，兵士大臣四处寻找呼喊，也不见介子推的踪影。这时有的大臣献计说：“三面点火，留下一方，逼介子推背着老母亲出山来。”

晋文公知道介子推是孝子，便命士兵将谷内的干草树木点燃，时值清明节期间，春季绵山风很大，火越烧越旺，从小山谷烧到另一大山谷，后蔓延到深山镇宅沟一带。火烧了三天三夜，也不见介子推背着老母亲出来。

晋文公又派人再次登山寻找，有人从山崖的岩洞中找到了半张破草席，晋文公接过草席仔细一看，只见上面写道：“割肉奉君尽忠心，但愿主公赏清明；臣在九泉心无愧，勤政清照复清明。”

在名利面前，介子推既不去争功，也不愿居功邀赏，其境界着实令人钦佩。

古人云：“不为轩冕肆志，不为穷约趋俗，其乐彼与此同，故无忧而已矣。”大意是，不追求官爵的人，不因为高官厚禄而喜不自禁，不因为前途无望、穷困贫乏而随波逐流、趋炎附势，荣辱面前一样达观，他也就无所谓忧愁。所以，古时圣贤一向主张“至誉无誉”。也就是说，最大的荣誉就是没有荣誉。同样，最大的名利就是忘记名利，然而，并不是每个人都能明白并做到这一点儿。

对待名利得失，有的人执着不放，而有的人则泰然处之。执着不放者，为名利得失所困扰，终日不得解脱，陷于名利的囹圄；泰然处之者，心怀天下，则放松自如，心境豁达。

当我们跳出个人名利的泥沼，登高望远，便会发觉自身的渺小，那些功名利禄在这时看来，便没那么重要了，这时的心境也会豁然开朗起来。所谓心怀天下的人，自然不会为名利所困扰。当然，也有人览物而喜、览物而悲，或是对身边平凡的快乐视而不见、漫不经心，以致让它从自己的身边悄悄溜走却毫不知，而自己却对那遥不可及的非凡快乐梦寐以求，其结果只是平添烦恼而无所获。所以，对待名利，最重要的就是超脱。

人生在世要想不被名利所累，不为名利所害，就要勇于超脱，懂得超脱名利，超脱自己的内心，这样才不会争名于朝、争利于市，人生也才得以超脱自在。

知足不辱，知止不殆

《道德经》中提到："功遂身退，天之道也。"功业既成，引身退去，天道使然。花开果生，果结花谢，自然之道。老子对人生的洞察真正体现了一种智者的深邃，他只一眼便窥透了深层的人性内核。人莫不爱财慕富，贪恋权势，但凡能够及时抽身引退者，总能一生圆满。真正做到功成身退，才算是掌握了生命的平衡之道。

功成身退并非指一定要隐居山林，归隐田园。功成身退其实是一种对待功名的态度，即使有了大功劳也不居功自傲，飞扬跋扈为谁雄，只会引来无妄之灾。

数千年来，中国历史一直上演着"飞鸟尽，良弓藏；狡兔死，走狗烹"的悲剧，政治的险恶，入世与出世，一直是仁人志士艰难的抉择，痛苦无奈。青史上许多留名之人终其一生都在寻找"功"与"身"的平衡点。

让我们看看一位历史人物对功成身退的绝佳演绎吧。

金熙宗天眷二年（1139 年），石琚考中进士，任邢台县令。当时官场腐败，贪污成风，邢台守吏更是贪婪恶暴，强夺民财。在此环境之下，石琚却保持着清醒的头脑，他不仅不贪不占，还多次告诫别人不要贪取不义之财。他常对人说："君子求财，取之有道，怎么能利令智昏，干下不仁不义之事呢？人们都知钱财的妙处，却不闻不问不义之财所带来的隐患，这是许多人最后遭祸的根源啊。”

有人对石琚的劝告一笑置之，还嘲笑他说：“世事如此，你一个人能改变得了吗？你的这些高论说来动听，实际上却全无用处，你何苦自守清贫、不识时务呢？要知无财才是大祸，你身在祸中，尚且不知，岂不遭人耻笑？切不可再言此事了。”石琚又气又怒，他当面规劝邢台守吏说：“一个人到了见利不见害的地步，他就要大祸临头了。你敛财无度，不计利害，你自以为计，在我看来却是愚蠢至极。回头是岸，我实不忍见到你东窗事发的那一天。”邢台守吏拒不认错，私下竟反咬一口，向朝廷上书诬陷石琚贪赃枉法。结果，邢台守吏终因贪污受到严惩，其他违法官吏也一一治罪，石琚因清廉无私，虽多受诬陷却平安无事。

石琚官职屡屡升迁，有人便私下向他讨教升官的秘诀，石琚总是一笑说：“我不想升迁，凡事凭良心无私，这个人人都能做到，只是他们不屑做罢了。”来讨教的人不信此说，认为石琚是在敷衍自己，心怀怨气，石琚见此又是一笑道：“人们过分相信智慧之说，却轻视不用智慧的功效，这就是所谓的偏见吧。”

金世宗时，世宗任命石琚为参知政事，万不想石琚却百般推辞。金世宗十分惊异，私下对他说：“如此高位，人人朝思暮想，你却不思谢恩，这是何故？”石琚以才德不堪作答，金世宗仍不改初衷。石琚的亲朋好友力劝石琚，道：“这是天下的喜事，只有傻瓜才会避之再三。你一生聪明过人，怎会这样愚钝呢？万一惹恼了皇上，我们家族都要受到牵连，天下人更会笑你不识好歹。”

石琚面对责难，一言不发。他见众亲友喋喋不休，最后长叹说：“俗话说，身不由己，看来我是不能坚持己见了。”

石琚无奈之下接受了朝廷的任命，私下却对妻子忧虑地说：“树大招风，位高多难，我是担心无妄之灾啊。”

他的妻子不以为然，说道：“你不贪不占、正义无私，皇上又宠信于你，你还怕什么呢？”

石琚苦笑道：“身处高位，便是众矢之的，无端被害者比比皆是，岂是有罪与无罪那么简单？再说皇上的宠信也是多变的，看不透这一点，就是不智啊。”

石琚在任太子少师之时，曾奏请皇上让太子熟悉政事，嫉恨他的人便就此事攻击他别有用心，说他想借此赢取太子的恩宠。金世宗听后十分生气，经细心观察，才认定石琚不是这样的人。金世宗把别人诬陷他的话对石琚说了，石琚所受的震撼十分强烈，他趁此坚辞太子少师之位，再不敢轻易进言。

大定十八年（1178年），石琚升任右丞相，位极人臣，前来贺喜的人络绎不绝。石琚表面上虚与委蛇，私下却决心辞官归居。他开导不解的家人故旧说："我一生勤勉，所幸得此高位，这都是皇上的恩典，心愿已足。人生在世，祸在当止不止，贪心恋栈。"他一次又一次地上书辞官，金世宗见挽留不住，只好答应了他的请求。世人对此事议论纷纷，金世宗却感叹说："石琚大智若愚，这样的大才天下再无二人了，凡夫俗子怎知他的心意呢？"

石琚可谓深谙进退之道，能进能退，把握得极其有度，所以才能在官场混迹多年而屹然不倒。

提及石琚，不由让人联想到李斯，当初他贵为秦相时，"持而盈，揣而锐"，最后却以悲剧收场。临刑之时，李斯对其子说："吾欲与若复牵黄犬，出上蔡东门，逐狡兔，岂可得乎？"他临死才醒悟，渴望返璞归真，在平淡生活中找寻幸福，但悔之晚矣。

进一步，容易；退一步，难。大多数人能成功，却不能全身而退；少数人看透功名实质，重视过程，淡看结果，终能功成身退。

懂得淡泊，让内心宁静

浮生一梦，人不过是宇宙中的一个过客，当他离去的时候，身后的名声也随即迅速落入忘川。

马可·奥勒留在《沉思录》中这样说："每个人生存的时间都是短暂的，他在地上居住的那个角落是狭小的，最长久的名声死后也是短暂的，甚至这名声也只是被可怜的一代代后人所持续，这些人也将很快死去，他们甚至不知道自己，更不必说早已死去的人了。"

在现实生活中的芸芸众生，整日为了功名利禄钩心斗角，为了蝇头小利不惜出卖自己的灵魂，为了纸醉金迷的无尽欲望迷失了自己的本性。他们忘记了生命的意义，忘记了这种殚精竭虑的劳碌奔波的本质目的。人活一世，草活一秋，无论是贫穷还是富有，为什么不能让自己活得洒脱一些呢？正如唐伯虎《桃花庵歌》中所写的：

桃花坞里桃花庵，桃花庵下桃花仙；
桃花仙人种桃树，又摘桃花换酒钱。
酒醒只在花前坐，酒醉还来花下眠；
半醒半醉日复日，花落花开年复年。
但愿老死花酒间，不愿鞠躬车马前；
车尘马足富者趣，酒盏花枝贫者缘。
若将富贵比贫者，一在平地一在天；
若将贫贱比车马，你得驱驰我得闲。
他人笑我太疯癫，我笑他人看不穿；
不见五陵豪杰墓，无花无酒锄作田。

唯有淡泊才能走远，唯有淡泊才能自由，唯有淡泊才能明志，也唯有淡泊，才能让内心得以宁静。

古时的隐士荣启期，穷得九十岁还没有一条腰带，用野麻搓一条绳子系腰，但他从容潇洒地弹琴。孔子的学生原宪的衣服补丁摞补丁，脚上的鞋也是前后都是窟窿，可他仍然悠闲地唱歌。古希腊哲学家拉尔修，笑容一直挂在脸上，他完全没有什么享受的欲望，当他看见一个小孩在河边用双手捧水喝，喝得甜滋滋的样子时，他干脆把自己仅有的一个饭碗也扔掉了。

不去掉欲望就不会知足，一个过于贪婪的人永不会满足，他将时时处在渴求和痛苦之中。一个人需要以清醒的心智和从容的步履走过岁月，他的精神中必定不能缺少淡泊。虽然我们渴望成功，渴望能在有生之年画出优美的人生轨迹，但我们真正需要的是一种平平淡淡的快乐生活，一份实实在在的成功。这种成功，不必努力苛求轰轰烈烈，不一定要有那种揭天地之奥秘、救万民于水火的豪情，只是一份平平淡淡的追求，这就足矣。

生活，并不是只有功和利。尽管人必须去奔波赚钱才可以生存，尽管生活中有许多无奈和烦恼。然而，只要我们拥有淡泊之心，量力而行，坦然自若地去追求属于自己的真实，能做到宠亦泰然，辱亦淡然，有也自然，无也自在，如淡月清风一样来去不觉，生活也就变得轻松很多。

有了平淡的处世心态，你就会在简简单单的生活中快乐地生活。

也许，你没有辉煌的业绩可以炫耀，没有大把的钞票可以挥霍，但你拥有淡泊，这便是人生求之不得的幸福了。诸葛亮说："非淡泊无以明志，非宁静无以致远。"淡泊是一种真我，是英雄本色。追求淡泊者，生活的道路上永远开满鲜花，永远芳香四溢；追求名利者，生活的道路上会遍布陷阱，只能在生命终结的一刹那才体会到稍纵即逝的一丝快乐。

懂得淡泊是一种境界，也是一种姿态。若能保持这种姿态，就能在名利的追逐中保持一种神宁气静的心态，在人生的大道上迈出自信与豪迈的步伐，让心灵回归到本真状态，从而获得心灵的宁静、丰富、自由、纯净，体味人生的幸福和快乐。

忍对虚名，不受诱惑

《论语·公冶长》里有这样一段对话：

子张问曰："令尹子文三仕为令尹，无喜色。三已之，无愠色。旧令尹之政，必以告新令尹。何如？"

子曰："忠矣。"

令尹子文是春秋战国时代楚国的宰相，姓斗，名彀于菟。以上是孔子和弟子子张的对话。子张说："老师，楚国人子文三次做宰相，又三次被罢免，但是他三起三落时没有任何的喜色，也没有任何的怒色。这样的人怎么样？"孔子说："他算得上忠了。"像令尹子文这样的人的修养可以说非常之高，宠辱不惊且淡泊明志，这不是一般人能做到的。

我们平常看到的情况多半是"人逢喜事精神爽"，遇到高兴的事谁能不喜形于色呢？但是这个楚国宰相却没有。后来他又几次下台了，一般人肯定是心灰意冷或者心有不甘，但是他依然故我，丝毫不见怒色、忧色。这就是人的修养。富贵名利当然人人都想要，但是得之受惊，或者失之若惊就谈不上什么高境界了。

在今天这个充斥着得失竞争的世界里，儒家的名利观对我们来说很有借鉴意义。许多人因为参不透名利，结果在复杂的人事变动中患得患失、宠辱皆惊。结果自己不开心，对于现实状况也于事无补，反而让自己陷入名利沼泽，被虚名累坏己身，真是得不偿失。

古往今来，这样的例子不在少数。而因为好名，所以也就有了沽名钓誉的人。

有一个书生因为像晋人车胤那样借萤火夜读，在乡里出了名，乡里的人都十分敬仰他的所作所为。一天早晨，有一人去拜访他，想向他求教。可是这位书生的家人告诉拜访者，说书生不在家，已经出门了。来拜访的人十分不解地问："哪里有夜里借萤火读书，学一个通宵，而清晨大好的时光不读书却去干别的杂事的道理？"家人如实地回答说："没有其他的原因，主要是因为要捕萤，所以一大早出去了，到黄昏的时候就会回来的。"

这个故事读来令人啼笑皆非，车胤夜读是真用功、真求知，而这个虚伪的书生竟在大好的天光下出门捕萤，黄昏再回来装模作样地表演一番，完全是本末倒置，"名"是有了，但时间一长难免会露出马脚。靠一时的投机哗众取宠，这样的"名"往往很短暂，如过眼云烟，很快会被世人遗忘。

追求名誉难免为虚名所累，误了一生。其实看开了，虚名不过是个累人的噱头而已，可惜的是有太多人被它牵制、累坏。

虚名能为人带来一时心理的满足感，所以争虚名的事常有发生。虚名本身毫无价值、毫无意义，任何一个真正的有识之士，都不会看重虚名。争夺虚名是人世间各种矛盾、冲突的重要起因，也是人生中诸多烦恼、愁苦的根源所在。历史上有多少悲剧是出于争名夺誉，人们只看到了虚名表面的好处，却不知道在虚名的背后埋藏了多少辛酸和苦难，为了承受毫无价值的虚名，人们常常暗中钩心斗角，明里打得头破血流，朋友反目为仇，兄弟自相残杀，虚名之累，有什么好处？

应对虚名，我们要力求不受它的诱惑，不使自己背上虚名这个沉重的思想包袱。"人怕出名，猪怕壮"就是这个道理。一有名气，争得了这份荣誉，必然要受到一些非难和妒忌，于是就要做好承受外界压力的心理准备。有时由于虚名的获得，使人缺乏冷静的心态，忘乎所以而骄傲起来，自以为了不起，其实一切都是虚的，若不作进一步的努力，到最后什么也得不到。所以说虚名害人，不可追逐。

高功厚名，华丽转身

“君子疾没世而名不称焉。”这是司马迁在《史记》中引用过的一句孔子的话。孔子认为一个君子最大的毛病就是担忧自己死了以后默默无闻，没有人能再记得他。这是一个大问题，几乎每个人的心里面都有这样的想法。没有人喜欢一生都很平凡，没有人不想要别人记住自己，但是要想留名青史也真是一件不容易的事情。

中华民族有5000多年的灿烂历史，5000多年的光辉历程中有多少个生命来过这个世界上呢？不计其数。但是在这条岁月的星河上，我们能看到的闪亮星星并没有多少。中国历史上的皇帝就有几百个，王公大臣更是多如牛毛，可惜的是能在历史上留下自己痕迹的人是少之又少。“求名当求万世名”，这个说法不假。但时间像大浪淘沙一样能把所有的人与事带走，能留名的真是寥若晨星。

煤，从不披上华丽的外衣，称它黑子，它毫不介意；赞它乌金，也不沾沾自喜。为了把光和热贡献给人类，心甘情愿地化为灰烬、尘泥。正如郑板桥词云：“名利竟如何 / 岁月蹉跎 / 几多风雨几晴和 / 愁风愁雨愁不尽 / 总是南柯。”

然而，我们都好名，人类的虚荣心让我们以为自己的人生经历就是与众不同的，其实人与人之间还真的差不了多少。就算你在世的时候是万众瞩目的明星或其他大人物，可是死后却未必有人还买你的账。

其实，在高功厚名之后，华丽地转身则意味着更高、更有意义的人生新起点。

1975年，比尔·盖茨与他的伙伴创立了微软公司。30多年里，盖茨驾驭着这个软件公司，用技术一步步地扩充着他们帝国版图，改变和影响着全球。如今，执掌微软31年的盖茨终于作出“归隐山林”的决定——他将逐步退出公司的日常管理，转而全身心投入慈善事业。这对微软词来说意味着一个时代即将结束，但对世界来说却意味着多了一个身价500亿美元的全职慈善家。

2006年6月15日，比尔·盖茨宣布，他将逐步移交其日常工作，以便将更多时间投入“比尔与梅琳达·盖茨基金会”所从事的慈善事业。为确保平稳有序地过渡，盖茨表示此次的过渡期为两年，2008年7月之后，盖茨将放弃全部日常管理工作，只保留董事长一职。

盖茨当天发表声明说，淡出微软日常事务对他来说是一个艰难的决定，但他对慈善事业有着同样的热情，并且认为这也是一份十分重要和具有挑战性的事业。

比尔·盖茨说过，他的全部财富将用于捐赠，而不是留给自己的3个孩子。“我只是这笔财富的看管人，我需要找到最好的方式来使用它。”

像比尔·盖茨一样，一个明智的人要清楚自己该处的位置，做自己该做的事情。为人的最高境界莫过于功成名就时“为而弗恃，功成而弗居”。及时转身，去做自己想做的事，自己的人生才会更加完整，生命才会更加丰富多彩。

恬然自得，去留无意

大哲人老子曾说过：“祸莫大于不知足，咎莫大于欲得。”对名利的过度欲望会令人陷入无法自拔的境地中，甚至丧失自己的生命。

古今中外，为了生命的自由、潇洒，不少智者都把名利视为尘土，完全不在意、不理会。

惠子在魏国做了宰相，庄子想去见见这位好友。有人急忙报告惠子：“庄子来，是想取代您的相位哩。”惠子很恐慌，想阻止庄子，派人在国中搜了三日三夜。不料庄子从容而来拜见他道：“南方有只鸟，其名为凤凰，您可听说过？这凤凰展翅而起。从南海飞向北海，非梧桐不栖，非练实不食，非醴泉不饮。这时，有只猫头鹰正津津有味地吃着一只腐烂的老鼠，恰好凤凰从头顶飞过。猫头鹰急忙护住腐鼠，仰头视之道：‘吓！’现在您也想用您的魏国相位来吓我吗？”惠子十分羞愧。

一天，庄子正在濮水垂钓。楚王委派二位大夫前来聘请他：“吾王久闻先生贤名，欲以国事相累。”

庄子持竿不顾，淡然说道：“我听说楚国有只神龟，被杀死时已三千岁了。楚王珍藏之以竹箱，覆之以锦缎，供奉在庙堂之上。请问二位大夫，此龟是宁愿死后留骨而贵，还是宁愿生时在泥水中潜行曳尾呢？”

二位大夫道：“自然是愿活着在泥水中摇尾而行啦。”

庄子说：“二位大夫请回去吧！我也愿在泥水中曳尾而行哩。”

庄子不慕名利，不恋权势，为自由而活，可谓洞悉幸福真谛的达人。

乾隆皇帝下江南时，来到江苏镇江的金山寺，看到山脚下大江东去，百舸争流，不禁兴致大发，随口问一个老和尚：“你在这里住了几十年，可知道每天来来往往多少船？”老和尚回答说：“我只看到两只船，一只为名，一只为利。”真可谓一语道破天机。

淡泊名利是一种境界，追逐名利是一种贪欲。放眼古今中外，真正淡泊名利的人很少，追逐名利的人很多。今天的社会是五彩斑斓的大千世界，充溢着各种各样炫人耳目的名利诱惑，想要做到淡泊名利确实是一件不容易的事情。

旷世巨作《飘》的作者玛格丽特·米切尔说过：“直到你失去了名誉以后，你才会知道这玩意儿是多大的累赘，才会知道真正的自由是什么。”盛名之下，是一颗活得很累的心，因为它只是在为别人而活着。我们常羡慕那些名人的风光，可我们是否了解他们的苦衷？其实大家都一样，希望能活出自我，能活出自我的人生才更有意义。

世间有许多诱惑：桂冠、金钱，但那都是身外之物，只有生命最美，快乐最贵。我们要想活得潇洒自在，要想过得幸福快乐，就必须学会淡泊名利，割断权与利的联系，无官不去争，有官不去斗，位高不自傲，位低不自卑，欣然享受清心自在的美好时光，这样才会感受到生活的快乐和惬意。否则，太看重权力地位，让一生的快乐都毁在争权夺利中，那就太不值得，也太愚蠢了。

当然，放弃名利并不是寻常人能做到的，它是经历磨难、挫折后的一种心灵上的感悟、一种精神上的升华。只有做到了宠辱不惊、去留无意，淡看名利如浮云，方能心态平和、恬然自得、达观进取、笑看人生。

钱，“拥有”更要“用有”

金钱和财富虽然美好，令人们对其趋之若鹜，不遗余力地追求。不过，金钱不是万能的，财富也未必总能令人快乐，只有超越其存在，才能享受人生。真正的金钱观，是要对金钱等物质上的东西喜于接受，也喜于付出。只有用出去的钱财，才是我们自己的。

古希腊称霸天下的亚历山大大帝死的时候，在棺材两侧各挖一个洞，将手伸出来，表明他也是两手空空走向死亡的。

人在活着的时候对名利和财富异常牵挂，到死都不肯放手，但死后，名利钱财都不属于自己，那么活着的时候吝啬物质上的付出又有什么意义呢？这并不是说人在活着的时候要尽情享受物质，非要把千金散尽，而是告诫人们对待财物的态度要自然一些，不要太吝啬。

生活中，有的人过于贪财，有的人过分施舍，这都不是禅道里所讲的财富观。应该知道，喜舍结缘是发财顺利的原因，因为不播种就不会有收成。布施的人应该在不自苦、不自恼的情形下去做，同时也别忘了是在自己力所能及的情况下帮助别人，否则，就不是纯粹的施舍。

真正的施舍能让他人得到必要的帮助，自己也会因此获得快乐。

一个男子坐在一堆金子上，他向每一个过路的行人伸出手乞讨。仙人吕洞宾看到后走了过来，这位男子向他伸出双手。

“你已经拥有了那么多的金子，你还要乞求什么？”吕洞宾问。

“唉！虽然我拥有如此多的金子，但是我仍然不幸福，我乞求更多的金子，我还乞求爱情、荣誉和成功。”男子说。

吕洞宾从口袋里掏出他需要的爱情、荣誉和成功，送给了他。

一个月之后，吕洞宾又从这里经过，那男子仍然坐在一堆黄金上，向路人伸着双手。

“你所求的都已经有了，难道你还不幸福吗？”

“唉！虽然我得到了那么多东西，但是我还是不幸福，我还需要快乐和刺激。”男子说。吕洞宾又把快乐和刺激给了他。

一个月后，吕洞宾从这里路过，见那男子仍然坐在那堆金子上，向路人伸着双手——尽管有爱情、荣誉、成功、快乐和刺激陪伴着他。

“你已经拥有了你所希望拥有的，难道你还要乞求什么吗？”

“唉！尽管我拥有了比别人多得多的东西，但是我仍然不能感到幸福。老人家，请你把幸福赐给我吧！”男子说。

吕洞宾笑道：“你需要幸福吗？那么，请你从现在开始学着付出吧，你可以把金子分给需要的人。”

一个月后，吕洞宾又从此地经过，只见这男子站在路边，他身边的金子已经所剩不多了，他正把它们施舍给路人。

他把金子给了衣食无着的穷人，把爱情给了需要爱的人，把荣誉和成功给了惨败者，把快乐给了忧愁的人，把刺激给了麻木不仁的人。现在，他一无所有了。

看着人们接过他施舍的东西满含感激而去，男子笑了。

"现在，你感到幸福了吗？" 吕洞宾问。

"幸福了！幸福了！" 男子笑着说。

男子虽然一无所有了，却反而变得快乐了，这就是施舍的魅力所在。

对于普通的人来讲，虽然没有大笔的财富，但也没必要为了金钱而变得锱铢必较。钱财是为了让自己的日子越过越好，而不是让自己变得越来越提心吊胆，或者终日汲汲而求。在这个世界上，只有被自己用出去的钱财才是自己的，那些被我们牢牢攥在掌心的财富，到最后不可能永远为我们所拥有。

金钱，要能接受，也要能喜舍，用去的钱财才是自己的；不用，再多的钱财，到最后还不一定是谁的。

给财富一条生路

懂得用钱的人，金钱是功德；不会用钱的人，金钱是罪恶。现实生活中，并不是每一个人都明白这个道理，总有那么一些人为了追逐更多的金钱，而沦为金钱的奴隶。

守财奴，意为看守财产的奴隶。人本应是财产的主人，是财富的支配者，可是有些人却成了守财奴，巴尔扎克笔下的葛朗台就是一个最典型的例子。他既是守财奴，又是一个不折不扣的吝啬鬼。

贪婪和吝啬是一样的，吝啬鬼们聚敛财富时都是贪婪的，在使用财富时都是吝啬的。像其他吝啬鬼一样，葛朗台既贪婪成癖，又吝啬成鬼，称得上是"执着狂"，尤其是一个"狂"字，高度概括了葛朗台的个性特征。现代人在欣赏这个人物形象时，只有抓住"狂"字，才能深刻领会其典型性。

已经76岁的葛朗台老头儿在看到女儿欧也妮把玩自己的定情之物金梳妆匣时，竟"身子一纵，扑上梳妆匣，好似一头老虎扑上一个睡着的婴儿"。一个"纵"和一个"扑"字将老葛朗台贪婪到发狂的形象活化到纸上。当女儿声明匣子是情人寄存的，是神圣不可侵犯的，扑过去想抢回时，老头儿竟然"使劲一推，欧也妮便倒在母亲床上"。梳妆匣上镶嵌的金子异化了父女之情，使葛朗台这个吝啬鬼发狂。但是抢夺女儿的定情物梳妆匣把太太气得晕死过去的现实又使葛朗台从癫狂的旋涡中跳出，变得异常清醒，"孩子，咱们别为一个匣子生气啦，拿去吧"，老箍桶匠马上把匣子扔到床上，并且到自己的密室拿一把金路易来也摔在床上，声称是送给欧也妮的。

葛朗台此刻的“大方”，使太太和女儿出乎意料，不禁面面相觑，感到莫名其妙。其中的隐秘只有吝啬鬼自己清楚。为一只梳妆匣气死了太太，女儿按法律就将继承家庭财产的一半，那等于要了葛朗台的命，狡诈的葛朗台知道因小失大是划不来的，便百般讨好自己的女儿，甚至常在她面前哆嗦，装模作样，以亲情为诱饵，诱骗女儿放弃对亡母财产的继承权，并且经常利用女儿对情人的感情占便宜。这些都表现了吝啬鬼个性的另一个侧面——狡诈。

葛朗台毕竟是个拜金狂，当他在弥留之际，竟然几个小时用眼睛盯着金子，脸上的表情仿佛进了极乐世界。当神甫把镀金的十字架送到他唇边，让他亲吻基督的圣像，为他做临终法事的时候，他竟做了一个骇人的姿势，想把金十字架抓到手里，而这最后的努力也终于要了他的命。他临终对女儿的遗言是：“把一切照顾得好好的，到那边来向我交账。”

一生疯狂地追求金钱，占有金钱，最后被金钱所累，这个葛朗台仍然竭力呼唤着金钱走向坟墓，金钱已经使他异化成鬼，一个疯狂狡诈的吝啬鬼。

如何用钱是一种很高深的智慧。用钱最好能使大众都能获得取之不尽、用之不竭的宝藏，这样才能使自己永远享有用钱的快乐。所以，拥有钱是福报，会用钱才是智慧。

身为亿万富翁的钢铁工业巨头安德鲁·卡内基认为，发财致富的目的在于散财，当年在他一贫如洗的时候，一位富翁朋友曾对他以友相待，让他自由借阅自己的私人藏书。卡内基发迹后，便开始大笔大笔地捐款，兴建世界上最大的免费借阅图书馆系统，让更多的人从中得到帮助。

在现代社会，许多有钱人都乐善好施，对需要帮助的人慷慨解囊。因为他们懂得钱财并不总是能给他们快乐，如果光攥在手里不用的话，只会让自己更加苦闷，而散财、做慈善事业，反而让他们找回了幸福感。这正是一种正确的金钱观和布施方式。

一个人，从基本的生存、吃饭睡觉，到精神追求，以至崇高伟大的理想，每一样都需要财富来支撑。正因为这样，有的人总是不自然地想到聚敛财富，为的是老有所依。但一旦人们陷入财富的围城，成了守财奴而不可自拔的话，最终可能就一无所有。

因此，给财富一条生路，也是给自己一条生路，给自己一份快乐、一份幸福。

退一步，远离名利纷扰

荣华总是三更梦，富贵还同九月霜，荣华富贵如同海市蜃楼，可遇不可求，所以，世人常有名利如梦的说法。尘世的诱惑如绳索一般牵绊着众人，一切烦恼、忧愁、痛苦皆由此来。要想摆脱痛苦，获得安宁，首先要看透名利的本质，舍弃奢求名利的心，退一步，远离名利纷扰。

只有与功名利禄保持适当的距离，才能潇洒地做个真正的快活人。从古至今，多少人在混乱的名利场中丧失原则、迷失自我，百般挣扎反而落得身败名裂。司马迁说得好："君子疾没世而名不称焉，名利本为浮世重，古今能有几人抛？"世间众生，能够在名利面前淡然处之、泰然自若的并没有几人。

对多数人来说，名利心产生容易，摆脱难。有一则寓言说，两只蛙同住在水塘里。夏天池里的水被骄阳晒干，鸟择林而栖，蛙择水而居。一只蛙看见一口井，高兴道："哈！水井！我们跳进去吧，这里可供我们居住呢！"另一只蛙道："哼！现在住进去当然很好，问题是将来怎么出来？"

世上被名利所困的人正如那只想跳入井里的蛙一样，可身心困在名利场，跳入容易抽身难。如果想尽快解脱，有时候抹平名利心不失为一种不错的选择。

抹平名利心便是放下对拥有的执着，退一步海阔天空。佛曰：放下！放下才能快乐和自在，但这又谈何容易。世上的人有了功名，就对功名放不下；有了金钱，就对金钱放不下；有了爱情，就对爱情放不下；有了事业，就对事业放不下。名缰利锁缠绕着人的身心，使人陷入世俗红尘的泥淖中不能自拔。

只有解除所有束缚，扫除一切名利的浮云，才能自由安心地徜徉于晴朗天空。醉心于功利，便会被名缰利锁缚住；斤斤计较褒贬毁誉，必会患得患失。野心勃勃、贪得无厌、争权夺利、钩心斗角，每一种争斗都伴随着烦恼焦虑、忧愁惊恐、嫉妒猜疑。

生活中，保持一颗清闲自在的心，能让我们在名利退去时不会感到空虚，使我们内心坦荡，看得到生命的本源，寻得到踏实的快乐。

人之所以陷入名利旋涡不可自拔，往往是因为太相信名利的永恒，于是控制不住膨胀的欲望，被权力和金钱迷了心窍，执着于永久拥有。其实世间任何拥有都只是过程，就连人的生命也不过是一个过程。因此，我们就更应该对名利有理性的认识。

有时候扰乱心神的，往往不是现实中的东西，而是藏于心中的罗刹，也就是心魔。名利、欲望、奢求就如同罗刹一般引诱着人们。为了钱，为了权，为了欲，为了名，我们日夜奔波。要驱除心魔，我们不妨参照以下几点：

（1）以平常心生活。

（2）以欢喜心处事。

（3）以舍心对治贪欲。

（4）以正心对治邪见。

其实，权势等同枷锁，富贵有如浮云。生前枉费心千万，死后空持手一双。莫不如退一步，远离名利，给自己的心灵一片可自由驰骋的广袤天空，于旷达开阔的境界中欣赏美丽的世间风景。

第九章

放弃过去，拥抱新生：关上昨天那扇门

丢掉多余的东西

铁匠打了两把宝剑。

刚刚出炉时它们一模一样，又笨又钝。

铁匠想把它们磨快一些。

其中一把宝剑想，这些钢铁都来之不易，还是不磨为妙。

它把这一想法告诉了铁匠。

铁匠答应了它。

铁匠去磨另一把剑，这把没有拒绝。

经过长时间的磨砺，一把寒光闪闪的宝剑磨成了。

铁匠把那两把剑挂在店铺里。

不一会儿就有顾客上门，他一眼就看上了磨好的那一把，因为它锋利、轻巧、合用。

而钝的那一把，虽然钢铁多一些、重量大一些，但是无法把它当宝剑用，它充其量只是一块剑形的铁而已。

同样出自一个铁匠之手，同样的工夫打造，两把宝剑的命运却有着天壤之别！锋利的那把又薄又轻，而另一把则又厚又重；前者是削铁如泥的利器，后者则只是一个中看不中用的摆设而已。

人生的道理，也与此类似。人生的目的不是面面俱到，不是多多益善，而是把已经掌握的东西得心应手地去运用，就跟宝剑一样，剑刃越薄越好，重量越轻越好。

多余的东西，无论是多余的财富还是多余的知识，都像剑刃上多余的钢铁，应该毫不吝惜地磨掉！

有只狐狸被猎人用套夹夹住了一条腿，它毫不迟疑地咬断了那条小腿，然后逃命。放弃一条腿而保全一条性命，这是狐狸的哲学。人生亦应如此，在生活强迫我们必须付出惨痛的代价之前，主动放弃局部利益而保全整体利益是最明智的选择。智者曰："两弊相衡取其轻，两利相权取其重。"趋利避害，这也正是放弃的实质。

生活中，常有不好的境遇不期而至，搞得我们猝不及防，这时我们更要学会放弃。放弃焦躁性急的心理，安然地等待生活的转机，让自己对生活、对人生有一种超然的态度，即使我们达不到这种境界，我们也要学会在放弃中活得洒脱一些。

在人生的旅途中，需要我们丢掉的东西很多，古人云："鱼和熊掌不可兼得。"如果不是我们应该拥有的，就要学会放弃。只有学会放弃，才会活得更加充实、坦然和轻松。

因为热爱才放弃

曾经有个年轻的建筑师，一直苦于自己无法突破前辈们出色的建筑设计，他只能跟在大师后面亦步亦趋，这使他感到十分沮丧。于是，他暂时告别了自己热爱的工作，带上所有的积蓄准备游览全世界的著名建筑。

当他跋山涉水走过了一个又一个城市，游览了一个又一个国家的雄伟建筑，最后来到一个无与伦比的辉煌建筑——闻名世界的泰姬陵时，他被这世上绝无仅有的建筑迷住了。

他的灵感顿时泉涌般喷泻而出，他完成了一个又一个出色的建筑设计。他成了知名度颇高的建筑设计师。

因为热爱才放弃，当思路被阻塞时，暂时放弃，换一种方式也许能突破自己。

美国年仅 21 岁的奥运会游泳冠军萨·桑德斯，在一次游泳大奖赛的颁奖仪式上正式宣布退役。参加仪式的来宾无不感到惊讶：她还那么年轻！

她不是因为超龄，不是因为受伤，不是因为要结婚，不是为了任何客观原因，她对一家报纸的记者说："我已经不再热爱这项运动。"

惊人的坦诚！对于曾抛洒了那么多青春血汗的游泳运动，她一定深深热爱过，她也一定曾为之竭尽全力过。但那一切并非不可以这样结束，并非总要苦苦支撑拖沓到力不从心，并非因曾经付出就必须与之纠缠不清，并非因曾经热爱就非要在告别时有一个暧昧的过程。

因为热爱，我们竭尽全力；因为热爱，我们洒脱放弃。某种程度上，洒脱放弃也是一种热爱。

舍掉一些无谓的忙碌

大家都有这样的经验：从早到晚忙忙碌碌的，没有一点空闲，但当你仔细回想一下，又觉得自己这一天并没有做什么事。这是因为我们花了很多时间在一些无谓的小事上，泛滥的忙碌只会让我们失去自由。

某杂志曾经报道过一则封面故事——“昏睡的美国人”，大概的意思是说：很多美国人都很难体会“完全清醒”是一种什么样的感觉。因为他们不是忙得没有空闲，就是有太多做不完的事。

美国人终年“昏睡不已”，听起来有点不可思议。不过，这并不是好玩的笑话，这是极为严肃的话题。

仔细想一想，你一年之中是不是也像美国人一样，没多少时间是“清醒”的？每天又忙又赶，熬夜、加班、开会，还有那些没完没了的家务，几乎占据了你所有的时间。有多少次，你可以从容地和家人一起吃顿晚饭？有多少个夜晚，你可以不担心明天的业务报告，安安稳稳地睡个好觉？

应接不暇的杂务明显成为日益艰巨的挑战。许多人整日行色匆匆，疲惫不堪。放眼四周，“我好忙”似乎成为一般人共同的口头禅，忙是正常，不忙是不正常。试问，还有能在行程表上挤出空档的人吗？

奇怪的是，尽管大多数人都已经忙昏了，每天为了“该选择做什么”而无所适从，但绝大多数的人还是认为“不够”。这是最常见的说法，“我如果有更多的时间就好了”“我如果能赚更多的钱就好了”，好像很少听到有人说：“我已经够了，我想要的更少！”

事实上，太多选择的结果，往往是变成无可选择。即使是芝麻绿豆大的事，都在拼命消耗着人们的精力。根据一份调查显示，有50%的美国人承认，每天为了选择医生、旅游地点、该穿什么衣服而伤透脑筋。

如果你的生活也不自觉地陷入这种境地，你要来个“清理门户”的行动，那么以下有三种选择：第一，面面俱到。对每一件事都采取行动，直到把自己累死为止。第二，重新整理。改变事情的先后顺序，重要的先做，不重要的以后再说。第三，丢弃。你会发现，丢掉的某些东西，其实是你一辈子都不会再需要的。

当你发现自己被四面八方的各种琐事捆绑得动弹不得的时候，难道你不想知道是谁造成的今天这个局面？是谁让你昏睡不已？答案很明显——是你，不是别人。

昏睡中忙碌着的你我，必须学会割舍，才能清醒地活着，也才能享受更大的自由。

舍小利，成大德

唐代宰相张公艺的家族一向以九代同居、和睦相处著称于世，为世人所艳羡。一天，唐高宗亲自去到他家，向他询问维持这么一个大家庭的和睦的诀窍，张公艺没说话，只是让家仆取来一纸一笔，一口气写下了一百多个“忍”字。高宗看后不禁连连点头，赏赐了他许多绸缎与玉帛。

俗语讲得好：“小不忍则乱大谋。”有时舍小利亦可成大德。

清朝乾隆年间，郑板桥在外地做官。忽然有一天，收到在老家务农的弟弟郑墨的一封来信。弟兄俩经常通信，然而这一次却非同寻常。原来弟弟想让哥哥出面，到当地县令那里说说情。这一下子弄得郑板桥很不自在。这郑墨粗识文墨，原也不是个好惹是生非之人，只是这次明显受人欺侮，心里的怨恨实在咽不下去。原来，郑家与邻居的房屋共用一墙。郑家想翻修老屋，邻居出来干预，说那堵墙是他们祖上传下来的，不是郑家的，郑家无权拆掉。其实，契约上写得明明白白，那堵墙是郑家的，邻居借光盖了房子。这官司打到县里，审无结果，双方都难免求人说情。郑墨自然想到了做官的哥哥，想来有契约在，再加上哥哥出面说情，官官相护嘛，这官司就必赢无疑了。郑板桥考虑再三，给弟弟写了一封旨在息事宁人的信，同时寄去了一个条幅，上写“吃亏是福”4个大字。同时又给弟弟另附了一首打油诗。

千里告状只为墙，
让他一墙又何妨；
万里长城今犹在，
不见当年秦始皇。

郑墨接到信，当即撤了诉状，向邻居表示不再相争。那邻居也被郑氏兄弟的一片至诚所感动，也表示不继续闹下去。于是两家重归于好，仍然共用一墙。这在当地一时传为佳话。

大凡平民百姓，最难吃亏的是财，最难忍受的是气，往往被气所激，被财所迷，导致局面不可收拾。一打官司，难免为了争个输赢而打点官府衙门，大多是丢了西瓜，捡个芝麻，为人耻笑，自己倾家荡产。这样的关口，两相争必相伤，两相和必各保，实在不值得争赢斗狠，埋下深仇大恨的种子。

低一低头

有一道题：敌机在空中盘旋，紧紧咬住装载紧急救援物资的卡车。就在这危急时刻，前面出现一个山洞，且洞口低于车高几厘米，问卡车如何巧妙钻进山洞。

这道题的答案就是——把车轮胎放掉一部分气。在生活中时常会品味这道叫人常品常新的“难题”。开始时不是一筹莫展，搞得焦头烂额，就是硬往前撞，哪管它三七二十一。勇气固然可嘉，但效果往往会适得其反，事情被弄得越发糟糕。毫无价值的牺牲，最终受害的是自己。随着“吃一堑”的增多，我们的“智”也在增长，在每逢遇到类似的难题时，我们要学会如文中开头的司机，给车胎放一点气——低一低头。

越王勾践低下头，卧薪尝胆，最终收回旧山河。三国时刘备再三低头，从三顾茅庐到孙刘联合，每一次低头，都会踱到“柳暗花明又一村”，终于成就“三足鼎立”的辉煌。

某人在广告公司谋事，由于年轻易冲动，得罪了经理。于是，在以后的日子里，每次开会他都自然而然成为会议的第一个主题——挨批。被批得面目全非的他，真想一走了之。但是他转念一想，如果真的走了，一些罪名不光洗不清，而且会被蒙上厚厚的污垢；再者，这是一家很有名气的广告公司，自己完全可以从中源源不断地得以“充电”。于是他坚持留了下来，整理好乱七八糟的心情，低头实干，以兢兢业业的工作来为自己疗伤，以实实在在的业绩回击谎言。一笔又一笔的业务，增添了他的信心，也让他积攒下了许多经验与财富。最重要的是，从中总结出的“给车胎放气”的处世哲学，使他终生受益。

漫漫人生路，有时退一步是为了踏千重山，或是破万里浪；有时低一低头，是为了日后昂扬成擎天柱，是为了成惊天动地的响雷；如此的低一低头，即便今日成渊谷，即便今秋化作飘摇落叶，明天也足以抵达珠穆朗玛峰的高度，明春依然会笑意盎然，傲视群雄。

进得来也要出得去

“一头栽下去”，是很多人恋爱时都要经历的过程。但是你可知道，很多事情都能和爱情一样让你深深陷进去。例如，工作就能让人在不知不觉中陷入“无法自拔”的境地。

在这个以工作为导向的社会里，产生了无数对工作狂热的人。他们没日没夜地工作，整日把自己压缩在高度的紧张状态中。每天只要睁开眼睛，就有一大堆工作需要做。

如果要判定一个人是不是“工作狂”，最直接的方法就是放假。因为，有很多工作狂最讨厌节日，尤其是放长假，对他们而言，简直就是一种折磨。只要一闲下来，他们就会闷得发慌，恨不得赶紧逃回办公室里。

其实，工作狂不单单指做事的状态，也是一种心理的状态。据心理研究人员分析，具有工作狂特质的人大都是目标导向的完美主义者。一切以原则挂帅，他们企图从工作中获得主宰权、成就感与满足感，生活完全受工作支配。他们相信只有工作才是一切意义的所在，活动、人际关系对他们来讲都是无关紧要的。

从第一天工作开始，某外企大中华区经理泰德心里就只有一个目标——希望自己在30岁的时候能挣得一个好的位置。由于急于求表现，他几乎是拼了命工作。别人要求100分，他非要做到120分不可，总是超过别人的预期。

那段时间，泰德整个心思完全放在工作上，不论吃饭、走路、睡觉，几乎都在想工作，其他的事一概不过问。对他而言，下班回家，只不过是换一个工作场所而已。

拼命工作的结果不仅使他与家庭产生了距离，与员工更是形成对立的局面。而他自己，其实过得也并不快乐，常常感觉处在心力交瘁的状态。

当时，泰德不认为自己有错，觉得自己这样做是理所当然；反而责怪别人不知体谅，不肯全力配合。不过，慢慢地他发现，纵然自己使出了全力，也还是追不到自己想要的。

35岁以后，泰德才开始领悟，过去的态度有很大的偏差。处处以工作成就为第一，没有想到工作只是人生的一部分，而不是全部。虽然，口口声声说是为了别人，但其实是为了掩盖自己追求虚荣的心理。

泰德不否认人应该努力工作。但是，在追求个人成就的同时，不应该舍弃均衡的生活；否则，就称不上完整的人生。泰德的领悟是这样的：工作既要进得来，还要出得去。只有进得来才能把工作做好，而只有出得去才能均衡生活，使自己的人生更丰富、更有意义。

重新调整脚步之后，泰德发现比较喜欢现在的自己，爱家、爱小孩，还有自己热衷的嗜好。他没想到这些过去自己所不屑、认为是浪费时间的事，现在却让他得到非常大的满足。对于工作，他还是很努力，至于结果，一切随缘。

放下才能解决

两个男孩因为贪玩，耽误了上课时间。一个说，现在赶回去也一样是迟到，索性玩下去算了；另一个虽然觉得这样不妥，但是想到难缠的班主任盘问起来没个完，一时也想不出怎样对付，再说正玩在兴头上……

两个男孩玩了一整天。回家路上，他们谁也不跟谁说话，各自心里打着算盘，回去怎样向父母交代。

一个男孩想：此刻，也许班主任正在往他家里打告状电话……爸爸放下电话，一屁股在电话机旁边的沙发上坐下来，然后摸出香烟来抽。正常情况下，妈妈只允许他在阳台上抽烟。除非是这种“非常时候”他才可以得到妈妈的“豁免权”。总之，今天晚上的日子不会好过。其实他能说的只有一句话：旷课是错误的，以后我改正。可是，说与不说效果差不多，非得承受几个小时的“折磨”。转念一想，有了！前几天数学测验得了个满分，回去先“报喜”，然后再承认今天的错误。想不到这个先声夺人、“将功补过”的招数果然奏效。

另一个男孩就不那么幸运了。这一路上他为自己设计了好几套说辞，企图蒙混过关。比如，路上捡到了钱包，为了等失主……最后还是决定把责任推给他的“同谋”，要不是他的撺掇，最多是迟到，何至于旷课呢？当然，他的父母没有因此而原谅他，理由很简单，自己犯了错，还往别人身上推，错上加错。

有一幅漫画，画着一架飞机和一只小鸟并头齐飞，题目是“懂得如何放下问题的人，胜过知道怎样解决问题的人”。飞行员看到迎面而来的小鸟，与其绞尽脑汁思考怎样对付它，不如转身顺着它一起飞。大概这就是这幅画的意思吧。

很多时候，问题就像个包袱，挡着你的出路，何不暂且把它搁置一旁，以积蓄新的力量，采取一个新的姿势去实现目标？试想，一个全身挂满了包袱的人，挪一步都会非常吃力，又怎么能够奔跑起来呢！

丢弃旧我，接纳新我

我们一定有过年前大扫除的经历吧。当你一箱又一箱地打包时，一定会很惊讶自己在过去短短一年内，竟然累积了这么多的东西。然后懊悔自己为何事前不花些时间整理，淘汰一些不再需要的东西，如果那么做了，今天就不会累得你连脊背都直不起来了。

大扫除的懊恼经验，让很多人懂得一个道理：人一定要随时清扫、淘汰不必要的东西，日后才不会变成沉重的负担。

人生又何尝不是如此！在人生路上，每个人都在不断地累积东西。这些东西包括你的名誉、地位、财宝、亲情、人际关系、健康等，当然也包括烦恼、苦闷、挫折、沮丧、压力等。这些东西，有的早该丢弃而未丢弃，有的则是早该储存而未储存。

在人生道路上，我们几乎随时随地都得做自我“清扫”。念书、出国、就业、结婚、生子、离婚、换工作、退休……每一次，都迫使我们不得不“丢掉旧我，接纳新我”，把自己重新“扫”一遍。

不过，有时候某些因素也会阻碍我们放手进行扫除。比如：太忙、太累，或者担心扫完之后，必须面对一个未知的开始，而你又不能确定哪些是你想要的。万一现在丢掉了，将来又捡不回来怎么办？

的确，心灵清扫原本就是一种挣扎与奋斗的过程。不过，你可以告诉自己：每一次的清扫，并不表示这就是最后一次。而且，没有人规定你必须一次全部扫干净。你可以每次扫一点，但你至少应该丢弃那些会拖累你的东西。

洛威尔是美国著名的心理学家。有一年他和一群好友到东非赛伦盖蒂草原去探险。在旅途中，洛威尔随身带了一个厚重的背包，里面塞满了食具、切割工具、挖掘工具、衣服、指南针、观星仪、护理药品等。洛威尔对自己携带的物品非常满意。

一天，当地的一位土著向导检视完洛威尔的背包之后，突然问了一句："这些东西让你感到快乐吗？"洛威尔愣住了，这是他从未想过的问题。洛威尔开始问自己，结果发现，有些东西的确让他很快乐，但是，有些东西实在不值得他背着，走那么远的路。

洛威尔决定取出一些不必要的东西送给当地村民。接下来，因为背包变轻了，他感到自己不再有束缚，旅行变得十分愉快。

生命就如同一次旅行，背负的东西越少，越能发挥自己的潜能。你可以列出清单，决定背包里该装些什么才能帮助你到达目的地。但是，记住，在每一次停泊时都要清理自己的口袋，什么该丢、什么该留，把更多的位置空出来，让自己轻松起来。

舍得放弃优势

三个旅行者同时住进了一家旅店。

早上出门的时候，一个旅行者带了一把伞，另一个旅行者拿了一根拐杖，第三个旅行者什么也没有拿。晚上归来的时候，拿伞的旅行者淋得浑身是水，拿拐杖的旅行者跌得满身是伤，而第三个旅行者却安然无恙。于是前两个旅行者很纳闷，问第三个旅行者："你怎么会没事呢？"

第三个旅行者没有回答，而是问拿伞的旅行者："你为什么会淋湿而没有摔伤呢？"

拿伞的旅行者说："当大雨来临的时候，我因为有了伞就大胆地在雨中走，却不知怎么淋湿了；当我走在泥泞坎坷的路上时，我因为没有拐杖，所以走得非常仔细，专选平稳的地方走，所以没摔伤。"

然后，他又问拿拐杖的旅行者："你为什么没有淋湿却摔伤了呢？"

拿拐杖的人说："当大雨来临的时候，我因为没有带雨伞，便选能躲雨的地方走，所以没有淋湿；当我走在泥泞坎坷的路上时，我便用拐杖拄着走，却不知为什么不断跌倒。"

第三个旅行者听后笑笑，说："这就是我安然无恙的原因。当大雨来时我躲着走，当路不好时我小心地走，所以我没有淋湿也没有摔伤。你们的失误就在于你们有凭借的优势，认为有了优势便少了忧患。不懂得去选择、去放弃。"

第三个旅行者才是真正的智者，他的旅行没有思想包袱，他懂得放弃，同时他也学会了选择，所以他既没有被雨淋也没有跌伤自己。

许多时候，我们不是跌倒在自己的缺陷上，而是跌倒在自己的优势上，因为缺陷常能给我们以提醒，而优势却常常使我们忘了去选择和放弃。

放手并不等于失去

生活并不是一帆风顺的，很多时候我们需要学会放手。放手不代表对生活的失职，它也是人生中的契机。

然而学会放手要比学会坚持更难，因为那需要更多的勇气。

常常听结了婚的人谈起自己婚后生活的不顺心。"婚姻是爱情的坟墓。"许多人都觉得这是一句至理名言。为什么双方都极为珍视的沟通最后会成为感情的障碍？为什么为了更好地拥有对方而结婚却使两人离得越来越远？看完下面这个故事，也许我们会有所领悟。

有一个女孩，她很爱自己的恋人，生怕失去对方，因此就无时无刻不监视着他，弄得他心烦意乱，提出要和她分手，这使她很伤心。

女孩母亲是一个很有哲学素养的人，听她诉说了自己的烦恼后，就把她带到了海边，在海风的习习吹拂下，母亲捧起一捧沙子对女儿说："孩子，你看，我轻轻地捧着它们，它们会漏掉吗？"女儿看了一会儿，一粒沙子也没有从母亲手中滑落，就摇了摇头。接着，母亲说："我再用力抓紧它们，你看会漏掉吗？"说完，就用力去握沙子，奇怪的是，她握得越紧，沙子从指缝里漏得越多、越快。

这时，女儿忽然明白了：爱情和沙子一样，握得越紧，就越容易失去。

爱情和婚姻，你越是把它们抓得紧紧的，它们就越有可能会离你而去，给恋人或爱人应有的自由，适度地放手，你们的爱情就会如陈年佳酿，愈老愈香。

不要跟对手硬拼

一位搏击高手参加搏击大赛，自以为稳操胜券，一定可以夺得冠军。然而事与愿违，在最后的决赛中，他遇到一个实力强劲的对手，双方竭尽全力出招攻击。两人打到中途，搏击高手意识到，自己竟然找不到对方招式中的破绽，而对方的攻击却往往能够突破自己防守中的漏洞，有选择地打中自己。

比赛的结果可想而知，这个搏击高手惨败在对方手下，与冠军奖杯擦肩而过。他愤愤不平地找到自己的师父，一招一式地将对方和他搏击的过程再次演练给师父看，并请求师父帮助他找出对方招式中的破绽。他决心根据这些破绽，研究出足以克敌制胜的新招，好在下次比赛时，打倒对方，夺取冠军奖杯。

师父笑而不语，在地上画了一条线，要他在不能擦掉这条线的情况下，设法让这条线变短。

搏击高手百思不得其解，怎么会有像师父所说的办法，能使地上的线变短呢？最后，他无可奈何地放弃了思考，转向师父请教。

师父在原先那道线的旁边，又画了一条更长的线。两者相比较，原先的那条线，看起来变短了许多。

师父开口道："夺得冠军的关键，不仅仅在于如何攻击对方的弱点，正如地上的长短线一样，如果你不能使这条线变短，你就要懂得放弃在这条线上做文章，去寻找另一条更长的线。那就是只有你自己变得更强，对方就如原先的那条线一样，也就在相比之下变得较短了。如何使自己更强，才是你需要苦练的根本。"

搏击高手恍然大悟。

师父笑道："搏击要用脑，要学会选择，攻击其弱点。同时要懂得放弃，不跟对方硬拼，以自己之强攻对方之弱，你才能夺取冠军。"

在获得成功的过程中，有无数的坎坷与障碍，需要我们去跨越、去征服。人们通常走的路有两条：

一条路是学会选择攻击对手的薄弱环节。正如故事中的那位搏击高手，可找出对方的破绽，给予其致命的一击，用最直接、最锐利的方法或技巧，快速解决问题。

另一条路是懂得放弃，不跟对方硬拼，全面增强自身实力，在人格上、在知识上、在智慧上、在实力上使自己加倍地成长，变得更加成熟，变得更加强大，以己之强攻敌之弱，许多问题便迎刃而解。

蜕变获得重生

有歌词云：“不经历风雨，怎么见彩虹？”确实，美好的获得需要付出代价，正如老鹰的重生需要经历常人难以想象的蜕变过程一样，处在人生的十字路口，我们需要正确地选择，更需要具有为赢得新生活而敢于冒险、敢于经受磨炼的勇气。

老鹰是世界上寿命最长的鸟类，它的寿命可达70岁。但是如果想要活那么久，它就必须在40岁时作出艰难却重要的抉择。

当老鹰活到40岁时，它的爪子开始老化，不能够牢牢地抓住猎物；它的喙变得又长又弯，几乎能碰到它的胸膛；它的翅膀也会变得十分沉重，因为它的羽毛长得又浓又厚，使它在飞翔的时候十分吃力。这个时候，它是不会选择等死的，而是选择经过一个十分痛苦的过程来蜕变和更新，以便继续活下去。

这是一个漫长的过程：它需要经过150天的漫长锤炼，而且必须努力地飞到山顶，在悬崖的顶端筑巢，然后停留在那里不再飞翔。

首先，它要做的是用它的喙不断地击打岩石，直到旧喙完全脱落，然后经过一个漫长的过程，静静地等候新的喙长出来。之后，还要经历更为痛苦的过程：用新长出的喙把旧指甲一根一根地拔出来，当新的指甲长出来后，它们再把旧的羽毛一根一根地拔掉，等待5个月后长出新的羽毛。

这时候，老鹰才能重新开始飞翔，从此可以再过30年的岁月！

对于老鹰来说，这无疑是一段痛苦的经历，但正是因为不愿在安逸中死去，正是对30年新生岁月的向往，正是对脱胎换骨后得以重新翱翔于天际的憧憬，燃起了它对新生活的渴望和改变自己的决心。要想延长自己的生命，获得重生的机会，它选择了经受几个月的痛苦。我们不能不为老鹰的这种勇于改变的勇气所折服。

人生又何尝不是如此？面对癌症，是草草地结束自己的生命以避免遭受肉体和精神的折磨，还是积极地治疗，创造生命的奇迹？陷入困境，是听天由命，等待命运的宣判，还是放手一搏，冒险寻求可能的转机？工作平淡无奇，碌碌无为，是安于现状，享受现有的安逸，还是勇于改变，寻求属于自己的一片天地？

人生需要选择，生命需要蜕变，每当面临困难和挫折，面临选择和放弃时，我们都要有足够的勇气，改变自己，只有这样才能获得重生，才能创造另一个辉煌！

为失去而感恩

在人的一生中，要经历无数的失去，学会为失去感恩，勇于承受失去的事实，是走出失去的阴影、获得重新生活的勇气的关键。当我们失去了曾经拥有的美好时光，我们总是会更加感叹人生路的难走。其实大可不必如此，不管人生的得与失，我们都应致力于让自己的生命充满亮丽与光彩。不再为过去掉眼泪，笑对明天的生活，努力活出自己的精彩，前途会一片光明。

一个商人在翻越一座山时，遭遇了一个拦路抢劫的山匪。商人立即逃跑，但山匪穷追不舍。走投无路时，商人钻进了一个山洞里。山匪也追进了山洞里。

在洞的深处，商人未能逃过山匪的追逐。黑暗中，他被山匪逮住了，遭到了一顿毒打，身上所有钱财，包括一把准备夜间照明用的火把，都被山匪掳去了。

"幸好山匪并没有要我的命！"商人为失去钱财和火把沮丧了一阵之后，突然想开了。

之后，两个人各自寻找着山洞的出口。

这山洞极深、极黑且洞中有洞，纵横交错。两个人置身于洞里，仿佛置身于一个地下迷宫。

山匪庆幸自己从商人那里抢来了火把，于是他将火把点燃，借着火把的亮光在洞中行走。火把给他的行走带来了方便，他能看清脚下的石块，能看清周围的石壁，因而他不会碰壁，不会被石块绊倒。但是，他走来走去，就是走不出这个洞。最终，他力竭而死。

商人失去了火把，没有了照明，但是他想："我还有眼睛呢。"于是，他在黑暗中摸索着，行走得十分艰辛。他不时碰壁，不时被石块绊倒，跌得鼻青脸肿。但是，正因为没有了火把的照明，使他置身于一片黑暗之中，这样他的眼睛就能够敏锐地感受到洞口透进来的微光，他迎着这缕微光摸索爬行，最终逃出了山洞。

后来，商人还庆幸山匪抢走了他的火把，否则他也会像山匪那样困死在洞中。

塞翁失马，焉知非福。很多人因为失去才有了更好的获得，比如断臂而有维纳斯的不朽、阿炳失明而有《二泉映月》、奥斯特洛夫斯基瘫痪而有《钢铁是怎样炼成的》……这些都告诉我们，生活中其实没有什么东西是不能放手的。昨日渐远，你会发现，曾经以为不可放手的东西，只是生命中的一块跳板而已，跳过了，你的人生就会变得更精彩。人在跳板上，最艰难的不是跳下来的那一刻，而是在跳下来之前，心里的犹豫、挣扎、无助和患得患失，那种感觉只有自己才能体会得到。同样，没有什么东西是不可或缺的，学会为所失去的感恩，幸福的阳光就会洒满你的心扉。

等待下一次

人生最怕失去的不是已经拥有的东西，而是失去对未来的希望。爱情如果只是一个过程，那么失恋正是人生应当经历的，如果要承担结果，谁也不愿意把悲痛留给自己。

记住：下一个他(她)更适合你。

有一个女孩，一向保守，但由于一时冲动，和男朋友有了婚前性行为。之后，她恼怒、悔恨，却也安慰自己："没关系，他是爱我的！"

后来，他男友对她实在是不好。她天天找人诉苦，却又不离开他。她妹妹劝她："别再傻了，快些离开他吧！别再和自己过不去。"

她说："不可以，他是我的第一个男人，也是我的初恋！"

现在，她仍和她的男朋友在一起，偶尔流着眼泪诉苦，偶尔安慰自己："他总会知道我是真心对他好的！"

也许，女孩想要的只是自我安慰而已。她很会劝别人分手，最会讲的便是："别傻了，快离开那个男人，别再白白受苦。"这么会劝别人的人，最后却劝不了自己，终究也只能令自己受苦。

为什么有些人失恋时，悲痛欲绝，甚至走上自毁之路？为什么有些恋人在遭遇挫折，不能长厢厮守时，会有双双殉情自杀的行为呢?

爱情对于某些人来说，是生命的一部分，是一种人生的经验，有顺境、有逆境，有欢笑、有悲哀。所以，当和喜欢的人相爱时，会觉得快乐，觉得幸福。当分手时，或者遇上障碍时，会自我安慰:“这是人生难免，合久必分，也许前面有更好、更适合我的人哩！”于是他们会勇敢地、冷静地处理自己伤心失落的情绪，重新发展另一段感情。

而另有一些人，会觉得一生里最爱的就是某个人，不相信世界上有更完美、更值得他们去爱的人。所以当这段恋情变化时，他们就会失去所有的希望，也对自己的自信心和运气产生怀疑。这段关系遭受外界的阻力，就等于“天亡我也”。如此，他们就会变得消极，产生比较极端的想法，极有可能会选择自杀的道路。

其实，现实生活里，很少有像电影、小说、流行歌曲所描述的恋爱一次就成功，永远不分开的。大多数人都是经历过无数的失败挫折才找到一个可长相厮守的人。

所以当你失恋时，当你们不可能永远在一起时，你应该告诉自己:“还有下一次，何必去计较呢？”无论你这次跌得多痛，也要鼓励自己，坚强起来，重拾那破碎的心，去等待你的下一次。

人生是个漫长的旅程。在这个旅程中，人们大都要经历若干级人生阶梯。这种人生阶梯的更换不只是职业的变换或年龄的递进，更重要的是自身价值及其价值观念的变化。在“又升高了一级”的人生阶梯上，人们也许会以一种全新的观念来看待生活、选择生活，并用全新的审美观念来判断爱情，因为他们对爱情的感受已经完全不同了。

这种人生的“阶梯性”与爱情心理中的审美效应的关系在许多历史名人的生活中，也可看到。比如歌德、拜伦、雨果等，他们更换钟情对象往往表现了他们对理想的痛苦探求，同现实发生冲突所引起的失望，和试图通过不同的人来实现自己的理想形象的某些特点的结合。

虽然更换钟情对象有时是可以理解的，但是，这种选择给人带来的痛苦也是显而易见的。因而应该尽可能在较成熟的阶梯上做一次新的选择。那种小小年纪便将自己缚在某一个异性身上的做法，显然是不可取的。所以，有一天当失恋的痛苦降临到我们身上时，也不必以为整个世界都变得灰暗，理智的做法是给对方一些宽容，给自己一点心灵的缓冲，及时进行调整，用新的姿态迎接明天。

经历了许多的人、许多的事，历尽沧桑之后，你就会明白，这个世界上，没有什么是不可以改变的。美好、快乐的事情会改变，痛苦、烦恼的事情也会改变，曾经以为不可改变的，许多年后，你就会发现都改变了。而改变最多的，竟是自己。不变的，只是小孩子美好天真的愿望罢了！所以当一份感情不再属于你的时候，就果断地放弃它，然后乐观地等待下一次！

第十章
不求得到最好的，只求得到最适合的

适合的才是最好的

有两只老虎，一只在笼子里，一只在野地里。

在笼子里的老虎三餐无忧，在野外的老虎自由自在。两只老虎经常进行亲切的交谈。

笼子里的老虎总是羡慕外面老虎的自由，外面的老虎却羡慕笼子里的老虎安逸。一天，一只老虎对另一只老虎说："咱们换一换。"另一只老虎同意了。

于是，笼子里的老虎走进了大自然，野地里的老虎走进了笼子。从笼子里走出来的老虎高高兴兴，在旷野里拼命地奔跑；走进笼子的老虎也十分快乐，它再不用为食物而发愁。

但不久，两只老虎都死了。

一只是饥饿而死，一只是忧郁而死。从笼子中走出的老虎获得了自由，却没有获得捕食的本领；走进笼子的老虎获得了安逸，却没有获得在狭小空间生活的心境。

适合的才是最好的。

许多时候，人们往往对自己的幸福熟视无睹，而觉得别人的幸福很耀眼。想不到，别人的幸福也许对你并不适合；更想不到，别人的幸福也许正是你的坟墓。

这个世界多姿多彩，每个人都有属于自己的位置，有自己的生活方式，有自己的幸福，何必去羡慕别人？安心享受自己的生活，享受自己的幸福，才是快乐之道。

你不可能什么都得到，你也不可能什么都做，所以，你要学会放弃，放弃不切实际的想法，放弃愚蠢的行动。只有学会放弃，学会知足，才能更好地把握快乐、享受幸福。

带着坐标尺上路

森林中正在举办热闹非凡的比“大”比赛。老牛走上擂台，动物们高呼：“大。”大象登场表演，动物们也欢呼：“大。”这时，台下角落里的一只青蛙气坏了：“难道我不大吗？”青蛙嗖地跳上一块巨石，拼命鼓起肚皮，并神采飞扬地高喊：“我大吗？”“不大！”传来一片嘲讽之声。

青蛙不服气，继续鼓肚皮。随着“嘭”的一声，肚皮鼓破了。可怜的青蛙，至死也不知道它到底有多大。

有一个登山队员，他参加了攀登珠穆朗玛峰的活动，在海拔6400米的高度，他体力不支，放弃了攀登。当他讲起这段经历时，人们都替他惋惜：为何不再坚持一下，再攀一点高度，再咬紧一下牙关？

“不，我最清楚，6400米的海拔是我登山生涯的最高点，我一点都没有遗憾。”他说。

量力而行，恰到好处，当行则行，该止则止。这位登山队员的选择与放弃精神让我们对他肃然起敬。联想到人生，一个人不怕爬高，就怕找不到生命的制高点。任何事情都存在突破口，但不是任何人都能够穿越突破口，抵达更高的层次。如果说挑战是对生命的发扬，那么明智的放弃是另一种美好的境界，是对生命的爱惜和尊重。一个不懂得珍惜生命的人，会遭受命运的惩罚。

真理过一分则变为谬误，压力过一分则会把生命压垮。找出一个临界点，告诉自己：安之若素，莫把自己搞成一台长期超负荷运转的机器。

所以，选择揣一根坐标尺上路势在必行！它能督促我们不懈努力地攀登，又能提醒我们恰到好处地戛然而止。仰之弥高，那是愚蠢和贪婪。智者，此时此刻，也许已悠然从容地下山去了。

选择自己的生活

《伊索寓言》中有一则关于乡下老鼠和城市老鼠的故事：城市老鼠和乡下老鼠是好朋友。有一天，乡下老鼠写了一封信给城市老鼠，信上是这么写的：“城市老鼠兄，有空请到我家来玩，在这里，可享受乡间的美景和新鲜的空气，过悠闲的生活，不知意下如何？”

城市老鼠接到信后，高兴得不得了，立刻动身前往乡下。到那里后，乡下老鼠拿出很多大麦和小麦，放在城市老鼠面前。城市老鼠不以为然地说：“你怎么能够老是过这种清贫的生活呢？住在这里，除了不缺食物，什么也没有，多么乏味呀！还是到我家玩吧，我会好好招待你的。”乡下老鼠于是就跟着城市老鼠进城去了。

乡下老鼠看到那么豪华、干净的房子，非常羡慕。想到自己在乡下从早到晚，都在农田上奔跑，以大麦和小麦为食物，冬天还得在寒冷的雪地上搜集粮食，夏天更是累得满身大汗，和城市老鼠比起来，自己实在太不幸了。

聊了一会儿，他们就爬到餐桌上开始享受美味的食物。突然，“砰”的一声，门开了，有人走了进来。他们吓了一跳，飞也似的躲进墙角的洞里。

乡下老鼠吓得忘了饥饿，想了一会儿，戴起帽子，对城市老鼠说：“乡下平静的生活，还是比较适合我。这里虽然有豪华的房子和美味的食物，但每天都紧张兮兮的，倒不如回乡下吃麦子来得快活。”说罢，乡下老鼠就离开都市回乡下去了。

这则寓言使我们看到不同个性、习惯的老鼠，喜欢不同的生活。即使他们都曾经对别的世界感到好奇、有趣，但是，他们最后还是都回归到自己所熟悉的生活圈子中，并且都能得到各自简单而快乐的生活。

很多人总是会不由自主地羡慕别人的生活，以为那就是最快乐的享受。其实，不切实际地改变自己，不但得不到快乐，反而会给自己增添许多大大小小的麻烦和苦恼。

自己的幸福

已婚的女儿回家向母亲倾诉，说自己的婚姻很是糟糕，丈夫既没有很多的钱，也没有好的职业，生活总是单调无味。母亲笑着问：“你们在一起的时间多吗？”女儿说：“太多了。”母亲说：“当年，你父亲上战场，我每日期盼的，是他能早日从战场上凯旋，与他整日厮守，可惜——他在一次战斗中牺牲了，再也没有能够回来。我真羡慕你们能够朝夕相处。”母亲沧桑的老泪一滴滴掉下来，渐渐地，女儿仿佛明白了什么。

一群男青年，在餐桌上谈起自己的老婆，都说被管束得太严，几乎失去了自由，边说边显露大丈夫的凛然正气，狂饮如牛，扬言回家要和老婆怎么怎么斗争。邻桌的一位老叟默默地听完了，起身问道：你们的夫人都是本分人吗？男青年们点头。老叟叹了一口气，说："我爱人当年对我也是管得太死，我愤然离婚，以至于她后来抑郁而终。如果有机会，我多希望能当面向她道一次歉，请求她时时刻刻地看管着我。小伙子，好好珍惜缘分啊！"男青年们望着神色黯然的老叟，沉默不语，若有所悟。

一个盲人，在剧院欣赏一场音乐会，交响乐时而凝重低缓，时而明快热烈，时而浓云蔽日，时而云开雾散。盲人惊喜地拉着身边的人说："我看见了，看见了山川，看见了花草，看见了光明的世界和七彩的人生……"

一个病人，医生郑重地告诉他，手术很成功，化验结果出来了，从他腹腔内摘除的肿瘤只是一般的良性肿瘤，经过一段时间的疗养便可康复出院，并不会危及生命。他顿时满面春风，双目有神，紧紧地握着医生的手，激动地说："谢谢，谢谢，是你给了我第二次生命……"

幸福在哪里？带着这样的问题，芸芸众生，茫茫人海，我们在努力寻找答案。其实，幸福是一个多元化的命题，我们在追求着幸福，幸福也时刻地伴随着我们。只不过很多时候，我们身处幸福的山中，在远近高低的角度看到的总是别人的幸福风景，却不曾悉心去感受自己所拥有的幸福天地。

最好的活法

怎样活才是最好的生活？答案很简单，只要是适合自己的，便是最好的、最美的。

谁甘愿度过平庸的一生？谁没有过美好的憧憬？人和植物、动物的区别，重要的一点恰恰在于人会设计自己的愿望，有实现这一愿望的冲动。理想使人具有不折不挠的精神力量。因而当人实现这一愿望的冲动受挫，理想便使人痛苦。实现了自己理想的人并不少，而因为许多不成功的例子被常常引用，让很多人误以为理想太不容易实现。

理想，说到底，无非是对某一种活法的主观选择。树立理想应该是最合适的，没有现实根基的理想只能是妄想。有理想、有追求是一种积极主动的活法，不被某一不切实际的理想所折磨，调整选择的方位，更是积极主动的活法。

一切生活都是值得好好去过的。须知任何一种生活都是生活，无论主观选择的还是客观安排的，只要不是穷困的、悲惨的、不幸的，只要是正常的生活都该好好过。帝王的权威不是农夫所能企及和拥有的，但农夫却是不必担心被杀身篡位。人往高处走，水往低处流——人改变自己命运的想法永远是天经地义、无可指责的，但首先应是从最实际处开始改变。

一个人不论何时开始考虑怎样度过一生都为时不晚。未雨绸缪不但没有损失，反而使人获益很多。每个人来到世上都是有所为的，没有人生来就是轻视自己的。如果你缺乏成就感，就该赶紧想办法拓展自己的思考范围，开创全新的人生。

另外，自知者不怨人，知命者不怨天。从字面上看来有点儿听天由命的意思，其实强调的是一种乐观的生活态度。没有乐观的生活态度，哪还谈得上什么积极进取？这样一来，你自然能了解，你从未失去什么。只要你愿意，切实掌握每一分钟，今天便是重生的起跑点，每分每秒都可以不断充实生活。

社会越是发展，人的机遇就会越多。人到中年未实现或未达到的，并不意味着你一生不能实现。你的一生中也许会经历多次得到、失去，再得、再失，有时你的人生轨迹可能会被完全彻底地改变，迫使你一切从头开始。谁准备得越多，应变能力就越强，成就就越多，慢慢地你会发现有很多适合你的方面。别忘了，选择最适合自己的才是最美的。

不完美也幸福

据说，自一降生，就有一份天定的缘为你而生。然而大千世界，人海茫茫，生命苦短，如何才能找到属于你的那个完美的伴侣呢？现代的人们，总不能固守这份天缘，以易逝的青春和焦灼的心情屏息静候吧？于是，他(她)们常常很勉强地接受了随风而至的他(她)，却又一遍遍地把他(她)和自己心目中那个完美的设想进行对比，对比一次，失望一次。他们并不懂得如何去珍惜身边的和已经拥有的；他们也不知道，自己已经得到的其实就是最大的幸福、最真的爱情！

如果有这样一个人，他在你的心目中是绝对完美的，没有一丝缺陷，你敬畏他却又渴望亲近他，那么，这种感觉不可以称为“爱情”，而是“崇拜”。崇拜需要创造一个偶像，就像图腾之类没有血肉的东西；而爱情不需要，爱情是真真切切地能够用手触摸、用心体会的。爱情是你明知他穿得十分土气，却甘愿带他出入于大庭广众；是你鄙视杀猪匠，却偏偏做了杀猪匠的妻子；是你素有洁癖，却十分勤快地为他洗着油腻腻的饭盒、脏兮兮的球鞋……

一位秀外慧中的女孩大学毕业后，拒绝了很多优秀男孩的追求，最后却选择了一个毫不起眼且个子矮小的同事。周围的许多人都觉得不可思议，就连她的闺中女友也表示不理解。而她自己却很坦然，在众人疑惑的目光中，她披上婚纱与先生旖旎然地走进了“围城”。多年以后，当她的同学们都疲倦于营造自己的一隅、失望于当初的幻想破灭之时，众人在同学聚会上发现，这位女孩并没有如他们原先所想的那样，被困在一个庸碌无为的圈子里，憔悴不堪；而是依然光彩照人，甚至比以前还多了一份成熟的雍容和深沉。她告诉大家，她的男人不是最优秀的，有着许多的缺点，但这些在她还没有接受他的时候就已知道；但她愿意今生今世将自己的感情托付给这个在她遇到挫折的时候默默地帮助她、在她失意的时候热情地鼓励她，并且从不索取任何回报的男人。

由此可想，如果有一份执着而持久的感情和一份金玉其外却瞬间即逝的感情，你会选择哪一种？世界上有许多出色的男孩和美丽的女孩，然而真正属于你的感情只能有一份，千万不要因为别人的眼光而改变了自己的挚爱，莫要活在别人的眼光里而失去了自己！感情不能贪心，也不能梦想。“如果有谁认为有十全十美的爱情，那么他不是诗人，就是白痴。”所以，我们要用心来守候属于自己的、并不惊天动地的爱情，等待之后便是一生一世的厮守！

其实真正的爱情只有蜕变成亲情才能永存，浪漫也只能是一时的风花雪月，再美丽的爱情到最后也要踏踏实实过日子。想想人生几十年，转瞬即逝，年华逝去，如梦无痕。一直渴望能和自己心爱的人，在余晖下相依携手看天边的浮云，看飘零的枫叶，对自己来说，这就是幸福。海岩说过，幸福其实就是个人内心的一种感受，无所谓是非对错。其实只要你觉得自己是幸福的，那你就是幸福的。

失去才知珍贵

人往往是在失去以后才知道珍贵，愿我们好好把握、珍惜眼前的一切，不仅是在爱情方面，亲情或友情亦是如此。

曾经有个男孩种了一株玫瑰，放在向阳的窗台上，那是他和一个女孩一起去买的种子和花盆。男孩总是对女孩说：你在我的心中永远是最美的，我要种出最美的玫瑰花送给你。

女孩总是微笑地看着他，看他用专注的神情替玫瑰浇水施肥，看他用期待的眼神注视着眼前的盆栽。每当此时，女孩总会想起与他第一次相见时，男孩正是用这样的神情注视着她。

在男孩用心的灌溉培育之下，日子一天天过去，玫瑰也长出了芽，生出了枝叶……

男孩迷上了上网常和朋友一块儿玩，几天不找女孩是常有的事。女孩越来越难找到他。女孩很担心他。

每次男孩回到家，总是会先去看看窗台上的玫瑰，看到玫瑰垂头丧气、病怏怏的，他总是责怪自己的疏忽，赶紧为它浇水施肥，日夜守护着它，希望玫瑰早日开出美丽的花朵……一天，他惊喜地看到玫瑰长出第一个花苞，高兴地打电话给女孩。等了很久电话的女孩，开心地听他用兴奋的语气说着："很快我就可以送你一束我亲手种的玫瑰了！"

男孩依然没日没夜地玩，在家的时间越来越少。一天，当他回到家，低垂的玫瑰知道主人回来了，微微地抬起头。可是男孩太累了，倒在床上就进入了梦乡，第二天又匆忙出门去了。许久未见到男孩的女孩，终于来到男孩的家，她看到干枯的玫瑰却仍残留着一片花瓣，似乎不放弃地在等着她。也许玫瑰也知道它的主人曾经那样用爱去灌溉它，就是为了让女孩能看到美丽的玫瑰绽放。

女孩看到地上有一张相片，是另一个女孩。灿烂地笑着，是自己也曾有过的笑容。女孩看着奄奄一息的玫瑰，再看看镜中憔悴的自己，不禁滴下了一滴眼泪，而残存的最后一片花瓣也在此时落下。

回到家的男孩着急地奔向窗台，却看到原本放置玫瑰的地方放着一盆仙人掌，还有一张字条。上面是女孩秀丽的笔迹：我走了！送你一株仙人掌，它不用时时浇水与照顾。但我希望你明白：不管多耐旱的植物，也会有枯死的一天。

男孩终于醒悟，他一直把女孩温柔的等待视为理所当然，却忘了她毕竟不是一株仙人掌。而此时他才意识到女孩是他心中永远的玫瑰花。

总有适合你的路

静谧的非洲大草原上，夕阳西下。一头狮子在沉思：明天当太阳升起，我要奔跑，以追上跑得最快的羚羊；此时，一只羚羊也在沉思：明天当太阳升起，我要奔跑，以逃脱跑得最快的狮子。

话说这只狮子发现了这只羚羊，追了半天也没追上。别的动物笑话狮子，狮子说："我跑是为了一顿晚餐，而羚羊跑却是为了一条命，它当然跑得快了。"

是的，无论你是狮子还是羚羊，当太阳升起的时候，你要做的就是奔跑，尽管有的为晚餐，有的为生命。因为目的从来是没有过失的，况且我们处于不同的角色中。

也许你奔跑了一生，也没有达到彼岸；也许你奔跑了一生，也没有登上峰顶。但是抵达终点的不一定是勇士；失败了的，也未必不是英雄。不必太关心奔跑的结局如何。奔跑了，就问心无愧；奔跑了，就是成功的人生。

人生之路，无须苛求。只要你奔跑，找到适合自己的坐标，路就会在你脚下延伸，人的生命就会真正创新，智慧就得以充分发挥。

生活中，那些所谓的成功者总是被善意地夸张着，好像他一生下来就注定是一个不平凡的人，而那些和你我一样的凡人，却在一遍又一遍地演绎着试图证明自己不是凡人的闹剧。一次又一次的失败之后，凡人开始觉得其实自己也不过是一个凡人。正是由于发现了这一点，所有一切事情的得失就似乎都算不了什么了。一次次相遇的错过，一次次逝去的优越条件，一次次失败……凡人问自己："这难道就是凡人的悲哀吗？"人就是凡人，凡人就有凡心，于是凡人对自己说："何必沮丧呢？我为什么要庸人自扰地看着别人的角色而懊丧呢？这个世界一定有一种角色是适合我的。"

凡人渐渐发现，凡人也有成功的时候，一个善意的赞扬、一次深深的感动、一次不菲的收获……都意味着凡人的成功。"成功"这个字眼儿并不意味着像爱因斯坦那样闻名于世，像爱迪生那样造福人类……凡人终于知道所有的成功并不一定要轰轰烈烈，也并不一定要出人头地，只要把握好自己的角色，好好地活着，不在烦恼中虚度光阴，在茫茫人海中，凡人也是不平凡的一个……

每个年龄都是最好的

几岁是生命中最好的年龄呢？电视节目中主持人拿这个问题问了很多的人。一个小女孩说：“两个月，因为你会被抱着，你会得到很多的爱与照顾。”

另一个小孩回答：“3岁，因为不用去上学。你可以做几乎所有想做的事，也可以不停地玩耍。”

一个女孩说：“16岁，因为可以穿耳洞。”

一个少年说：“18岁，因为你高中毕业了，你可以开车去任何想去的地方。”

一个男人回答说：“25岁，因为你有较多的活力。”这个男人43岁。他说自己现在越来越没有体力走上坡路了。他15岁时，通常午夜才上床睡觉，但现在晚上一到9点便昏昏欲睡了。

一个3岁的小女孩说生命中最好的年龄是29岁。“因为你可以躺在屋子里的任何地方，虚度所有的时间。”有人问她：“你妈妈多少岁？”她回答说：“29岁。”

有人认为40岁是最好的年龄，因为这时是生活与精力的最高峰。

一位女士回答说45岁，因为你已经尽完了抚养子女的义务，可以享受含饴弄孙之乐了。

一个男人说65岁，因为可以开始享受退休生活。

最后一个接受访问的是一位老太太，她说：“每个年龄都是最好的，享受你现在的年龄吧。”

每个年龄都是最好的。但在现实生活中，我们常常认为自己所处的年龄是最糟的。史威福说：“没有人活在现在，大家都活着为其他时间做准备。要么是回忆过去的美好时光，要么为了将来苦思冥想、疲于奔命，唯独忘了要把握现在，活在现在。”

只有你现在的年龄是最真实的，不要回避今天的真实与琐碎。走好脚下的路，唱出心底的歌，把头顶的阳光编织成五彩的云裳，遮挡凌空而至的风霜雨雪。每一天都向人们敞开，让花朵与微笑回归你疲惫的心灵，让欢乐成为今天的中心。如果有荆棘阻挡你匆匆的脚步，那也是今天生活中最真实的。

迎接今天的最佳姿势就是站立，用你的手拂去昨天的狂热或沉寂，用你的手推开明天的迷雾或霞辉，用你的手握住今天的沉重或轻松。把迎风而舞的好心情留在今天，把若隐若现的阴影也留在今天。享受你现在的年龄吧，让生命感知生活的无边快乐。

只和自己比

人难免要和别人相比，有不同就会有比较。同事之间都爱打听别人的工资是不是比自己高，老板是不是看重他而不是自己？看别人家买了宽敞舒服的新房子，自己还和父母挤在一起，心里总会有些不平衡。夫妻之间也经常因为这些发生口角。妻子抱怨老公没有别人的丈夫能干；丈夫则说老婆不如别人的妻子贤惠持家。这样比来比去，根本就没个尽头。须知山外有山，天外有天，即使人登上了珠穆朗玛峰，他也没有头顶上的天高；坐上了总统的宝座，却也只能统治一国而不是整个宇宙。

的确，和人相比可以给自己树立一个明确的目标和参照物，很多人就是向他人看齐，步步赶超，实现自己的目标的。很多成功的企业都是在和对手的竞争中逐渐壮大起来的，这样的例子不胜枚举。但和对手比的同时，还要和自己比。一个中等身材的人在矮人国里鹤立鸡群，但他依然不能算作高大；如果你是班里考试唯一一个及格的，那并不能以此就说明你学习好……不断超越自己，才是真正的超越。每天进步一小点儿，看似不起眼，但几年之后，几十年之后，这累积起来的进步将是很大的成就。只有超越自己，才能不断地攀上一座又一座的高峰。

邓亚萍 5 岁开始随父亲学打乒乓球。但她身材矮小，胳膊短腿短，打起乒乓球来的确是挺吃力的。在体工大队训练时，教练认为她个子低、胳膊短，没发展前途，把她辞退了。邓亚萍被深深地震动了，她暗下决心，一定要以超人的毅力弥补生理上的不足。强烈的自尊心驱使邓亚萍更加刻苦地训练。

1986 年，全国乒乓球锦标赛上，13 岁的邓亚萍创造了击败世界女子冠军的奇迹，数位世界名将纷纷败在了这个个头仅有 1.41 米的小姑娘的球拍下。她一战成名，入选了国家队，并在以后十几年的时间里多次获得国内国际大赛冠军。创造了后人难以企及的纪录，从而成为中国乒乓队的灵魂人物。

2002 年邓亚萍在国际奥委会道德委员会以及运动和环境委员会担任职务；2003 年，邓亚萍被邀请到北京奥组委市场开发部工作。此外，她还是全国政协委员。人生道路上的孜孜追求让她获得了无数的成功和荣誉，她超越自我的精神使她不断地创造着新的辉煌。

俗话说：“人比人，气死人。”你的身边总有强过你的人，如果无法超越又何必过于执着。盲目的攀比很容易造成心态失衡，因为人无完人，自己总有不足，要勇于承认缺点，没必要去苛求自己。越这样比，人就越自卑、越偏激，在痛苦和自责里挣扎，没有尽头。老子曾说：“夫不争，故天下不能与之争。”你不和别人争，只坚持提升自己，也就没有人能争得过你。和别人比，如果你不再有对手，那你也就没有了前进的动力；和自己比，明天就要比今天有进步，这样你才会不断地前进。

眼前的更重要

丽莎在星期天结清了新房子的契据。没过几天，朋友看到她时，丽莎所谈论的是她的下一个甚至会更大的房子！不只丽莎一人如此，我们中大多数人也会做极其相同的事情。

我们总是想要这个或那个。如果不能得到我们想要的，我们就会不停地去想它，并且保持一种不满足感。如果我们确实已经得到想要的，我们仅仅是在新的环境中重新创造同样的想法。因此，尽管得到了我们所想要的，我们仍旧会不高兴。当我们贪婪不知足时，是得不到幸福的。

一位心理学家指出，最普遍的和最具破坏性的倾向之一就是集中精力于我们所想要的，而不是我们所拥有的。这对于我们拥有多少似乎没有什么影响；我们仅仅不断地扩充我们的欲望名单，这就确保了我们的不满足感。你的心理机制说：“当这项欲望得到满足时，我就会快乐起来。”可是一旦欲望得到满足后，这种心理作用却不断重复。

幸运的是，有个可以快乐起来的方法，那就是改变我们思考的重心，从我们所想要的转而想我们所拥有的。不是期望你的爱人是别人，而是试着去想她美好的品质；不是抱怨你的薪水，而是感激你拥有一份工作；不是期望你能去夏威夷度假，而是想到你家附近亦有乐趣。这样想，你会感到快乐无处不在。

这种可能性是没有穷尽的！每次当你注意到自己跌入这种“我期望生活有所不同”的陷阱中时，爬出来，并且重新来过。吸口气，记住要感激你所拥有的一切。当你的精力不是集中于你想要的，而是集中于你所拥有的时，不管怎样你都会结束这种要得到更多的想法。

如果你聚焦于你爱人的好品质，那么她将会更加表现出爱意。如果你感激你的工作而不是去抱怨它，那么你将会把工作做得更好，你可能最终得到一次加薪。

能上架更要会下架

不要以为自己了不起，不要认为自己现在有令人垂涎的待遇和足以自豪、炫耀的地位就可以目空一切，你的虚架子搭得越高，你就可能摔得越重。

都柏公司是美国一家著名的制造企业，技术先进，实力雄厚，是业内的佼佼者。许多人毕业后到该公司求职遭拒绝，原因很简单，该公司的高技术人员爆满，不再需要各种高技术人才。但是令人垂涎的待遇和足以自豪、炫耀的地位仍然向那些求职者闪烁着诱人的光环。

罗伯特和许多人的命运一样，在该公司每年一次的用人测试会上被拒绝，其实这时的用人测试会已经是徒有虚名了。罗伯特并没有死心，他发誓一定要进入都柏公司。于是他采取了一个特殊的策略——假装自己一无所长。

他先找到公司人事部，提出为该公司无偿提供劳动力，请求公司分派给他工作，他将不计任何报酬来完成。公司起初觉得这简直不可思议，但考虑到不用任何花费，也用不着操心，于是便分派他去打扫车间里的废铁屑。一年来，罗伯特勤勤恳恳地重复着这种简单却劳累的工作。为了糊口，下班后他还要去酒吧打工。这样虽然得到老板及工人们的好感，但是仍然没有一个人提到录用他的问题。

1990 年初，公司的许多订单纷纷被退回，理由均是产品质量有问题，为此公司将蒙受巨大的损失。公司董事会为了挽救颓势，紧急召开会议商议解决，当会议进行了一大半却尚未见眉目时，罗伯特闯入会议室，提出要面见总经理。

在会上，罗伯特把他对这一问题出现的原因做了令人信服的解释，并且就工程技术上的问题提出了自己的看法，随后拿出了自己对产品的改造设计图。这个设计非常先进，恰到好处地保留了原来机械的优点，同时克服了已出现的弊病。总经理及董事会的董事见到这个编外清洁工如此精明在行，便询问他的背景以及现状。面对公司的最高决策者们，罗伯特将自己的意图和盘托出，经董事会举手表决，罗伯特当即被聘为公司负责生产技术问题的副总经理。

原来，罗伯特在做清扫工时，利用清扫工可以到处走动的优势，细心察看了整个公司各部门的生产情况，并一一做了详细记录，发现了所存在的技术性问题并想出了解决的办法。为此，他花了近一年的时间搞设计，做了大量的统计数据，为最后一展雄姿奠定了基础。

吃得苦中苦，方为人上人。在刚刚涉入社会的时候，不妨放下架子，甘心从基础干起。有所失必有所得，只有放得下，才能拿得起，舍不得放下自己的虚架子，是不能得到别人的赏识的。

知己知彼不容易

一位少年去拜访年长的智者。

他问：我如何才能变成一个自己快乐，也能够带给别人快乐的人呢?

智者笑着望着他说："孩子，你有这样的愿望，已经是很难得了。很多比你年长的人，从他们问的问题本身就可以看出，不管给他们多少解释，都不可能让他们明白真正重要的道理，只好让他们就那样好了。"

少年满怀虔诚地听着，脸上没有丝毫得意之色。

智者接着说："我送给你四句话。第一句话是，把自己当成别人。你能说说这句话的含义吗？"

少年回答说："是不是说，在我感到忧伤的时候，就把自己当成是别人，这样痛苦就自然减轻了；当我欣喜若狂之时，把自己当成别人，那些狂喜也会变得平淡中和一些？"

智者微微点头，接着说："第二句话，把别人当成自己。"

少年沉思一会儿，说："这样就可以真正同情别人的不幸，理解别人的需求，而且在别人需要的时候给予恰当的帮助。"

智者两眼发光，继续说道："第三句话，把别人当成别人。"

少年说："这句话的意思是不是说，要充分地尊重每个人的独立性，任何情形下都不可侵犯他人的核心领地？"

智者哈哈大笑："很好，很好，孺子可教也。第四句话是，把自己当成自己。

这句话理解起来太难了，留着你以后慢慢品味吧。”

少年说：“这句话的含义，我一时体会不出。但这四句话之间有许多自相矛盾之处，我怎样才能把它们统一起来呢？”

智者说：“很简单，用一生的时间去阅历。”

少年沉默了很久，然后叩首告别。

后来少年变成了壮年人，又变成了老人。再后来在他离开这个世界很久以后，人们都还时时提到他的名字。人们都说他是一位智者，因为他是一个快乐的人，而且也给了每一个见到过他的人快乐。

能够认识别人，是一种智慧；能够被别人认识，是一种幸福；能够自己认识自己就是圣者贤人。人最难的是正确认识自己，能够清醒地做到这一点，也就近乎于一个纯粹完美的人。

生活中，许多人因为不能正确认识自己，而陷于自卑或者自大的误区，因为不能正确认识别人，而常常莽撞地冒犯别人，不知道如何与别人相处。

知己知彼，不是一朝一夕的事，而是需要一生的时间去阅历。

迷乱让生命悔恨

李秉哲是韩国三星财团的缔造者。然而，他曾经有过一段不堪回首的经历。

少年时代，他由于疾病，曾经退学在家。病好后，他就一直过着游手好闲、玩乐赌博的日子。

后来，虽然结婚生子，却依然改变不了已经养成的坏习惯，不是酗酒，就是赌博，事业上可以说没有一丝一毫的起色。

一天深夜，已经 26 岁的李秉哲，踏着月色从赌场悄悄回到家中。当他透过朦胧的月光看到熟睡中的妻子和三个孩子的时候，他那颗日日被输赢和酒乐撩拨得充满狂躁的心，突然平静了下来，仿佛是从噩梦中醒来一样，他意识到自己虚度的时光太多了。

静思中，他深深地感悟到：时间对每个人都是公平的，如果你不能把自己投入到一项事业中，以挖掘自己的生命价值之所在，那么将来留给你的就只能是悔恨和遗憾了……

于是，他浪子回头，从此走上正道，终于成就大业。

人总是在失去以后才想再拥有，在寂寞之后才想去珍惜快乐，在漫无目的之后才去苦苦追寻。生命所赋予我们的时间太短，我们就如匆匆过客般走着自己的人生，真不知几多辛酸、几多幽怨的旅途中，苦苦追寻又为了什么？

为了让自己生命多姿多彩，为了让自己不做向困难屈服的懦夫；为了追寻属于自己的生活，为了让自己成为天空的那颗启明星，向自己挑战吧！

敢于不如人

许多人都曾有这样的感觉：常常觉得自己在很多地方不如人。在家务上，不如勤劳能干的主妇；在工作上，不如善于察言观色的同事；在处理人际关系上，甚至不如12岁的女儿；在新知识的运用与掌握上，不及年轻人迅速灵敏；碰到复杂事物，又缺乏长辈的练达、长袖善舞；最糟的是遇到紧急情况缺乏应变能力，反应迟钝，甚至明明稳操胜券的事情，却偏偏输得干干净净。

别人会扬扬自得地说："你不用和我吵，你根本吵不过我。你吵你准输。"想想也是的。口讷，碰到情急的事情，往往张口结舌，而且失却判断，完全忘记事情的核心点及对方论点的关键。莫名其妙地被对方的声势所压倒，真是窝囊。

有一句忠告可谓金玉良言：会拉有被，会说有理。世上原是有是非的，却还得看你怎么说、和谁说。

调子放得最低最低，心态修炼得最静最静，经历了几番风雨几轮挫折，渐渐地，也想明白了，一个人不可能处处胜于人。有得必有失，样样齐全了，你也许会遭到更大的、更意料不到的天灾人祸。就像小病小灾缠绵一生的人，往往安享天年，而无病无痛、大红大紫的人常常遽祸忽至，防不胜防。命运往往是无常的，做什么都要留有余地。

其实，从另一种角度来说，敢于不如人，实际是某种程度上的自信。只有敢于不如人，才能胜于人。天外有天，楼外有楼，一个人怎能时时处处胜过别人呢？每个人都有自己的优点与优势，也都有自己的缺点与短处，扬长避短才是机智，拿自己最不擅长的柔弱外去硬碰别人修炼得最拿手的看家本领，其结果可想而知了。

每个人都具有别人所没有的潜能，但这些潜能是有局限性的，它只存在于某些方面，所以不可能在所有地方都发挥出来。因此，我们在某些方面不如别人很正常。你不是大力士，不可能搬动所有石头；即使你是大力士，你的力气总会耗尽，那这时还会轮到别人来搬石头；你不如利用好你的力气，就搬那几块你想要的石头。有时，多几块石头不是因为需要，而是为了炫耀，那么，何苦这样呢？这样比下去，你只会疲惫不堪。

那些真正的高手都是不显山不露水的，他们对待这个喧哗的世界泰然处之，对待那些自命不凡的人淡然笑之。就像《天龙八部》里的扫地僧，谁能料到有如此高手卧藏于少林寺内，却几十年如一日的“不如人”，一直低调下去，又有谁能如此？

因此，有时候必须承认不如人，事事与人比，总有一事不如人。有一个好心态，尽力做好自己力所能及的事，不愧对良心，这样已经足够。

属于自己的心

一天，一位先生要寄东西，问邮局工作人员有没有盒子卖，邮局工作人员拿纸盒给他看。

他摇摇头说：“这太软了，不经压；有没有木盒子？”邮局工作人员问：“您是要寄贵重物品吧？”

他连忙说：“是的是的，贵重物品。”邮局工作人员给他换了一个精致的木盒子。

他拿过那个盒子，左看右看，似乎是在测试它的舒适度，最后，他满意地朝邮局工作人员点了点头。接下来，他就从衣袋里掏出了所谓的“贵重物品”——居然是一颗红色的、压得扁扁的塑料心！只见他拔下气嘴上的塞子，挤净里面的空气，然后就憋足了气，一下子吹鼓了那颗心。

那颗心躺进盒子，大小正合适。

原来这位先生要邮寄的乃是一颗充足了气的塑料心。

工作人员强忍住笑说：“其实您大可不必这么隆重地邮寄您的物品。我来给您称一下这颗心的重量——喏，才 6.5 克。您把气放掉，装进牛皮纸信封里，寄个挂号不就行了吗？”

那位先生惊讶地（或者说是怜悯地）看着邮局工作人员，说：“你是真的不懂吗？我和我的恋人天各一方彼此忍受着难挨的相思之苦，她需要我的声音，也需要我的气息。我送给她的礼物是一缕呼吸——一缕从我的胸腔里呼出的呼吸。应该说，我寄的东西根本没有分量，这个6.5克重的塑料心和这个几百克重的木盒子，都不过是我的礼物的包装呀。”

听完这位先生的讲述，邮局工作人员若有所悟。

每一根为爱情砍断的竹竿都有被砍断的神圣理由。而这种理由可能只是一点点微不足道的细节，但仍是如此生动、质朴、清纯，也许只有相爱的人才了解其珍贵。

其实相爱的两个人，有一颗属于自己的心就够了，对于礼物的轻重并不需要去计较，如果认为三金六银是最好的爱，那总有一天你会被三钻六金所代替。

爱我的人还是我爱的人

在《乱世佳人》中，思嘉丽少女时代就狂热地爱上了近邻的一位青年加西亚。每当遇到加西亚，思嘉丽就恨不得把自己全部的热情都倾注在他身上，然而他却浑然不觉。在思嘉丽向加西亚表达她的爱恋之情时，被另一个青年白瑞德发现，从此白瑞德对思嘉丽产生了兴趣。加西亚没有领会思嘉丽的真情，同他的表妹梅兰结婚了，思嘉丽陷入深深的痛苦之中，然而对加西亚的爱恋依然丝毫没有减弱。

后来战争爆发了，白瑞德干起了运送军民物资的生意，并借此多次接触思嘉丽。他非常欣赏思嘉丽独立、坚强的个性和美丽、高贵的气质，狂热地追求她，引导思嘉丽冲破传统习俗的束缚，激发她灵魂中真实、叛逆的内核，让她开始追求真正的幸福。思嘉丽最终经不起他强烈的爱情攻势，他们结婚了。然而思嘉丽却始终放不下对加西亚的感情，尽管白瑞德十分爱她，她却始终感觉不到幸福，一直不肯对白瑞德付出真爱，以致他们的感情生活出现了深深的裂痕。后来，他们最爱的小女儿不幸夭折，白瑞德悲痛万分，对思嘉丽的感情也失去耐心，最终离开了她。白瑞德的离去使思嘉丽最终意识到自己的真爱其实就是他，然而一切悔之晚矣。

思嘉丽被一个并不爱她的男人蒙蔽了发现爱情的双眼，一生都在追求一种虚无缥缈的感觉，追求一种并不存在的所谓的爱情，当真正的爱情一直追随自己时，她却屡屡忽略。白瑞德选择了一个不爱自己的女人，也因此付出了大量的青春和感情，最终使自己伤痕累累。他们俩的选择都是错误的，因为他们选择了不爱自己的人，致使自己的感情白白付出，酿成了悲剧。

读完这个故事，我们都应该掩卷沉思，从中得到启发，避免类似的悲剧再在我们身上发生。真正完美的、能够长久地给人带来幸福的爱情，应该是两厢情愿、两情相悦的，是爱情双方互相认同和吸引的，是双方共同努力营造的。一个巴掌拍不响，单靠一个人的努力，另外一方无所回应，爱情的嫩苗不可能发展壮大，爱情的花朵也不可能结出丰硕的果实。因此，我们在寻找爱情时，一定要找一个既爱自己又被自己深深爱着的人，找一个与自己的道德观念、人生理想、信仰追求相似的人。

尽管这样的爱情不易得来，适合自己的伴侣迟迟没有出现，我们也应对真爱抱有坚定而执着的信念，做到宁缺毋滥。因为不适合自己的爱情不仅不能给自己带来幸福，还会浪费自己的青春和感情，给自己的心灵造成伤害，使我们丧失对真爱的感悟力，使伤痕累累的我们没有信心再去尝试真正的爱情，从而错过人生中的最爱，这难道不是最大的悲剧吗?

生命的价值

有一个生长在孤儿院中的小男孩，常常悲观地问院长：“像我这样的没人要的孩子，活着究竟有什么意思呢？”

院长总笑而不答。

有一天，院长交给男孩一块石头，说：“明天早上，你拿这块石头到市场上去卖，但不是真卖。记住，无论别人出多少钱，绝对不能卖。”

第二天，男孩拿着石头蹲在市场的角落，意外地发现有不少人好奇地对他的石头感兴趣，而且价钱愈出愈高。回到院内，男孩兴奋地向院长报告，院长笑笑，要他明天拿到黄金市场去卖。在黄金市场上，有人出比昨天高10倍的价钱来买这块石头。

最后，院长叫孩子把石头拿到宝石市场上去展示，结果，石头的身价又涨了10倍，更由于男孩怎么都不卖，竟被传扬为“稀世珍宝”。

男孩兴冲冲地捧着石头回到孤儿院，把这一切告诉院长，并问为什么会这样。

院长没有笑，望着孩子慢慢说道："生命的价值就像这块石头一样，在不同的环境下就会有不同的意义。一块不起眼的石头，由于你的珍惜、惜售而提升了它的价值，竟被传为稀世珍宝。你不就像这块石头一样？只要自己看重自己，自我珍惜，生命就有意义、有价值。"

自己把自己不当回事，别人会更瞧不起你，生命的价值首先取决于你自己的态度，珍惜独一无二的自己，珍惜这短暂的几十年光阴，然后再去不断充实、发掘自己，相信世界最终一定会认同你的价值。

简单就好

在人的一生中，总会有许多的追求、许多的憧憬。追求真理，追求理想的生活，追求金钱，追求名誉和地位，追求刻骨铭心的爱情。有追求就会有收获，我们会在不知不觉中拥有很多，有些是我们必需的，还有些却是完全用不着的。那些用不着的东西，除了可以满足我们的虚荣心外，最大的可能，就是成为我们的一种负担。

古人有句话叫"大道至简"，用今天的话来说，就是"越是真理的就越是简单的"。

的确，古往今来，那些真正健康长寿的人，那些人格高尚、具有爱心、在事业上有所建树、给人类社会留下精神财富的人，无不生活俭朴、思想单纯专一。在世人眼里，他们看起来也许并不怎么聪明，甚至会有些"傻"。但实际上他们是大智若愚，自觉淘汰了对他们来说多余的东西罢了。

智者的简单，并非因为贫乏或缺少内容，而是繁华过后的一种觉醒，是一种去繁就简的境界。

著名的美籍华裔数学家陈省身有一个很有趣的"数学人生法则"：数学的一个重要作用就是九九归一，化繁为简。在人生的过程中，往往越是单纯专一的人，就越容易在某一方面取得成功；而那些想法很多，在许多方面都一试身手的人，则往往终其一生而无所作为。一个人一生的时间是很有限的，即便你健康地活到 80 岁，才有 29200 多天。这里面还要除去 2/3 用于睡眠和其他琐事的时间，还要除去童年、少年和老年的时光，其实你可以用来做事情的时间只有短短的几千天。在有限的人生中，你不可能做得太多，所以只能有选择、有方向地去努力。

一个心中有坚定信念、有明确目标的人，能够做到心无旁骛，并善于将可能引起忧思苦恼及妨碍行进的事物丢弃掉，不让它干扰自己的身心和脚步。现在许多人都在使用电脑，无论工作或娱乐，都很方便快捷。但使用电脑的人也都知道，安装使用的软件越多，电脑运行的速度就越慢；并且在电脑运行过程中，还会有大量的垃圾文件、错误信息不断产生，若不及时清理掉，不仅会影响电脑的运行速度，还会造成死机甚至整个系统的瘫痪。所以必须定期地删除多余的软件，清理掉那些无用的垃圾文件，这样才能保证电脑的正常运转。

人的身心何尝不是这样，要想有所作为，在生活中健康有力地向前走，就不能背负太多无用的东西，要学会清理和放弃。

简单的过程是一个觉醒的过程。“大道至简”，健康的人生一定是一个去繁就简的人生。简单使人宁静，宁静使人快乐，而快乐才是生命不断走向高处的动力。

第十一章
放弃执着，进退自如：做一条反向游泳的鱼

人生不必太执着

古语云："夫物芸芸，各复归其根，归根曰静，静曰复命。"即万物纷杂生存，又各自返回它们的本原，返归本原称为"静"，叫复归本性。宇宙生命的来源，本来就是清虚的。"复命曰常，知常曰明。""常"并不全等于永恒，一个人不知常，就要从自己的生命中回过头来找寻。既然一切皆为清虚，我们又何必对什么事情都抓得很牢，执着而不肯放手呢？

有两个工作不如意的年轻人，一起去拜望一位禅师："师父，我们在办公室被欺负，太痛苦了，求您开示，我们是不是该辞掉工作？"两个人一起问。禅师闭着眼睛，隔半天，吐出5个字："不过一碗饭。"就挥挥手，示意年轻人退下了。

回到公司，一个人递上辞呈，回家种田，另一个却没动。日子过得真快，转眼10年过去了。回家种田的，以现代方法经营，加上品种改良，居然成了农业专家。另一个留在公司里的也不差，他忍着气、努力学，渐渐受到器重，后来成为经理。

有一天两个人相遇了，"奇怪！师父给我们同样'不过一碗饭'这5个字，我一听就懂了，不过一碗饭嘛！日子有什么难过？何必硬巴着公司？所以辞职。"农业专家接着问另一个人，"你当时为什么没听师父的话呢？""我听了啊！"那经理笑道，"师父说'不过一碗饭'，多受气、多受累，我只要想'不过为了混碗饭吃'，老板说什么就是什么，少赌气、少计较，就成了！师父不是这个意思吗？"两个人又去拜望禅师，禅师已经很老了，仍然闭着眼睛，隔半天，答了5

个字："不过一念间。"

对于我们每一个人来说，没有一样东西是可以完完全全、真真正正抓住的，无论是物，还是人。因此不必斤斤计较，刻意追逐。有人曾问过南怀瑾这样一个问题："怎样学布施才不过分贪心盈利集财？"南怀瑾精辟地回答："地球都是你的，为什么不布施？"

对于不生不灭的生命本原，要把握得住，要认识得透彻，才能够善始善终。"不知常，妄作凶"，人生若醉生梦死，碌碌无为，终将痛苦离去。想要尽力去抓住一切，往往什么都抓不住。

敬贤禅师有个弟子喜欢画画，他想画出一幅人人见了都喜欢的画。画完成后，他拿到市场上去展出。画旁放了一支笔，并附上说明："每一位观赏者，如果认为此画有欠佳之笔，均可在画中标上记号。"

晚上，小和尚取回了画，发现整个画面都涂满了记号——没有一笔一画不被指责。小和尚十分不快，对这次尝试深感失望。敬贤禅师让他换一种方法去试试。

小和尚又摹了一张同样的画，拿到市场展出。

可这一次，按照师父的建议，他要求每位观赏者将其最为欣赏的妙笔都标上记号。当小和尚再取回画时，他发现画面又被涂遍了记号。一切曾被指责的笔画，如今却都换上了赞美的标记。敬贤禅师问弟子："通过这件事，我们可以悟出什么？"

"师父！"小和尚不无感慨地说，"我发现了一个奥妙，那就是：我们不管干什么，只要使一部分人满意就够了，因为，在有些人看来是丑恶的东西，在另一些人眼里则恰恰是美好的。"

不必过于在意他人的眼光和看法，因为我们无论怎么做都无法让所有的人满意，索性让自己满意就行了。人生路有多条，何必将自己逼进死胡同呢？

放下对外物的执着，才能让自己进退自如。常言道，天无绝人之路。上帝在关闭一扇门时，就会为你打开一扇窗。在人生走到歧路或困境时，千万不要绝望灰心，因为正有另一条大路向我们展开坦途。人生有无数条路，条条大路通罗马。一条路走不通，何不换另一条路来走？

菩提本无树，明镜亦非台，本来无一物，何处惹尘埃？人生有时不必过于执着，如庄子所言，像婴儿一样，若有若无地自在把握，反而能够将幸福抓住。

握得越紧，越容易流失

佛家的《菩提心论》里曾经对“执着”作过这样的解释：那是一种对自我的过分坚持。关于这个问题，《庄子·大宗师》中也曾经说过：“夫藏舟于壑，藏山于泽，谓之固矣。然而夜半有力者负之而走，昧者不知也。”

南怀瑾解释说，这里的“藏”字，只能借用一个名称来讲，就是佛学中所说的执着，抓得很牢。一个人对生命之中的一切都想把握得很牢，其实生命永远都不会让我们完全把握。所谓要想将人生牢牢把握，就如同这里所说的“藏舟于壑，藏山于泽”，把船藏在山谷里面，把山藏在海洋里面。在普通人看来，如此隐藏，的确十分牢固。人们往往不知道，虽然我们认为藏得很好，但是有个大力士，半夜三更在你不知不觉的时候把山和海都背走了。

中国古籍中的“天圆地方”，是指地有方位。曾子就讲过地球是圆的，且一直在旋转。所谓“天道左旋，地道右旋”的观念，由来已久。这里庄子是说，一般人不懂得，以为自己坐在地球上很稳当，实际上地球一直在转动，仿佛山和海在夜里悄悄被人搬走。

人生往往就是这样，抓得越紧，就越容易流失。

有一条河流从遥远的高山上流下来，流过很多个村庄与森林，最后它来到了一片沙漠。它想：“我已经越过了重重的障碍，这次应该也可以越过这片沙漠吧？”当它决定越过这片沙漠的时候，却发现河水渐渐消失在泥沙之中，它试了一次又一次，总是徒劳无功，于是，它灰心了：“也许这就是我的命吧，我永远也到不了传说中那个浩瀚的大海。”它颓废地自言自语。

这时候，四周响起了一阵低沉的声音：“如果微风可以跨越沙漠，那么河流也可以。”原来这是沙漠发出的声音。小河垂头丧气地回答说：“那是因为微风可以飞过沙漠，可是我却不可以。”“因为你坚持你原来的样子，所以你永远无法跨越。你必须让微风带着你飞过沙漠，到达你的目的地。你只要愿意放弃你现在的样子，让自己蒸发到微风中。”沙漠用它低沉的声音这样说。

小河流从来不知道有这样的事情，“放弃我现在的样子，然后消失在微风中？不！不！”小河流无法接受这样的事情，毕竟它从未有过这样的经验，叫它放弃自己现在的样子，那不等于是自我毁灭了吗？“我怎么知道这是真的？”小河流这么问。“微风可以把水汽包含在它之中，然后飘过沙漠，等到了适当的地点，它就把这些水汽释放出来，于是就变成了雨水。然后，这些雨水又会形成河流，继续向前进。”沙漠很有耐心地回答。

“那我还是原来的河流吗？”小河流问。“可以说是，也可以说不是。”沙漠回答，“不管你是一条河流或是看不见的水蒸气，你内在的本质从来没有改变。你之所以会坚持你自己是一条河流，那是因为你从来不知道自己内在的本质。”此时小河隐隐约约地想起了自己在变成河流之前，似乎也是由微风带着自己，飞到内陆某座高山的半山腰，然后变成雨水落下，才变成今日的河流。于是，小河流终于鼓起勇气，投入微风张开的双臂，消失在微风之中，让微风带着它，奔向它生命中另一阶段的归宿。

人生不可能完全被掌控，正所谓“谋事在人，成事在天”，生命中总有些难以预料的事情，有时无须太过执着，正如感情，感情是一捧细沙，握得越紧，越容易流失。自以为一切尽在掌握中，一切藏得严严实实，其实却十分不牢靠。

生命历程往往也像河流一样，想要跨越生命中的障碍，达到某种程度的突破，有时必须放下执着。

另辟蹊径，步入新境

一条路走不顺畅，可以硬着头皮走下去，也可以放弃原路，另辟蹊径。换一种思维，换一个想法，往往能使人豁然开朗，步入新境，也能使人从“山穷水尽”中看到“峰回路转”和“柳暗花明”。

美国科学家贝尔曾说过：“创新有时需要离开常走的大道，潜入森林，你就肯定会发现前所未见的东西。”这也就是说我们往往按照自己已经习惯的思维角度来思考问题，从同样的角度看，我们所拥有的资源总是一样的，就永远要在资源的限制下发展。但如果你能换一个角度去思考，很可能就会有不一样的发现。

有一家电视台请来了一位商业奇才做嘉宾主持。很多人想听听他成功的方法。他却淡淡一笑，说："还是我出道题考考你们吧！"

"某处发现了金矿，人们一窝蜂地涌了过去，然而一条河挡住了他们的去路。这时，如果是你，你将怎么办？"

有人说绕道走，也有人说游过去。嘉宾只笑不说话，过了很久他才说："为什么非要去淘金呢？不如买船从事运送淘金者的营生。"

众人愕然。是啊，那种情形下，即便你将那些淘金者宰得身无分文，他们也心甘情愿呀——因为过去就是金矿！

成功往往就隐藏在别人没有注意的地方，假如你能发现它、抓住它、利用它，那么，你就会有机会获得成功。困境在智者的眼中往往意味着一个潜在的机遇，愚者对此却无动于衷。

人云亦云、随波逐流往往是我们生活中的陷阱。如果总是大家做什么你也做什么，就无法取得突破。为何不想一下"大家不做什么""大家还没有做什么"？这样，在他人忽略的特殊领域，我们便能挖掘出新的产品和服务项目。要想改善生活品质，首先要学会改变思路。不善改变思路就根本不可能找到成功的路径。

美国康奈尔大学威克教授做过这样一个试验：拿一只敞口玻璃瓶，瓶底朝光亮的一方，放进一只蜜蜂。蜜蜂在瓶口反复朝有光亮的方向飞。它左冲右突，努力了多次，都没有飞出瓶子。尽管这样，它还是不肯改变突围方向，仍旧按原来的方向去冲撞瓶壁。最后，它耗尽了气力，累死了。

接着，教授又放进了一只苍蝇。苍蝇也向有光亮的方向飞，突围失败后，又朝各种不同方向尝试，最后终于从瓶口飞走了。

有时候，人只要稍微变通一下思路，生命的前景、工作的效率就会大为改观。当工作遇到挫折的时候，你是否常常这样鼓励自己："坚持到底就是胜利。"有时候，会陷入一种误区：一意孤行，一头撞南墙。因此，当你的努力迟迟得不到预期的业绩时，就要学会放弃，要学会改变一下思路。其实，细想一下，适时地放弃不也是人生的一种大智慧吗？改变一下方向又有什么难的呢？

有人说：心就是一个人的翅膀，心有多大，我们就能飞多远。当我们感觉眼前无路可走的时候，不妨转念一下，另辟蹊径，就有可能步入人生的另一片天地。

学会变通，走出人生困境

变通是一种智慧，在善于变通的人眼里，没有“困难”这样的字眼。再顽固的荆棘，也会被他们用变通的方法连根拔起。他们相信，凡事必有方法去解决，而且能够解决得很完善。

一位姓刘的老总曾深有感触地讲述了自己的故事：

10多年前，他在一家电气公司当业务员。当时公司最大的问题是讨账。产品不错，销路也不错，但产品销出去后，却总是无法及时收到货款。

有一位客户买了公司20万元产品，但总是以各种理由迟迟不肯付款，公司派了3批人去讨账，都没能拿到货款。当时他刚到公司上班不久，就和另外一位姓张的员工一起被派去讨账。他们软磨硬泡，想尽了办法，最后，客户终于同意给钱，叫他们过两天来拿。

两天后他们赶去，对方给他们一张20万元的现金支票。

他们高高兴兴地拿着支票到银行取钱，结果却被告知，账上只有199900元。很明显，对方又耍了个花招，他们给的是一张无法兑现的支票。第二天就要放春节假了，如果不及时拿到钱，不知又要拖延多久。

遇到这种情况，一般人可能一筹莫展了。但是他却突然灵机一动，拿出100元钱，让同去的小张存到客户公司的账户里去。这一来，账户里就有了20万元，他立即将支票兑了现。

当他带着这20万元回到公司时，董事长对他大加赞赏。之后，他在公司不断发展，5年之后当上了公司的副总经理，后来又当上了总经理。

显然，刘总为我们讲了一个精彩的故事，因为他的智慧，使一个看似难以解决的问题迎刃而解了，因为他的变通，才使他获得不凡的业绩，并得到公司的重用。可以说，变通就是一种智慧。

生活中，学会变通、懂得思考才会有“柳暗花明又一村”的惊喜。事实也一再证明，看似极其困难的事情，只要我们用心去寻找变通方法，必定会有所突破。

委内瑞拉人拉菲尔·杜德拉也正是凭借这种不断变通而发迹的。在不到20年的时间里，他就建立了投资额达10亿美元的事业。

在20世纪60年代中期，杜德拉在委内瑞拉的首都拥有一家很小的玻璃制造公司。可是，他并不满足于干这个行当，他学过石油工程，他认为石油是个能赚大钱和更能施展自己才干的行业，于是他一心想跻身于石油界。

有一天，他从朋友那里得到一则信息，说阿根廷打算从国际市场上采购价值2000万美元的丁烷气。得此信息，他充满了希望，认为跻身于石油界的良机已到，于是立即前往阿根廷活动，想争取到这个合同。

去了后他才知道早已有英国石油公司和壳牌石油公司两个老牌大企业在频繁活动了。这是两家十分难以对付的竞争对手，更何况自己对经营石油业并不熟悉，资本又并不雄厚，要做成这笔生意难度很大。但他并没有就此罢休，他决定采取变通的迂回战术。

一天，他从一个朋友处了解到阿根廷的牛肉过剩，急于找门路出口外销。他灵机一动，感到幸运之神到来了，这等于给他提供了与英国石油公司及壳牌公司同等竞争的机会，对此他充满了必胜的信心。

他旋即去找阿根廷政府。当时他虽然还没有掌握丁烷气，但他确信自己能够弄到，他对阿根廷政府说："如果你们向我买2000万美元的丁烷气，我便买你2000万美元的牛肉。"当时，阿根廷政府想赶紧把牛肉推销出去，便把购买丁烷气的订单给了杜德拉，他终于战胜了两个强大的竞争对手。

订单争取到后，他立即筹办丁烷气。他随即飞往西班牙。当时西班牙有一家大船厂，由于缺少订货而濒临倒闭。西班牙政府对这家船厂的命运十分关切，想挽救这家船厂。

这一则消息，对杜德拉来说，又是一个可以把握的好机会。他便去找西班牙政府商谈，杜德拉说："假如你们向我买2000万美元的牛肉，我便向你们的船厂订制一艘价值2000万美元的超级油轮。"西班牙政府官员对此求之不得，当即拍板成交，马上通过西班牙驻阿根廷使馆，与阿根廷政府联络，请阿根廷政府将杜德拉所订购的2000万美元的牛肉，直接运到西班牙来。

杜德拉把2000万美元的牛肉转销出去之后，继续寻找丁烷气。他到了美国费城，找到太阳石油公司，他对太阳石油公司说："如果你们能出2000万美元租用我这条油轮，我就向你们购买2000万美元的丁烷气。”太阳石油公司接受了杜德拉的建议。从此，他便打进了石油业，实现了跻身于石油界的愿望。经过苦心经营，他终于成为委内瑞拉石油界的巨头。

杜德拉是具有大智慧、大胆魄的商业奇才。这样的人能够在困境中变通地寻找方法，创造机会，将难题转化为有利的条件，创造更多可以脱颖而出的资源。美国一位著名的商业人士在总结自己的成功经验时也说，他的成功就在于他善于变通，他能根据不同的困难，采取不同的方法，最终克服困难。

对于困难这部老爷车来说，变通就是最好的润滑油。对于善于变通的人来说，世界上不存在困难，只存在着暂时还没想到的方法。因此，当我们面临人生的困境时，不妨换种思维、换种角度来对待，学会变通，走出困境。

穷则变，变则通

行走中的人，既要能够看到远处的山水，也要能够看到自己脚下的路。不计较一时得失，基于全景考虑而决定的变通，往往是抵达目的地的一条捷径。变通，既是为了通过，更是为了向前。

穷则变，变则通。生命的长途中既有平坦的大道也有崎岖的小路，聪明的人既向往大道的四通八达，也憧憬小路上的美丽风景；生命的轮转中四季交替，既有姹紫嫣红、草长莺飞的明媚春光，也有银装素裹、万木凋零的凛凛冬日，万物生灵随着季节的轮转调整着自己的生存方式。

在生命的春天中，我们可以充分享受和煦的春风、温暖的阳光，而遭遇寒冬之时，要及时调整步速，不急不躁地把握住生命的脉搏。

人的一生，总要经风历雨，横冲直撞、一味拼杀是莽士，运筹帷幄、懂得变通才是智者。

从前有一个穷人，他有一个非常漂亮的女儿。穷人家境拮据，妻子又体弱多病，不得已向富人借了很多钱。年关将至，穷人实在还不上欠富人的钱，便来到富人家中请求他拖延一段时间。

富人不相信穷人家中困窘到了他所描述的地步，便要求到穷人家中看一看。

来到穷人家后，富人看到了穷人美丽的女儿，坏主意立刻就冒了出来。他对穷人说："我看你家中实在很困难，我也并非有意难为你。这样吧，我把两个石子放进一个黑罐子里，一黑一白，如果你摸到白色的，就不用还钱了，但是如果你摸到黑色的，就把女儿嫁给我抵债！"

穷人迫不得已只能答应。

富人把石子放进罐子里时，穷人的女儿恰好从他身边经过，看见富人把两个都是黑色的石子放进了罐子里。穷人的女儿刹那间便明白了富人的险恶用心，但又苦于不能立刻当面拆穿他的把戏。她灵机一动，想出了一个好办法，并悄悄地告诉了自己的父亲。

于是，当穷人摸到石子并从罐子里拿出时，他的手"不小心"抖了一下，富人还没来得及看清颜色，石子便已经掉在了地上，与地上的一堆石子混杂在一起，难以辨认。

富人说："我重新把两颗石子放进去，你再来摸一次吧！"

穷人的女儿在一旁说道："不用再来一次了吧！只要看看罐子里剩下的那颗石子的颜色，不就知道我父亲刚刚摸到的石子是黑色的还是白色的了吗？"说着，她把手伸进罐子里，摸出了剩下的那颗黑色石子，感叹道："看来我父亲刚才摸到的是白色的石子啊！"

富人顿时哑口无言。

"重来一次"意味着穷人摸到黑、白石子的概率仍然各占一半，而穷人的女儿则通过思维的转换成功地扭转了双方所处的形势。所以很多时候与其硬来，不如作出变通更有效果。当客观环境无法改变时，改变自己的观念，学会变通，才能在绝境中走出一条通往成功的路。

生活中许多事情往往都要转弯，路要转弯，事要转弯，命运有时也要转弯。转弯是一种变化与变通，转弯是调整状态，也是一种心灵的感悟。生命就像一条河流，不断回转蜿蜒，才能克服崇山峻岭，汇集百川，成为巨流。生命的真谛是实现，而不是追求；是面对现实环境，懂得转弯迂回和成长，而不是直撞或逃避。

高山不语，自有巍峨；流水不止，自成灵动。沉稳大气、卓然挺拔，是山的特性；遇石则分，遇瀑则合，是水的个性。水可穿石，山能阻水，山有山的精彩，水有水的美丽，而山环水、水绕山，更是人间曼妙风景。

抛却执着的妄念

禅宗祖师曾说过一句话："如虫御木，偶尔成文。"意思是说，有一只蛀虫咬树的皮，忽然咬的形状构成了花纹，使人觉得好像是鬼神在这棵树上画了一个符咒。偶尔成文似锦云，有时候也很好看的，其实那都是偶然撞到的。既然世间的一切都是偶尔成文的，还有什么好执着的呢？

西堂智藏是马祖道一禅师的弟子。他住持西堂后，有一次一位俗家人士问："禅师，请问有天堂和地狱吗？"

禅师答："有。"他又问："有佛、法、僧三宝吗？"禅师答："有。"他还提了许多问题，禅师全都回答："有。"那人说："师父这样回答，恐怕错了吧？"禅师就问："难道你见过得道高僧了吗？"那人答："我曾经参见过径山和尚。"禅师问："径山对你怎么说的？"那人答："他说一切都无。"禅师问："你有妻子吗？"他回答："有。"禅师问："径山和尚有妻子吗？"那人答："无。"禅师说："径山和尚说无也是对的。"那人行礼道歉后满足地离去了。

俗家人士的回答为什么有问题呢？原因就在于他还有对错之分，一个执着于对错的人，当然就是一个妄念没有去除的人。

佛陀告诫世人说，一个人要学习超然物外，不要执着于万事万物，因为尘世间万事万物均是无常。不要执着，不代表不让生活中任何感情和经验留在心中。事实恰恰相反，我们要让所有情绪、体验、经验穿透心房，只有真实地去接受、体会和认清这些经验，才能让它离开，不再执着。

赵州禅师是禅宗史上有名的大师，他对执着也有很精彩的解释。

众僧请赵州禅师住持观音院。一天，赵州禅师上堂说法："比如明珠握在手里，黑来显黑，白来显白。我老僧把一根草当作佛的丈六金身来使，把佛的丈六金身当作一根草来用。菩提就是烦恼，烦恼就是菩提。"有僧问："不知菩提是哪一家的烦恼？"赵州禅师答："菩提和一切人的烦恼分不开。"又问："怎样才能避免？"赵州禅师："避免它干什么？"

又有一次，一个女尼问赵州禅师："佛门最秘密的意旨是什么？"赵州就用手掐了她一下，说："就是这个。"女尼道："没想到你心中还有这个。"赵州说：

“不！是你心中还有这个！”

赵州禅师的话语给我们以足够的启示。人为什么放不下，就因为他们还有执着，有执着的人就不会绝对自在。

低一下头，弯一下腰

世界不是圆满的，不圆满就会有不如意。正如人生之旅，坎坷多多，难免直面矮檐，遭遇逼仄。在这种情况下，人要学会低头、学会弯腰、学会变通。

弯曲，是一种人生智慧，在生命不堪重负之时，适时适度地低一下头、弯一下腰，抖落多余的负担，才能够走出屋檐而步入华堂，避开逼仄而迈向辽阔。

孟买佛学院是印度最著名的佛学院之一，这所佛学院的特点是建院历史悠久，培养出了许多著名的学者。还有一个特点是其他佛学院所没有的，这是一个极其微小的细节。但是，所有进入过这里的人，当他们再出来的时候，无一例外地承认，也正是这个细节使他们顿悟，正是这个细节让他们受益无穷。

这是一个被很多人忽视的细节：孟买佛学院在它正门的一侧，又开了一个小门，这个门非常小，一个成年人要想过去必须弯腰侧身，否则就会碰壁。

其实这就是孟买佛学院给它的学生上的第一堂课。所有新来的人，老师都会引导他到这个小门旁，让他进出一次。很显然，所有的人都是弯腰侧身进出的，尽管有失礼仪和风度，却达到了目的。老师说，大门虽然能够让一个人很体面很有风度地出入，但很多时候，人们要出入的地方，并不是都有方便的大门，或者，即使有大门也不是可以随便出入的。这时，只有学会了弯腰和侧身的人、只有暂时放下面子和虚荣的人才能够出入。否则，你就只能被挡在院墙之外。

孟买佛学院的老师告诉他们的学生，佛家的哲学就在这个小门里。

其实，人生的哲学何尝不在这个小门里！人生之路，尤其是通向成功的路上，几乎是没有宽阔的大门的，所有的门都需要弯腰侧身才可以进去。因此，在必要时，我们要能够学会弯曲，弯下自己的腰，才可得到生活的通行证。

人生之路不可能一帆风顺，必然会有风起浪涌的时候，如果迎面与之搏击，就可能会船毁人亡，此时何不退一步，先给自己一个海阔天空，然后再图伸展？

妙善禅师是世人非常景仰的一位高僧，被称为“金山活佛”。

在妙善禅师曾经居住的金山寺旁有一条小街，街上住着一个贫穷的老婆婆，与独生子相依为命。偏偏这儿子忤逆凶横，经常责骂母亲。妙善禅师知道这件事后，常去安慰这位老婆婆，和她说些因果轮回的道理。逆子非常讨厌禅师来家里，有一天起了恶念，悄悄拿着粪桶躲在门外，等妙善禅师走出来，便将粪桶向禅师兜头一盖，刹那间腥臭污秽的粪尿淋满禅师全身，引来了一大群人看热闹。

妙善禅师却不气不怒，一直顶着粪桶跑到金山寺前的河边，才缓缓地把粪桶取下来，旁观的人看到他的狼狈相，哄然大笑，妙善禅师毫不在意地道：“这有什么好笑的？人身本来就是众秽所集的大粪桶，大粪桶上面加个小粪桶，有什么值得大惊小怪的呢？”

有人问他：“禅师！你不觉得难过吗？”

妙善禅师道：“我一点儿也不会难过，老婆婆的儿子以慈悲待我，给我醍醐灌顶，我还觉得自在哩！”

后来，老婆婆的儿子为禅师的宽容所感动，改过自新，向禅师忏悔谢罪，禅师欢欢喜喜地开示他，受了禅师的感化，逆子从此痛改前非，以孝闻名乡里。

妙善禅师将身体看作大的粪桶，就算再加个小的粪桶，也不稀奇。这种认识正是他高尚的人格和道德慈悲的表现，也正是这一刻他弯下了腰，忍住了屈辱，才感化了忤逆的年轻人。

人生有起有伏，不必过于执着，而应当能屈能伸。起，就直上云霄；伏，就如龙在渊；屈，就不露痕迹；伸，就清澈见底。这是多么奇妙、痛快、潇洒的情境啊！

“此路不通”就转个弯

当你走在路上，眼看就要到达目的地了，这时车前突然出现一块警示牌，上书4个大字：此路不通！这时你会怎么办？

有人选择仍走这条路过去，大有不撞南墙不回头之势。结果可想而知，已言明“此路不通”，那个人只能在碰了钉子后灰溜溜地掉转车头返回。这种人在工作中常常因“一根筋”思想而多次碰壁，消耗了时间和体能，却无法将工作效率提高一丁点儿，结果做了许多无用功。

有人选择驻足观望。不再向前走因为“此路不通”，却也不掉头，想法有二：一是认为自己已经走了这么远，再回头心有不甘且尚存侥幸心理；二是想如果回头了其他的路也不通怎么办？结果驻足良久也未能前进一步。这种人在工作中常常会因懦弱和优柔寡断而丧失机会，业绩没有进展不说，还会留下无尽的遗憾。

还有一类人，他们会毫不犹豫地掉转车头，去寻找另外一条路。也许会再次碰壁，但他们仍会不断地进行尝试，直到找到那条可以到达目的地的路。这种人是工作中真正的勇者与智者，他们懂得变通，直到寻找到解决问题的方法，并且往往能够取得不错的业绩。“此路不通”就换条路，“这个方法不行”就换个方法，应该成为我们每一个人的工作理念。

某地由于一些工厂排放污水，使很多河流污染严重，以至于下游居民的正常生活受到了影响，环保部门每天都要接待数十位满腹牢骚的居民的投诉。环保部门联合有关部门决定寻找解决问题的办法。

他们考虑对排污水的工厂进行罚款，但罚款之后污水仍会排到河流中，不能从根本上解决问题。这条路行不通。有人建议立法强令排污工厂在厂内设置污水处理设备。本以为问题可以彻底解决了，却在法令颁布之后发现污水仍不断地排到河流中。而且，有些工厂为了掩人耳目，对排污乔装打扮，从外面看不出有什么破绽，可污水却一刻不停地在流。这条路仍行不通。

之后，当地有关部门立刻转变方法，采用著名思维学家德·波诺提出的设想：立一项法律——工厂的水源输入口，必须建立在它自身污水输出口的下游。

看起来这是个匪夷所思的想法，但事实证明这确实是个好方法。它能够有效地促使工厂进行自律：假如自己排出的是污水，输入的也将是污水，这样一来，其能不采取措施净化输出的污水吗？

任何事物的发展都不是一条直线，聪明人能看到直中之曲和曲中之直，并不失时机地把握事物迂回发展的规律，通过迂回应变，达到既定的目标。

俗话说：“变则通，通则久。”在一些暂时没有办法解决的事情面前，我们应该学着变通，不能死钻牛角尖，“此路不通”就换另一条路。有更好的机会就赶快抓住，不能一条道走到黑。

美国著名企业家李·艾柯卡在担任克莱斯勒汽车公司总裁时，为了争取到10亿美元的国家贷款以解公司之困，他在正面进攻的同时，采用了迂回包抄的方法。一方面，他向政府提出了一个现实的问题，即如果克莱斯勒公司破产，将有60万左右的人失业，第一年政府就要为这些人支出27亿美元的失业保险金和社会福利开销，政府到底是愿意支出这27亿美元呢，还是愿意借出10亿极有可能收回的贷款？另一方面，对那些可能投反对票的国会议员们，艾柯卡吩咐手下为每个议员开列一份清单，清单上列出该议员所在选区所有同克莱斯勒有经济往来的代销商、供应商的名字，并附有一份万一克莱斯勒公司倒闭将在其选区造成的经济后果的分析报告，以此暗示议员们，若他们投反对票，因克莱斯勒公司倒闭而失业的选民将怨恨他们，由此也将危及他们的议员地位。

这一招果然很灵，一些原先强烈反对给克莱斯勒公司提供贷款的议员闭了嘴。最后，国会通过了由政府支持克莱斯勒公司15亿美元的提案，比克莱斯勒公司原来要求的多了5亿美元。

“此路不通”就换方法。正是遵循了这个信条，李·艾柯卡才最终找到了解决问题的方法。一个卓越的人，必是一个注重寻找方法的人。当他发现一条路不通或太挤时，就能够及时转换思路，改变方法，寻找一条更为通畅的路。工作中也是如此，一个优秀的员工必是一个善于变换思路和方法的员工，他既不会固守一种思路，也不会迷信一种方法，他会审时度势，适时突破，在变化中迅速拿出新的应对方案。他相信，方法总会有的，只是自己还没有想到。

所以，“此路不通”时，不妨转个弯，换条路走走。

变一下视线，换一下角度

西方有一首诗这样写道：

动物明白自己的特性：
熊不会试着飞翔，
驽马在跳过高高的栅栏时会犹豫，

狗看到又深又宽的沟渠时会转身离去。
但是，人是唯一一种不知趣的动物，
受到愚蠢与自负天性的左右，
对着力不能及的事情大声地嘶吼——坚持下去！
出于盲目和顽固，
荒唐地执迷于自己最不擅长的事情，
使自己历尽艰辛，然而收获甚微。

盲目地坚持，只会让人陷入无谓的努力中，最终收获甚微。愚公移山的故事老少皆知，我们钦佩愚公的干劲、执着，但同时也有人抱质疑态度：愚公搬一次家，又何至于让子子孙孙都辛苦一生？

工作中，许多人常“咬定青山不放松”，永不言弃，不撞南墙不回头，最终只会撞得头破血流、伤痕累累。有时候变一下视线，换一下角度，找一下方法，将会“柳暗花明又一村”。

小马到一家公司去推销商品。他恭敬地请秘书把名片交给董事长，正如他所料，董事长还是把名片丢给秘书，“怎么又来了！”董事长有些不耐烦。无奈，秘书只得把名片退还给立在门外受尽冷落的小马，但他毫不在意地再把名片递给秘书，“没关系，我下次再来拜访，所以还是请董事长留下名片。”

拗不过小马的坚持，秘书硬着头皮，再进办公室。董事长火了，将名片撕成两半，丢回给秘书。秘书不知所措地愣在当场，董事长更生气了，从口袋拿出10块钱说道：“10块钱买他一张名片，够了吧！”哪知当秘书递还给业务员名片与钞票后，小马很开心地高声说：“请你跟董事长说，10块钱可以买两张我的名片，我还欠他一张。”随即他再掏出一张名片交给秘书。突然，办公室里传来一阵大笑，董事长走出来说道：“这样的业务员不跟他谈生意，我还找谁谈？”说着把小马请进了办公室。

大多数情况下，正确的方法比坚持的态度更有效、更重要。坚持固然是一种良好的品性，但在有些事上过度地坚持，反而会导致更大的浪费。因此，在做一件事情时，在没有胜算的把握和科学根据的前提下，应该见好就收，知难而退。

某个国家的火箭研制成功后，科学家选定一个海岛做发射的基地。经过长久的准备，在进入可以实际发射的阶段时，海岛的居民却群起反对火箭在此发射。于是全体技术人员总动员，反复地与岛上居民谈判、沟通，以寻求他们的理解。可是，交涉却一直陷入泥沼状态，最后终于说服了岛上的居民，然而前后却花费了3年的时间。

后来大家重新检讨这件事情时，发现火箭的发射地点并不是非在这个海岛不行。此前，却从来没有人发现这个问题。当时只要把火箭运到别的地方，那么，3年前早就发射完成了。但当时太执着于如何说服岛民的问题上，所以才连“换个地方”这么简单而容易的方法都没有想到。

有些事情，你虽然付出很大努力，但你会发现自己仍处于一个进退两难的境地，你所走的研究路线也许只是一条死胡同。这时候，最明智的办法就是抽身退出，寻找其他的成功机会。

在形形色色的问题面前，在人生的每一次关键时刻，聪明的人会灵活地运用智慧，作最正确的判断，选择属于自己的正确方向。同时，他会随时检视自己选择的角度是否产生偏差，适时地进行调整，而不是以坚持到底为圭臬，只凭一套哲学，便欲强渡生活中所有的关卡。时时留意自己执着的意念是否与成功的法则相抵触，追求成功，并非意味着我们必须全盘放弃自己的执着，去迁就成功法则。只需在意念、方法上作灵活的修正，我们就将离成功越来越近。

恬淡如水，进退安如

中华文明源远流长，其中的书法文化颇具特色。和其他字体相比，中国的行书具有大小相兼、疏密得体、浓淡相融、收放结合的特点，放则凸显草书风骨，收则尽显楷书风范，堪称收放自如的智慧融合体，笔锋之间尽是人生的重现。幸福的人生也当如这行书一般，既可纵情狂放，也可内敛端正，面对世间万事万物，收放自如，怡然自得地享受着生活。

李白的狂放在整个中国诗歌史上留下了浓墨重彩的一笔，人们皆以为是狂放成就了诗人李白，其实不然。在狂放的心灵之下，李白也懂得克制隐忍，面对红尘俗世收放自如，从容应对，方能潇洒遨游天下，写出众多的名篇佳句。

当年李白到京城赶考，尽管才学过人，却因不愿给主考官杨国忠和宦官高力士等贪财之辈送礼，最终无缘功名。面对李白的才学，杨国忠讽刺地批道："这样的书生只能给我磨墨。"高力士甚至说："磨墨算抬举他了，他只配给我脱靴。"随之把李白推出考场。面对如此黑暗的官场，李白心生气愤，却隐忍克制不发。

一年后的一天，有个番使来唐朝递交国书，上面全是鸟兽图形。唐玄宗命杨国忠开读，杨国忠如见天书，哪里认得？满朝文武亦无一人能辨认。唐玄宗大怒："三日之内若无人认得，文武官员一律停发俸禄；六日无人认得，一概免官；九日无人认得，统统问罪。"

后有人推荐李白，李白接过番书，不仅一目十行，且代玄宗写诏书。其时，李白见杨国忠、高力士站在两班文武之首，便对唐玄宗说："臣去年应考，被杨太师批落，被高太尉赶出，今见二人在班，臣神气不旺。请万岁吩咐杨国忠给臣磨墨，高力士为臣脱靴，臣方能口代天言，不辱君命。"唐太宗用人心急，就依言传旨。杨国忠只得忍气磨墨，高力士只得跪着脱靴。

李白受辱时不怒，受宠时亦不惊。他被拜为翰林学士后，继续受宠，但他主动上书，要求离去。他在《梦游天姥吟留别》一诗中这样写道："安能摧眉折腰事权贵，使我不得开心颜。"李白不为一时一事的宠辱而慌乱，表现了贤人君子超凡脱俗的思想境界。

该狂时狂，该敛时敛，收放自如，从容以对天下，进可入世，融入俗世红尘却不觉烦恼牵绊；退可出世，不问红尘俗世，精修其心，乐得逍遥自在。

苏东坡赞美西湖，作诗说："欲把西湖比西子，淡妆浓抹总相宜。"西湖如此，西子如此，每个人的人生也应如此，浓淡相宜。浓就浓他个轰轰烈烈，全身心地去干事业、闯天下，报效祖国，奉献社会；淡就淡他个心如止水，沉稳恬静，"采菊东篱下，悠然见南山"。名、利、权、势，都是身外之物、过眼云烟，得意淡然，失意泰然。

苏轼的友人王定国有一名歌女，名叫柔奴，眉目清秀，善于应对，其家世代居住于京师，后王定国迁官岭南，柔奴随之，多年后，复随王定国还京。

苏轼拜访王定国时见到柔奴，问她："岭南的风土应该不好吧？"不料，柔奴却答道："此心安处，便是吾乡。"苏轼闻之，心有所感，遂作词一首，这首词的后半阙是："万里归来颜愈少，微笑，笑时犹带岭梅香。试问岭南应不好？却道，此心安处是吾乡。”

在苏轼看来，偏远荒凉的岭南不是一个好地方，但柔奴能像生活在故乡京城一样处之安然。从岭南归来的柔奴，看上去似乎比以前更加年轻，笑容仿佛带着岭南梅花的馨香，这便是随遇而安，并且是心灵之安的结果了。

这则小故事传递给我们的是人生的另一种境界——随遇而安。那柔奴便是因为深谙了“随遇而安”的内涵与要义，因而能做到“此心安处是吾乡”。“万里归来颜愈少”“此心安处是吾乡”，直到今天，仍然被无数漂泊者当作自慰之语。在我们生存的这个社会里，多少“身在异乡为异客”的人，因能随遇而安，故而不论在什么样的环境里均能安之若素。能安之若素，方可心无烦忧，一心做自己应做或爱做之事。

“随遇”者，顺随境遇也。“安”者，一可理解为听天由命，安于现状；二可理解为心灵不为不如意之境遇所扰，无论于何种处境，均能保持一种平和安然的心态，并继续坚持自己的追求。前者之“安”，或许可以称为“消极处世”；而后者之“安”，则需要一种良好的心理调节能力，甚至需要一种超脱、豁达的胸襟，不是人人都能做到的。

庄子有言：“古之真人，其寝不梦，其觉无忧，其食不甘，其息深深。”真人者，有心灵之安可以使人乐观处世，永葆青春。

心灵之安者，其心当恬淡如水，为人处世间进退安如，其人生也自有一番怡然之境。

悬崖深谷处，撒手得重生

悬崖深谷得重生看似是一种悖论，实际上却蕴含着深刻的道理。“悬崖撒手”是一种姿态，美丽而轻盈。放手之后，心灵将获得一片得以自由飞翔的广袤天空，在瞬间获得释放与舒展。

行走于人世间，沟沟坎坎不可避免，事态的发展也不会总是按照我们的主观想象进行，大多数时候，万事如意只是一个美好的心愿罢了。一个人只有把一切受物理环境影响的东西都放掉，才能够逍遥自在，万里行游而心中不留一念。

面对世间万物，只要我们不那么过分执着，换个想法，换个角度，调整一下态度，就能让自己有新的境遇、新的机会。对于人们来说，想要达到身轻心安的境界，其实是很容易的。不要过于执着，不要让自己过得那么辛苦，倘若能够从容放下，那么自由畅快就在眼前。

从前有一位凡事放得下、非常豁达的老人，一心只想施舍、尽力为人付出，他认为自己若学会与人无争、与世无争，那样才是逍遥又自在的人生。

有一天国王出城巡游。国王坐在高大的白象上，一群随从围绕在身旁。途中，国王看到一位白发苍苍的老人从远处走了过来。他生怕这位老迈的长者受到惊吓，即吩咐身边的随从："先停下来！停下来！"他想让老人能慢慢，安全地走过来。

这位老迈的长者远远看到国王时，自己也稍微停了下。他望见随从的队伍也停下时，才放心地继续向前走。当长者慢慢地走到这群人的面前时，国王对着他轻声呼唤说："老人家！看您白发苍苍，您今年高寿？"

老人仰头看着满脸慈祥的国王，展露天真的笑容，老人缓慢地伸出 4 个手指头对国王说："我今年才 4 岁。"

国王听后很怀疑地说："您 4 岁？"

老人看着国王的眼睛坚定地说："对！我才 4 岁。因为，我在 4 年前所过的生活，是很糊涂、懵懂的人生，对于我来说那并不是真正的人生。后来我很幸运地得闻佛法，从此开悟，因为我受佛陀的教育才 4 年，现在也就是 4 岁！"

老人看着国王惊讶的表情继续说："如今，我凡事都放得下，不再像以前一样盲目坚持，现在的我一心只想要施舍，在我有生之年尽力去付出。在这个过程中，我体会到让人快乐对于我自己来说是一件多么欢喜的事情，不与人计较是如此的自在！由此，我总结了一下这几年的心得，那就是心无烦恼，才能身轻心安！"

"这 4 年来，我过得很逍遥自在，我那时才明白这才是我想要的人生。所以，我真正会做人的年龄才 4 岁。"国王听了老人的话后若有所思，然后突然有所悟并欢喜地说："老人家！您说得很对！人生确实要放得下、舍得付出，与人无争、与世无争，这才是最逍遥的人生。我真的很羡慕您！虽然您听闻佛法才 4 年，但这 4 年让您的人生已经变得很有价值了。"

通过老人的故事我们更加能体会到，人生若想过得逍遥自在，就必须要有豁达宽广的心怀，学会看得开、放得下。把令我们沮丧的事放下，把心烦意乱的事情放下，把那些坏心情放下，不要过分执着，以一份淡定从容、自由轻松之心对待自己、对待生活。

痛苦源自执着心，人生唯有少执着、多放下。对名利不执着，对权位不执着，对人我是非能放下，对情爱欲念能放下，才能享受随缘随喜的快乐生活。

第十二章

吃亏也是福：职场上的付出与收获

比别人多做一点，收获大不同

很多人想找一条通向成功的捷径，当众里寻他千百度之后，发现“勤”字，是成大事的要诀之一。

天道酬勤。没有哪一个人的才华是与生俱来的，在成功的道路上，除了勤奋，是没有任何捷径可走的，在每个成功者的身上，都可以看到勤劳的好品质。

鲁迅说得更清楚：“其实即使天才，在生下来的时候的第一声啼哭，也和平常的儿童的一样，绝不会就是一首好诗。”“哪里有天才，我是把别人喝咖啡的工夫用在工作上。”一成功人士如是说。

笨鸟先飞，尚可领先，何况并非人人都是“笨鸟”。勤奋，使人如虎添翼，能飞又能闯。

任何事情，唯有不停前进方可有生命力。在这个竞争激烈的世界里，人才云集，竞争对手强大。快节奏的生活、高度的竞争又时刻令人感受到一种莫大的压力，潜移默化地催人上进。

成功的得来可不像老鹰抓小鸡那样容易，而是靠勤奋工作得来的。只有辛勤地劳动，才会有丰厚的人生回报。即使给你一座金山，若无所事事，也总有一天会坐吃山空的。传说中的点石成金之术并不存在，而在劳动中获得财富才是最正确的途径。你想拥有金子，最好的办法是辛勤地耕耘。

人生是一个充满谜团的过程。在这个过程中，会有许许多多令人悲欢离合、喜怒哀乐的事情，也会有许多意想不到却又似乎是上天特意考验我们的事情出现。在这些事情的考验下，有的人充实而成功地走完了这一过程，有的人却相反，在遗憾中随风逝去。

我们每一个健康生活的人都希望自己能够走向成功，都想在成功中领略人生的激动，而成功又不是轻易予人的。

那些养成工作习惯的人总是闲不住，懒惰对他们来说是无法忍受的。即使由于情势所迫，不得不终止自己早已习惯了的工作，他们也会立即去从事其他工作。那些勤劳的人们总是很快就会投入到新的生活方式中去，并用自己勤劳的双手寻找、挖掘出生活中的幸福与快乐。要享受成功的幸福，首先要付出你的辛劳汗水，只有这样，你才会收获耕耘的快乐。

让出功劳，才能平步青云

东汉末年时的许攸，本来是袁绍的部下，虽说是一名武将，却足智多谋。官渡之战时，他为袁绍出谋划策，可袁绍不听，他一怒之下投奔了曹操。

曹操听说他来，没顾得上穿鞋，光着脚便出门迎接，鼓掌大笑道："足下远来，我的大事成了！"可见此时曹操对他很看重。

后来，在击败袁绍、占冀州的战斗中，许攸又立了大功，他自恃有功，在曹操面前便开始放肆起来。有时，他当着众人的面直呼曹操的小名，说道："阿瞒，要是没有我，你是得不到冀州的！"

曹操在人前不好发作，只好强笑着说："是，是，你说得没错。"但心中已十分记恨，许攸并没有察觉，还是那么信口开河。

有一次，许攸随曹操进了邺城东门，他对身边的人自夸道："曹家要不是因为我，是不能从这个城门进进出出的！"

曹操后来终于忍耐不住，将他杀掉。

不管你的功劳有多大，你如果只是一个下属，千万不能在众人，尤其是上司的面前，夺了上司的光芒，否则你也会像许攸一样遭人摒弃。

许多上司最看不上那些自吹自擂的人，有了一点点成绩，就心高气傲，不思进取，这样的人是不会得到提拔和重用的。所以，下属与上司相处时，一定要掌握分寸。

尽管有时上司在某一方面确实不如你，作为下属的你还是要十分注意。在你与上司当面说话的时候，不要咄咄逼人，不要冷嘲热讽；背地里也不要对其品头论足；更不要让上司当众出丑、如芒在背。

在职场中，不管你才高几斗，不管你有多大功劳，学会在领导面前低头，将功劳让给上司，你将受益无穷。

舍得投入，职场的充电投资“经”

在现代社会中，科学技术发展迅速，大学生就业难，各个行业用人趋向饱和，这使得职场的竞争变得越来越残酷。工作中不断地注入新的内容和活力，要求我们必须不断学习和更新职业技能。

所以，我们只有不断对自己进行“充电”，随时更新自己的知识，不断地掌握新技术来改进和发展自己的职业生活，才有机会在激烈的人才竞争中占据永不落后的一席之地。

美籍华人李玲瑶在学生时代就好学上进，加上其开朗的性格，所以常受到师长的欣赏和同学的拥戴，并常被邀请去电台、电视台主持节目。台湾一家著名杂志称她为“美得耀眼的女生”。中美尚未建交期间，她在华盛顿担任全美华人协会华盛顿分会负责人。1979 年，邓小平访美时，她和杨振宁一样，是接待小组成员；在中美建交仪式上，她是少数几个被邀请到白宫观礼的华人代表之一；在中美建交华人庆祝大会上，李玲瑶担任大会司仪。

在美国拿到计算机学位后，她在硅谷做了 8 年的资深电脑分析员。1980 年，她决定开创自己的事业，在硅谷创办公司。不到两年，她实现了自己的第一个目标，成为百万富翁。同时，公司也从高科技领域扩展到房地产和进出口贸易领域，并在北京、香港等地建立了办事处。此时的李玲瑶从一个纯粹的文化人发展成为一个干练的企业家。

这时，她感觉到自己在经济理论方面的不足。于是，在她 48 岁的时候，她重新进入学校学习，每次上课都坐在第一排的正中间，从不落一次课，认认真真做每一道习题。

同时，李玲瑶还自学了经济学本科方面的所有课程，硕士加博士的 5 年，她读完了经济学 9 年的课程之后，又上北大学习，并戴上了北大博士帽，她的事业也越来越成功。

在工作的黄金时期，往往也是压力最大的时期。因为你不仅要在原来的基础上提升自己，更要为以后的发展做好打算。这个时候，如果我们一直依靠以前积累的知识和技术，很难应对不断发展的社会环境，也不会满足对生活的高要求的需要。因为如果你停滞在原有的知识储备和技术储备的基础上，你就始终会在原来的工作位置上打转，不会有提升的空间。可是随着我们工作年头的增加，原来的工作岗位已经不能满足我们心理的需要了，我们会希望有更高的进步、更大的提升。所以，只有不断地给自己的大脑充电，适时地做好头脑的补充，我们才能向着理想的生活迈进。

那么，我们应该怎样给自己“充电”呢？自我“充电”的内容应包括以下几个方面：

1. 加强职业道德修养

也许你并没有认识到这一点，职业道德修养是职业活动的基础，也是自我完善的必由之路。它是从业人员根据职业道德规范的要求，在职业意识、职业情感、职业理想和行为等方面的自我教育、自我培养、自我锻炼和自我改造，可以提高自己的道德素质，不断克服错误思想的职业意识。可以说，职业道德修养的过程，是使自己在职业道路的阶梯上不断攀登的过程。

2. 不断学习科学文化知识

在当代科学技术日益成为生产力重要因素的情况下，缺少文化技术知识，不可能成为一个合格的职业人才。在工作中，即使我们大学毕业了，有了职称和工作业绩，也只能表明过去。每个人在职业活动中的能力，基本上取决于对高新文化技术知识的掌握和运用程度。

3. 注重提高职业操作技能

任何职业活动都是由一定的职业操作技能联结成的，提高职业操作技能就等于提高了职业活动能力。你可以通过学徒、实验、参加比赛等形式，不断提高本职业的基本操作技能，并达到较高的熟练程度，以顺利地完成本职工作任务。

4. 掌握职业生活技巧

任何一种成功的职业活动中，都包含着职业科学成分，如怎样进行职业保健、怎样能成才、怎样能解除职业生活中的种种困扰等，都存在方法和技巧问题。懂得技巧就可能使职业生活变得丰富而有活力，否则，就难免走弯路，甚至导致职业生活失败，所以，我们不能忽视对职业生活技巧的学习和运用。良好的技巧能够弥补很多缺憾和不足，有助于在理想的职业领域大显身手。

现在的企业裁员现象越来越严重。对于职场中的我们来说，想要保住饭碗，就不能坐吃老本，不注意知识的积累。只有不断对自己进行“充电”，丰富自己的头脑，我们才有机会在职场竞争中始终立于不败之地。

忍耐是成就事业所必需的

《忍经·骂如不闻》记载：富文忠公年少时，有骂者，如不闻。

人曰：“他骂汝。”

公曰：“恐骂他人。”

又告曰：“斥公名云富某。”

公曰：“天下安知无同姓名者？”

意思是：富弼年少时，有人骂他，他就像没有听见一样。

有人告诉他说：“他在骂你。”

富弼就说：“他恐怕在骂其他人吧。”

那个人又告诉他：“他指名道姓地骂你呢。”

富弼说：“难道天下就没有同名同姓的人吗？”

有人说中国人最擅长“忍”术，这是几千年文化积淀下来的民族心理习惯。但是“忍”并不是懦弱，也不是毫无原则的退让，而是对很多事不较真。古人说：“水至清则无鱼，人至察则无徒。”在一些小事上没有必要斤斤计较，这是一种对生命的领悟，以及对人生的豁达。其实，人活在世上难免会受到各种不公正对待。所以，对于很多事不要太过计较，要保持一种洒脱的心态。

一位西方学者曾经说过：“忍耐和坚持是痛苦的，但它会逐渐给你带来好处。”人要获得某方面的成就，必须学会忍耐，从某种程度上说，忍耐是成就一项事业所必需的。

山里有座寺庙，庙里有尊铜铸的大佛和一口大钟。每天大钟都要承受几百次撞击，发出哀鸣。而大佛每天坐在那里，接受千千万万人的顶礼膜拜。

一天夜里，大钟向大佛提出抗议说：“你我都是铜铸的，可是你却高高在上，每天都有人对你顶礼膜拜，献花供果，烧香奉茶。每当有人拜你之时，我就要挨打，这太不公平了吧！”

大佛听后微微一笑，安慰大钟说：“大钟啊，你也不必羡慕我，你知道吗？当初我被工匠制造时，一棒一棒地捶打，一刀一刀地雕琢，历经刀山火海的痛楚，日夜忍耐如雨点般落下的刀锤……千锤百炼才铸成佛的眼耳鼻身。我的苦难，你不曾忍受，我经历过难忍的苦行才坐在这里接受鲜花供养和人类的礼拜！而你，别人只在你身上轻轻敲打几下，就忍受不了了！”

大钟听后，若有所思。忍受艰苦的雕琢和捶打之后，大佛才成为大佛，钟的那点捶打之苦又有什么不能忍受的呢？

事实上，不光学佛需要行“忍”，一切成就也都来源于忍。孔子的克己复礼是忍耐，他的思想至今在人间散发着理性的光芒，成为众人提倡的奉行之本。韩信甘愿受胯下之辱是忍耐；司马迁遭受宫刑著《史记》是忍耐；刘邦在取得汉中后广积粮、高筑墙、缓称王是忍耐，终成一代帝业；项羽急不可待，最终却是霸王别姬，饮恨乌江。

职场中人要有更大的忍耐之心，技术的修炼需要忍耐辛劳，职场的升迁需要忍耐寂寞，学会忍耐，才能在事业上取得一个个成功。

放弃忠诚就等于放弃成功

忠诚是员工的立身之本。一个禀赋忠诚的员工，能给他人以信赖感，让老板乐于接纳，在赢得老板信任的同时更能为自己的发展带来莫大的益处。相反，一个人如果失去了忠诚，就等于失去了一切——失去朋友、失去客户、失去工作。从某种意义上讲，一个人放弃了忠诚，就等于放弃了成功。

一个人任何时候都应该信守忠诚，这不仅是个人品质问题，也会关系到公司的利益。忠诚不仅有道德价值，而且还蕴含着巨大的经济价值和社会价值。有一些人无视忠诚，利益成为压倒一切的需求，他们为了利益放弃忠诚，这将会成为其人生中永远都抹不去的污点。

李克是一家公司的业务部副经理，刚刚上任不久。他年轻能干，毕业短短两年就能够有这样的业绩也算是表现不俗了。然而半年之后，他却悄悄离开了公司，没有人知道他为什么离开。李克在离开公司之后，找到了他原来关系不错的同事彼得。在酒吧里，李克喝得烂醉，他对彼得说：“知道我为什么离开吗？我非常喜欢这份工作，但是我犯了一个错误，我为了获得一点儿小利，失去了作为公司职员最重要的东西。虽然总经理没有追究我的责任，也没有公开我的事情，算是对我的宽容，但我真的很后悔，你千万别犯我这样的低级错误，不值得啊！”

彼得尽管听得不甚明白，但是他知道这一定和钱有关。后来，彼得知道了，李克在担任业务部副经理时，曾经收过一笔款子，业务部经理说可以不下账了："没事儿，大家都这么干，你还年轻，以后多学着点儿。"

李克虽然觉得这么做不妥，但是他也没拒绝，半推半就地拿了5000美元。当然，业务部经理拿到的更多。没多久，业务部经理就辞职了。后来，总经理发现了这件事，李克就不能在公司待下去了。

彼得看着李克落寞的神情，知道李克一定很后悔，但是有些东西失去了是很难弥补回来的。李克失去的是对公司的忠诚，他还能奢望公司再相信他吗？

事实上，无论什么原因，只要你失去了忠诚，就失去了人们对你最根本的信任。不要为自己所获得的利益沾沾自喜，其实仔细想想，你失去的远比获得的多，而且你所获得的东西可能最终还不属于你。相反，如果你在工作中一直坚持忠诚的原则，忠于公司，你必将获得老板的赏识和众人的尊敬。

著名管理大师艾柯卡在福特汽车公司面临重重危机之时临危受命，他大刀阔斧进行改革，使福特汽车公司走出危机。福特汽车公司董事长小福特却对艾柯卡进行排挤，这使艾柯卡处于一种两难境地。但是，艾柯卡却说："只要我在这里一天，我就有义务忠诚于我的企业，我就应该为我的企业尽心竭力地工作。"

尽管后来艾柯卡离开了福特汽车公司，但他仍对自己为福特公司所做的一切感到欣慰。"无论我为哪一家公司服务，忠诚都是我的一大准则。我有义务忠诚于我的企业和员工，到任何时候都是如此。"艾柯卡说。

正因为如此，艾柯卡不仅以他的管理能力折服了其他人，也以自己的人格魅力征服了别人。无论一个人在组织中是以什么样的身份出现，对组织的忠诚都应该是一样的。我们强调个人对组织忠诚的意义，就是因为无论是组织还是个人，忠诚都会使其得到收益。

对自己的期望要比老板对你的期望更高

假如老板的周围缺乏主动的工作者，你如果具有强烈的主动工作精神，你自然能得到重视，受到重用。

如果只有在别人注意时才有好的表现，那么你永远无法达到成功的顶峰。最严格的表现标准应该是由自己设定的，而不是由别人去要求的。如果你对自己的期望比老板对你的期望高，那么你无须担心会失去工作。同样，如果你能达到自己设定的最高标准，那么升迁晋级也将指日可待。

有 3 个人到一家建筑公司应聘，经过一轮又一轮的考试，最后他们从众多的求职者当中脱颖而出。公司的人力资源部经理对他们说了一句“恭喜你们”，然后将他们带到了一处工地。

工地上有 3 堆散落的红砖乱七八糟地摆放着。人力资源部经理告诉他们，每人负责一堆，将红砖整齐地码成一个方垛，然后他在 3 个人疑惑的目光中离开了工地。A 对 B 说：“我们不是已经被录用了吗？为什么将我们带到这里？”

B 对 C 说：“我可不是应聘这样的职位，经理是不是搞错了？”

C 说：“不要问为什么了，既然让我们做，我们就做吧。”然后带头干起来。

A 和 B 同时看了看 C，只好跟着干起来。还没完成一半，A 和 B 明显放慢了速度，A 说：“经理已经离开了，我们歇会儿吧。”B 跟着停下来，C 却一直保持着同样的节奏。

人力资源部经理回来的时候，C 只差十几块砖就全部码齐了，而 A 和 B 只完成了 1/3 的工作量。经理对他们说：“下班时间到了，下午接着干。”A 和 B 如释重负地扔掉了手中的砖，而 C 却坚持把最后的十几块砖码齐。

回到公司，人力资源部经理郑重地对他们说：“这次公司只聘任一位设计师，获得这一职位的是 C。”A 和 B 迷惑不解地问经理：“为什么？我们不是通过考试了吗？”经理说：“想想你们刚才的表现就明白为什么了。”作为最后一次考试的主考官，经理在远处看得清清楚楚。

能够主动工作的员工，在任何地方都能获得成功。那些消极、被动地对待工作，在工作中寻找种种借口的员工，是不会受到公司欢迎的。

我们经常会发现，那些被认为一夜成名的人，其实在功成名就之前，早已默默无闻地努力工作了很长一段时间。成功是一种努力的积累，不论何种职业，想攀上顶峰，通常都需要经过漫长时间的努力和精心的规划。

理解同事能够增加好感

人与人之间能相互理解是建立友谊的基础，没有理解，就不可能博得对方的好感。理解是融洽的前提，没有理解，双方在交往中就很难达成共识，也就很难找到双方的共鸣点。在物欲横流的当今社会中，人与人之间真诚的关心最容易使人产生好感。尤其是在工作中，同事之间的关系微妙复杂，有好也有坏。如果在工作中能够对同事多些理解，那么我们的工作关系就会融洽许多。

尤其是当同事在生活或工作中遇到困难时，我们若能以亲人般的热情去帮助他们，真诚回报的效果是相当明显的。只有怀着深切的关心，抱着与人为善的态度，才能使对方从心里感到安慰。

所以，当有的同事喋喋不休地向你倾诉烦恼时，虽然枯燥无味，但你也应以充分理解的态度认真倾听，给予精神上的支持，学会分担别人的痛苦和烦忧。

那种事不关己、高高挂起，既不与同事分享快乐，也不为别人分担痛苦的人，是缺乏道德修养和极端自私的。

每个人在工作中都会碰到这样或那样的事情，对那些与自己有密切工作关系的同事，我们尤其要学会理解他们。例如，在某个场合，你与同事因工作中的事情发生了摩擦，或者是同事冒犯了你的自尊心，你千万不可耿耿于怀或伺机报复。也许，那位同事因别的原因心情不好，正巧迁怒于你。所以，对同事间的合理“冲撞”不必大惊小怪，只要无损于自己的人格，完全可以退一步海阔天空。

同事之间相处久了，相互之间都比较了解，如性格、爱好等。随着时间的推移，如果大家志趣相投，双方就容易建立深厚的友谊。而有的人觉得与某些同事性格不合，于是就采取疏远的做法，这是不明智的。

小张参加工作后，单位有一位中年妇女经常莫名其妙地向他发脾气，他经过了解得知她正处于女性更年期。于是，小张从心里理解、原谅她，处处谦让她，使她深受感动，逢人便夸小张是一个好青年。所以，真诚的理解和同情是有效的良药，它医治的不仅是人们精神上和心理上的病痛，而且还会为今后的友好相处打下牢固的基础。

在工作中，遇到不善合作的同事，首先要冷静，要善于理解、体谅别人的情绪。比如，有的同事生性敏感，遇有不顺心的事便发作起来，其实，他并不是有意冲你而来，你冷静下来想想，事后自然会风平浪静。

相互理解不仅能够消除与同事间的隔阂和矛盾，更会使你赢得好人缘，增加同事对你的好感，从而有利于你在职场中的生存与发展。

尽职尽责是晋升的跳板

一个年轻人想要成功，必须标新立异，干出一些不同寻常的事情来。怎样才能干出不寻常的事情来？靠的是什么？那就是你的责任感。责任感可以让一个职位低微、身无长物的小职员成为老板眼中的“重磅员工”。

例如，一个负责过磅称重的小职员，也许会因为怀疑计量工具的准确性而提出质疑，计量工具因此得到修正，从而为公司挽回巨大的损失，尽管计量工具的准确性属于总机械师的职责范围。正是因为有责任感，他才会使别人刮目相看，并获得一个脱颖而出的好机会。如果他没有这种责任意识，也就不会有这样的机会了。成功来自责任。

小林是一名刚刚走出校园的大学生，他到一家钢铁公司工作还不到一个月就发现很多炼铁的矿石并没有得到充分的冶炼，一些矿石中还残留着没有被冶炼充分的铁。如果这样下去的话，公司会有很大的损失。于是，他找到了负责这项工作的工人，跟他说明了问题，这个工人说：“如果技术有了问题，工程师一定会跟我说，现在还没有哪一位工程师向我说明这个问题，说明现在没有问题。”

小林又找到了负责技术的工程师，对工程师说明了他看到的问题。工程师很自信地说：“我们的技术是世界上一流的，不可能存在这种问题。”工程师并没有把小林说的看成是一个很大的问题，还暗自认为，一个刚刚毕业的大学生能明白多少，一定是因为想博得别人的好感而表现自己。

但是小林认为这是个很大的问题，于是拿着没有冶炼充分的矿石找到了公司负责技术的总工程师，他说：“× 总，我认为这是一块没有冶炼充分的矿石，您认为呢？”

总工程师看了一眼，说：“没错，年轻人，你说得对。哪来的矿石？”

林说：“是我们公司的。”

“怎么会？我们公司的技术是一流的，怎么可能会有这样的问题？”总工程师很诧异。

“工程师也这么说，但事实确实如此。”小林坚持道。

“看来是出问题了，怎么没有人向我反映？”总工程师有些发火了。

总工程师召集负责技术的工程师来到车间，果然发现了一些冶炼并不充分的矿石。经过检查发现，原来是监测机器的某个零件出现了问题，才导致了冶炼的不充分。

公司的总经理知道了这件事之后，不但奖励了小林，而且还晋升他为负责技术监督的工程师。总经理不无感慨地说："我们公司并不缺少工程师，但缺少的是负责任的工程师，这么多工程师就没有一个人发现问题，并且有人提出了问题，他们还不以为然。对于一个企业来讲，人才是重要的，但是更重要的是真正有责任感和忠诚于公司的人才。"

小林从一个刚刚毕业的大学生晋升为负责技术监督的工程师，可以说是一个飞跃，他获得工作之后的第一步成功就是来自他对工作的一种强烈的责任感，他的这种责任感让领导者认为可以对他委以重任。

作为一个雇员，如果你能对工作有一种强烈的责任感，那么你肯定是一个容易成功的人。因为由于你的责任感和不断的努力，公司才得到了长足的发展，作为老板，最先奖赏的自然就是你。你为公司付出你的责任感，公司当然也会对你的发展负责。你将会得到老板的赏识，这样你自然就能脱颖而出了。

轻视心态要不得

在生活和工作中，很多人总是抱着轻视一切的心态，在他们眼里，没有什么事情是值得重视的。然而，正是在这种轻视心态的驱使下，他们往往对正在发生的事情不予重视，以至于当灾难发生后，由于没有预防的措施，造成无法挽回的损失。

很久以前，一艘满载货物的商船在解开缆绳准备扬帆起航时，一名水手突然发现船上有一只小老鼠，它正在堆积的货物中窜来窜去。水手立即把这一情况报告给了船长，并建议推迟开船时间，卸下货物，抓住那只小老鼠后再重新起锚。

但船长听了这名水手的建议后，哈哈大笑说："年轻人，你真是个胆小鬼，怎么害怕一只小小的老鼠呢？"

"哦，船长先生，我不是怕老鼠，而是担心这只小老鼠咬坏了我们的船，那样的后果……"

水手的话还未说完，船长便恼怒地打断道："什么？一只小小的老鼠能咬穿我的船底，《天方夜谭》上也没有这样的故事啊！"

“可是，我还是认为抓住老鼠再开船也不迟啊！”那名水手再一次请求道。

“你也不想一想，为了抓一只小小的老鼠，要先卸掉所有的货物，这样既费时又费力。我是不会让一只小老鼠这样的小事影响我的航程的。”船长说完，一挥手，下令起锚，其他水手只好扬帆起航了。

这只商船在海上航行了两个多月还未到达目的地。有一天，海上起了巨大的风浪，几丈高的浪头不停地拍打着船只。一直为船上有一只小老鼠而忧心忡忡的那名船员见状，便把一个救生圈绑在了自己的身上，而且建议其他船员也这么做。

船长见状，大怒，以“动摇军心”的罪名，命令其他水手把这名水手绑到桅杆上。

就在众人准备动手时，一名水手突然发现船舱里已积满了水，船身已开始下沉。原来，躲在货物中间的那只小老鼠，早已把船底咬穿了一个小洞，此时海水正从洞口汹涌而入……

当那名水手跌跌撞撞地跑来向船长报告这一发现时，已经晚了。大船在一个巨大浪头的冲击下，迅速下沉。而那名早已在身上绑好救生圈的水手，成了这次事故中唯一的幸存者。

船长只想到船只的坚固和巨大，根本不把小老鼠放在眼里，因此才落得个船毁人亡的下场。而那名水手因重视了这件小事，才得以生还。

轻视、大意的心态在很多人身上都存在，但这种不良心态对我们的生活、工作带来的负面影响很大，因此，有必要戒除。首先，凡事要认真对待，不能粗心大意、马马虎虎。另外，要重视每一件小事，因为小事往往起着关键性的作用。当我们能以良好的心态来对待小事，不轻视每一件小事时，我们将比别人获得更多成功的机会。

做正确的事，正确地做事

许多人大概读过爱尔兰人欧布莱恩的故事，他在往来于香港与澳门之间的渡轮上待了 11 个月，原因是他没有证明文件可以在两地下船，而香港和澳门当局也都没有发证给他。很多时候，医院在救助意外伤害的病患者时，会要求病人将宝贵的时间花在填写大沓表格上。或许，会有护士对熟睡的病人叫道：“喂，醒醒！吃安眠药的时间到了！”

他们都在正确地做事，却未做正确的事。职场中，类似的员工比比皆是。管理大师彼得·德鲁克在《有效的主管》一书中曾指出：“效率是‘以正确的方式做事’，而效能则是‘做正确的事’。效率和效能不应偏废，但这并不意味着效率和效能具有同样的重要性。我们当然希望同时提高效率和效能，但在效率与效能无法兼得时，我们首先应着眼于效能，然后再设法提高效率。”

为了更生动地说明二者之间的区别，我们先看一个故事：

有一天，动物园管理员发现袋鼠从笼子里跑出来了，于是开会讨论，一致认为是笼子的高度过低。所以他们决定将笼子的高度由原来的 10 米加高到 20 米。结果第二天他们发现袋鼠还是跑到外面来，所以他们又决定将高度加高到 30 米。

没想到，隔天居然又看到袋鼠全跑到外面，于是管理员们大为紧张，决定一不做二不休，将笼子的高度加高到 100 米。

当天，长颈鹿和几只袋鼠在闲聊，“你们看，这些人会不会再继续加高你们的笼子？”长颈鹿问。“很难说，”袋鼠说，“如果他们再继续忘记关门的话！”

未看清问题的核心，错误地进行判断，无论做了多少事，也不可能真正解决问题。在现实生活中，无论是企业的商业行为，还是个人的工作方法，人们关注的重点往往都在于效率和正确做事。但实际上，第一重要的却是效能而非效率，是做正确的事而非正确地做事。做正确的事是进取创新的、主动的，而正确地做事是保守的、被动接受的。

若没有“做正确的事”的前提，“正确地做事”将变得毫无意义。首先要做正确的事，然后才存在正确地做事。试想，在一个企业里，员工在生产线上，按照要求生产产品，其质量、操作行为都达到了标准，他是在正确地做事。但是如果这个产品根本就没有买主、没有用户，这就不是在做正确的事。这时无论他做事的方式方法多么正确，其结果都是徒劳无益的。

1815 年滑铁卢总决战之前，拿破仑有 7 万士兵、270 门大炮，但因为天下大雨，只有一小部分大炮进入阵地。拿破仑将总预备队置于中央后方，并正确判断出英军弱点在其中段，所以他决定佯攻英军右翼而重点攻击中部。

6 月 18 日上午，法军抢先开炮，向英军右翼射击，两方形成对峙。中午 1 时，布吕歇尔率一部分普军及时赶到，拿破仑不得不从预备队中抽出两个骑兵师迎击布吕歇尔。同时，拿破仑急速传令格鲁希元帅让其增援，然后率部猛攻英军中部阵地。威灵顿顽强抵抗，双方互相争夺，伤亡都很大。下午6时，拿破仑令内伊元帅不惜一切代价攻克英军中部，内伊奋勇拼杀，终于占领了圣拉埃村。英军无力支持，法军也疲惫不堪，双方都在焦急地等待援军。

黄昏时分，终于从远处飞驰过来大队人马，双方都在祈祷上帝：来的是自己人！那支部队走近了，高高飘扬的是普鲁士军旗！

顿时，英军士气高涨，精神振奋，威灵顿立即命令部队作最后反击，英普联军热血沸腾，疯狂地扑向有气无力的法军。

结果法国全军溃败，拿破仑乘马逃出战场。关于格鲁希元帅增援拿破仑一事，后世有人说格鲁希接到了拿破仑让他增援的命令，但他理解为增援别部，所以尽管他听到了近在咫尺的隆隆炮声，仍然不为所动，如果他稍微动一动脑筋，就会立刻在眨眼之间来到战场。也有人说，战前，拿破仑命令格鲁希原地待命，以便增援。在双方激战过程中，格鲁希及其将领都感到有点不对劲，不少将领劝格鲁希赶快开往开炮的地方，以便随机应变。但格鲁希却无动于衷，尽管在这种变幻莫测的形势之下，他已很长时间没有与拿破仑取得联系了，可是他仍然在遵照拿破仑的命令办事，那就是：原地待命！他不顾部下的竭力劝说，一直在等待、等待，直到拿破仑全军覆没！

无论如何，拿破仑大败于滑铁卢，格鲁希负有不可推卸的责任。工作中，你是否类似格鲁希呢？听老板的安排，加班加点，等候命令……一个人做事的到位与否，不在于他是否完全机械地服从上司的指示或公司的规定，而在于是否满足了顾客的需要，是否为公司创造了利益。

一个优秀的人不应是那种循规蹈矩、一味地打着“执着”的旗号而走向失败的人。他应该有敏锐的眼光和责任心，他会去任何地方，找任何人，打破任何界限，把工作又好又快地干完，这是任何公司中的雇员都应该而且可以做到的。

三分苦干，七分巧干

生活中，有人日出而作，夜深而息，一天甚至埋头苦干十一二个小时。但结局呢，一生平庸、碌碌无为。有人却深谙巧干远大于苦干的奥妙，他们忍受不了日复一日、年复一年的辛苦劳作，认为总会有更简单、更轻松、更快捷的方法。

大发明家爱迪生在他任电报操作员时发明了一种可以在工作时打盹的装置。

当亨利·福特还是少年时，就发明了一种不必下车就能关上车门的装置，当他成为闻名于世的汽车制造商时，他仍在继续巧干。他安装了一条运输带，从而减少了工人取零件的麻烦。在此问题解决后，他又发现装配线有些低，工人不得不弯腰去工作，这对身体健康有极大的危害，所以他坚持把生产线提高了8英寸。这虽然只是一个简单的提高，却在很大程度上减轻了工人的工作量，提高了生产力。

历史上，无数新发明、新创造便是如此诞生的。人们眼中的“懒汉”，常常是老板青睐的对象。

汉斯是一个伐木工人，为公司工作了5年却从来没有被加薪。这家公司又雇用了杰克，杰克只工作了1年，老板就给他加了薪，而老板仍然没有给汉斯加薪，这引起了汉斯的愤怒。他去找老板谈这件事。

老板说：“你现在砍的树和一年前一样多。我们是以产量计酬的公司，如果你的产量上升了，我会很高兴地给你加薪。”汉斯回去了，他开始更卖力地工作，并延长了工作时间，可是他仍然不能砍更多的树。他回去找老板，并把自己的困境说给他听。老板让汉斯去跟杰克谈谈：“可能他知道一些你我都不知道的东西。”

于是汉斯就去问杰克：“你怎么能够砍那么多的树？”

杰克回答：“我每砍下一棵树，就停下来休息两分钟，把斧头磨锋利。你最后一次磨斧头是什么时候？”

汉斯红了脸，一言未发。

工作中，许多人如同汉斯一般，勤奋努力，任劳任怨，却忘了多磨一次斧头，找寻巧干之路。成功者大多懂得巧干，而且善于抓住机遇。

生活中茫然的你、我，恰恰缺乏这种眼光和头脑。记住，会苦干，更要会巧干。会巧干会变通的人，不愿意走别人走过的路，总想开辟一条新途径，寻找新的机遇，尽管路上荆棘丛生，会巧干会变通的人与众不同，而且并不介意与众不同，会巧干会变通的人应当认识并接受这一点，会巧干会变通的人从不循规蹈矩，对墨守成规的人嗤之以鼻，他们往往放荡不羁，喜欢标新立异、独辟蹊径，以新的方法去干老的工作，会巧干会变通的人具有独立性，他们具有独立工作的能力，有时喜欢独处，往往与大多数人的意见不一致，而对自己的信念和愿望则往往固执己见；会巧干会变通的人看问题具有与常人不同的眼光，他们具有特殊的综合能力，往往别出心裁，当别人说1+1=2时，他们却说

1+1>2 或 1+1=11。

总之，会巧干会变通的人不满足于浅显，世俗的东西，平庸的东西或陈腐的东西。他们不满足于对问题的第一个答案，会在不断的追求和探索中感到其乐无穷。

第十三章
你能放弃多少，幸福就有多少

幸福就在放手的那一刻

人活在世上，不能不在乎某些东西。于是，伤害过你的人，你就用几倍的伤害给予他们重创。心理得以平衡之后，有一天你又被伤害，你又开始报复。周而复始，你终日被报复充斥，成了报复的囚徒，苍白了信仰，空虚了精神，丢掉了理想，可惜了美德，得到的只是伤害。

当我们恨我们的仇人时，就等于给了他们制胜的力量，而这种力量会让我们寝食难安，魂不守舍，心烦意乱，最终甚至导致疾病和死亡。这样看来，报复不仅让我们无法实现对别人的打击，反倒成为对自己内心的一种摧残。紧抓住仇恨不放，幸福便将远离，世间有多少人能够明了。幸福，其实就在放手的那一刻转身。

古希腊神话中有一位大英雄叫海格力斯。一天，他走在坎坷不平的山路上，发现脚边有个袋子似的东西很碍脚，他踩了那东西一脚，谁知那东西不但没有被踩破，反而膨胀起来，加倍地扩大着。海格力斯恼羞成怒，操起一条碗口粗的木棒砸它，那东西竟然长大到把路堵死了。

正在这时，山中走出一位圣人，对海格力斯说："朋友，快别动它，忘了它，离它远去吧！它叫仇恨袋，你不侵犯它，它便小如当初；你侵犯它，它就会膨胀起来，挡住你的路，与你敌对到底！"

茫茫人世间，难免与别人产生误会、摩擦，如果不注意，在惊动仇恨之时，仇恨袋便会悄悄成长，我们的心灵就会背上报复的重负而无法获得自由。报复会把一个好端端的人驱向疯狂的边缘，使人的心灵得不到片刻安宁，而且赶走了幸福。

有一位好莱坞女演员，失恋后，怨恨和报复使她的面孔变得僵硬而多皱，她去找一位有名的化妆师为她美容。这位化妆师深知她的心理状态，中肯地告诉她："你如果不消除心中的怨和恨，我敢说全世界任何美容师也无法美化你的容貌。"

圣人说："怀着爱心吃青菜，也要比怀着怨恨吃牛肉好得多。"如果我们的仇人知道怨恨使我们精疲力竭，使我们紧张不安，使我们的外表和内心都受到伤害的时候，他们是不是会拍手称快呢？

莎士比亚曾经说过："不要由于你的敌人而燃起一把怒火，让心中的烈焰烧伤自己。"所以，理应让仇怨远离。人们却总以为击败自己的敌人、报复自己的仇家就能够获得解脱，得到幸福。殊不知，复仇的心，正如同一把双刃剑，刺伤他人的同时，也刺伤了自己。幸福的奥妙看似难以参透，幸福的本质，却又是何等的清晰与单纯，放下内心所有的仇怨与不满，潇洒地转身，旋即，你便能够望见幸福。

幸福的榜单上，第二名同样是英雄

如果当官，一定要做最高最大的官；经商，一定要赚最快最多的钱；写书，一定要写最伟大最动人的书……那么，一个人恐怕失望要大于希望了。人生中，每一行的第一只有一个。你奋斗了，拼搏了，做第二又何妨呢？

1968 年，第一个踏上月球的航天员阿姆斯特朗，因"这是我个人的一小步，却是全人类的一大步"这句话，而名留青史，成为全世界人们心目中的大英雄。

然而，当时登陆月球的，除了阿姆斯特朗之外，还有他的队友奥德伦。

两人只有一步之差，结果却隔了千里之远，阿姆斯特朗以踏上外星球的第一人闻名于世，奥德伦却默默无名，知道他的人可以说是寥寥无几。

在庆功宴上，当人们为这一创举感到骄傲不已时，一名记者突然问奥德伦："阿姆斯特朗先下了太空舱，成为登陆月球的第一人，你会不会觉得有些遗憾？"

众人纷纷把目光投向奥德伦，看他怎么回答。

奥德伦神情自若，微微一笑："各位，千万别忘了，回到地面时，我可是最先走出太空舱的，所以，我是别的星球来到地球的第一人。"

话音刚落，人群中响起了一阵笑声，化解了尴尬的场面，并且热烈的掌声持续了很久。

有一位思想家说过："不要为自己所没有的东西感到苦恼，能享受自己现在所拥有的人，才是最聪明的。"法国哲学家孟德斯鸠也说过："假如一个人只是希望幸福，这很容易达到。然而，我们总是希望比其他人幸福，这就是困难所在，因为一般人坚信其他人比自己幸福。"拥有幸福是一件很简单的事，但懂得珍惜幸福，却一点儿也不简单。得不到的，不一定最好。对于豁达者而言，第二名同样幸福。其实做什么事情，都不一定要分出高下、拼个你死我活。生活，需要的是一种睿智，既要拿得起，还要放得下。

生活中完全没有必要非要与人争个高下。在与人发生争执时，要懂得放下，其实第二名也很洒脱。

幸福在于失意时的忘却

"爱情没有了，回忆起来甜蜜多一点还是痛苦多一点？"我们常常会遇到这样的问题，很多人觉得失去了当然是痛苦大于幸福，想起分手时刻的那些伤害和痛苦的眼泪，这些都会让人心中隐隐作痛。而有一个人却说："分手了，我记得最多的还是甜蜜，因为我忘记了那个人和那些痛苦，留在记忆里最多的还是曾经有一份很美的爱情。"的确，很多时候，我们伤心、痛苦还是因为我们无法忘记那些伤痛和失意，那些记忆犹如明镜一般被我们悬挂起来，每天都在看、每时都在想，这样，我们又怎能快乐呢？所以，在失意的时候，应学会忘记那些不快，才能够真正地快乐，才能开始生活新的一页。

生于尘世，每个人都不可避免地要经历苦雨凄风，面对艰难困苦，想开了就是天堂，想不开就是地狱。而忘记就是一副良药，愈合你的伤口，让你怀着新的希望上路。

人的一生，就像一趟旅行，沿途中有数不尽的坎坷泥泞，但也有看不完的春花秋月。如果我们的一颗心总是被灰暗的风尘所覆盖，干涸了心泉，暗淡了目光，失去了生机，丧失了斗志，我们的人生轨迹岂能美好？而如果我们能保持一种健康向上的心态，即使我们身处逆境、四面楚歌，也一定会有“山重水复疑无路，柳暗花明又一村”的那一天。

悲观失望者一时的呻吟与哀叹虽然能得到短暂的同情与怜悯，但最终的结果必然是别人的鄙夷与厌烦；而乐观上进的人，经过长期的忍耐与奋斗，最终赢得的将不仅有鲜花与掌声，还有那饱含敬意的目光。

虽然，每个人的人生际遇不尽相同，但命运对每一个人都是公平的。因为窗外有土也有星，就看你能不能磨砺出一颗坚强的心和一双智慧的眼，透过岁月的烟尘寻觅到辉煌灿烂的星星。

很多人在失意的时候学会了抱怨，学会了沉沦。忘不掉别人给予的伤痛，就等于拿别人的错误来惩罚自己。就如失恋，不是因为你不够优秀，也不是因为你倒霉，而是你在错误的时间遇到了不适合的人。分开很正常，因为你需要腾出时间和位置去给那个适合的人，但是从你沉沦的那一刻起，你的记忆里装的都是曾经的伤，又怎能给那个新的人空间呢？所以一个塞满了旧的回忆的大脑，永远无法容纳新鲜的东西。

在生活中，有很多的无奈要我们去面对，有很多的道路需要我们去选择。忘记那些不属于自己的，去把握和珍惜真正属于自己的东西！忘记一些烦琐，为大脑减负；忘记那些怅惘，为了轻快地歌唱；忘记一段凄美，为了轻柔地梦想。忘记，是一种伤感，但更是一种美丽。

释怀过去方能享受幸福人生

我们常听到人们如此哀叹：“要是……就好了！”这是一种明显的内疚悔恨情绪，而我们每个人都会不时地发出这种哀叹。每个活着的人，都会体验到这种内疚情绪。

如果你由于自己过去的某种行为而到现在都无法积极生活，那便成了一种消极的悔恨了。吸取教训是一种健康有益的做法，也是我们每个人不断取得进步与发展的重要环节。悔恨则是一种不健康的心理，它白白浪费了自己目前的精力。实际上，仅靠悔恨是解决不了任何问题的，我们也实在没有必要为了过去犯过的错误而不停地谴责自己。

爱默生经常以愉快的方式来度过每一天。他告诫人们："时光一去不返。每天都应尽力做完该做的事。疏忽和荒唐事在所难免，尽快忘掉它们。明天将是新的一天，应当重新开始，振作精神，不要使过去的错误成为未来的包袱。"

要成为一个快乐的人，重要的一点是学会将过去的错误、罪恶、过失通通忘记，往前看。忘记过去的事，努力向未来的目标前进。

卡耐基有一次造访希西监狱，对狱中的囚犯看起来竟然也和外面的人一般快乐的样子很是惊讶。

鉴狱长罗兹告诉卡耐基：犯人刚入狱时都认命地服刑，尽可能快乐地生活。有一位花匠囚犯在监狱里一边种蔬菜、花草，还一边轻哼着歌呢！他哼唱的歌词是：

事实已经注定，事实已沿着一定的路线前进，
痛苦、悲伤并不能改变即定的情势，
也不能删减其中任何一段情节，
当然，眼泪也于事无补，它无法使你创造奇迹。
那么，让我们停止流无用的眼泪吧！
既然谁也无力使时光倒转，不如抬头往前看。

令人后悔的事情在生活中经常出现。许多事情做了后悔，不做也后悔；许多人遇到要后悔，错过了更后悔；许多话说出来后悔，不说出来也后悔……人生没有回头路，也没有后悔药。过去的已经过去，你再也无法重新设计。一味后悔，只会消弭未来的美好，给未来的生活增添阴影。

只要你心无挂碍，什么都看得开、放得下，何愁没有快乐的春莺啼鸣，何愁没有快乐的泉溪歌唱，何愁没有快乐的白云飘荡，何愁没有快乐的鲜花绽放！所以，放下就是快乐。不被过去所纠缠，才是幸福的人生。

放下抱怨才能亲吻幸福

"我的手还能活动；我的大脑还能思维；我有终生追求的理想；我有爱我和我爱着的亲人与朋友；对了，我还有一颗感恩的心……"

谁能想到这段豁达而美妙的文字，竟出自一位在轮椅上生活了30多年的高位瘫痪者——世界科学巨匠霍金。命运之神对霍金，在常人看来是苛刻得不能再苛刻了：他口不能说，腿不能站，身不能动。可他仍感到自己很富有：一根能活动的手指，一个能思考的大脑……这些都让他感到满足，并对生活充满了感恩。因而，他的人生是充实而快乐的。

与霍金相比，许多身体健康的人对生活并不知足，遇到一点磨难，就开始怨天尤人。这样的人没有感恩之心，快乐也就与他无缘。生活中，我们常常看到一些人才貌双全，拥有让人羡慕的家境和学历，但他们并不快乐，无论物质的给予是多么的丰厚，他们都不会感到满足和幸福。没有幸福感的人，总是容易被时间催老，淡忘生活的意义。

常有父母抱怨孩子不听话，孩子抱怨父母不理解他们；男朋友抱怨女朋友不够温柔，女孩子抱怨男孩子不够体贴；在工作中，也常出现领导埋怨下级工作不得力，下级埋怨上级不够理解，不能发挥自己的才能。总之，他们对生活永远是抱怨，而不是感激。他们只是在意自己没有得到什么好处，却不曾想别人付出了多少。抱怨换不来幸福，相反，得到的只是更深的痛苦。其实，幸福是一种感觉，虽然有外在的因素，但更多取决于自己的内心。

如果一个人不能够经受世界的考验，感受这个世界的美好，心胸只能容得下私利，那他就得不到幸福。父母的养育、师长的教诲、配偶的关爱、他人的服务、大自然的慷慨赐予……你从出生那天起，便沉浸在恩惠的海洋里。只有你真正明白了这些，你才会感恩大自然的福佑，感恩父母的养育，感恩社会的安定，感恩食之香甜、衣之温暖……就连对自己的敌人，也不忘感恩，因为真正促使自己成功，使自己变得机智勇敢、豁达大度的，不是顺境，而是那些常常置自己于死地的打击、挫折和对立面。

感恩是一种处世哲学，是生活中的大智慧。人生在世，不可能一直一帆风顺，种种失败、无奈都需要我们勇敢地面对，旷达地处理。当挫折、失败来临时，是一味地埋怨生活，从此变得消沉、委靡不振，还是对生活满怀感恩，跌倒了再爬起来？英国作家萨克雷说："生活就像一面镜子，你笑，它也笑；你哭，它也哭。"

感恩不纯粹是一种心理安慰，也不是对现实的逃避，更不是阿Q的"精神胜利法”。感恩是一种歌唱生活的方式，它来自对生活的爱与希望。懂得感恩的人不会对生活抱怨，因为只有放下抱怨才能够亲吻幸福。

放下不满，活着便是一种莫大的幸福

有个男子，厌倦了生活的平淡，感到一切都是无聊和痛苦的。为寻求刺激，男子参加了挑战极限的活动。

活动规则是：一个人待在山洞里，无光无火亦无粮，每天只供应5千克的水，时间为整整5个昼夜。

第一天，男子颇觉刺激。

第二天，饥饿、孤独、恐惧一齐袭来，四周漆黑一片，听不到任何声响。于是，他开始向往平日里的无忧无虑。他想起了乡下的老母亲不远千里地赶来，只为送一坛韭菜花酱以及小孙子的一双虎头鞋；他想起了终日相伴的妻子在寒夜里为自己掖好被子；他想起了宝贝儿子为自己端的第一杯水；他甚至想起了与他发生争执的同事曾经给自己买过的一份工作餐……渐渐地，他后悔起平日里对生活的态度来：懒懒散散，敷衍了事，冷漠虚伪，无所作为。

到了第三天，他几乎要饿昏过去。可是一想到人世间的种种美好，便坚持了下来。第四天、第五天，他仍然在饥饿、孤独、极大的恐惧中反思过去，向往未来。

他责骂自己竟然忘记了母亲的生日；他遗憾妻子分娩之时未尽照料义务；他后悔听信流言与好友分道扬镳……他这才觉出需要他努力弥补的事情竟是那么多。可是，连他自己也不知道，他能不能挺过最后一关。此时，泪流满面的他发现：洞门开了，阳光照射进来，白云就在眼前，淡淡的花香、悦耳的鸟鸣——他又迎来了一个美好的人间。

男子扶着石壁蹒跚着走出山洞，脸上浮现出了一丝难得的笑容。5天以来，面对孤独与绝望，他感受到了活着的分量，一切的抱怨，一切的不满，全都化为了浓浓的感恩，感恩父母，感恩亲朋，感恩，仅仅因为“活着”。5天以来，他一直用心地呢喃着一句话，那便是：活着，就是最大的幸福。

活着，就像每天呼吸的空气，不经意间，不易察觉。生活中所有的烦恼，所有的不满，就像浓稠的迷障，让你触摸不到生活的真切内涵。只有放下种种的不满，敞开自己的心扉，积极地对待生活中的每一天，你才能好好地活着，才能感受到生活的美好，才能享受到幸福的真谛。

一位名人去世了，朋友们都来参加他的追悼会。昔日前呼后拥、香车宝马的名人只剩一把骨灰，百万家财不再属于他，宽敞的楼房也不再属于他，他所拥有的只有一个骨灰盒大小的空间，一切都化成了灰烬。

从名人的追悼会上回来，几乎每一个人都感慨万千。那么聪明的一个人，那么会算计的一个人，每一个曾经与他斗的人最终都败下阵来，可是他斗来斗去也斗不过命。撒手人寰以后，一切都是空。

追悼会对人们进行了一次洗礼。人们想：趁现在好好活着吧，活着就是幸福，什么利、权、势，轰轰烈烈了一世，最后还不是一个人孤零零地走路。从前绞尽脑汁、机关算尽、面目貌狰狞地往上爬，值吗?

从死亡的身边经过以后，才知道活着是多么幸福。可是，明天，每个人还是要继续自己的生活。一边是死亡的震撼，一边是活着的琐碎。我们很容易被死亡所震撼，然而我们更容易被活着的琐碎所淹没。不要去在意那些繁杂的纠葛、苦痛与伤害，放下一切嘈杂的琐碎与不满，好好珍惜现在鲜活的生命吧，只有这样，才能够触摸到生活的本质，只有这样，才能找寻到最大的幸福。请相信，活着，便是莫大的幸福。

知足常乐，莫让幸福之花遭遇贪婪暴雨

冯友兰在《三松堂全集》中说：“凡物各由其道而得其德，即是凡物皆有其自然之性。苟顺其自然之性，则幸福当下即是，不须外求。”意思是，只要我们顺着自己的本性，而不妄自攀比，不向外强求，我们获得的很多东西将使我们感受到幸福，一旦我们陷入了贪婪之中，总是和别人比较，我们是不会感到幸福的。

生活中，很多的事情让我们感觉不舒服，好像从来就不曾满足过，幸福的滋味好像只在梦里似有似无地出现过。其实，是自己贪婪的欲望在作怪，只要你静下心来，思考一下如果自己不那么贪婪，那么幸福就在身边。

从前，在蔚蓝的大海深处，矗立着一座神秘的宝山。无数色彩斑斓的珠宝、

钻石乱纷纷地堆在山上，每逢太阳一出，就在半空中映出许多纵横交织的彩色光环。

一天，一个出海的人偶然经过宝山，从那里拿走一颗直径一寸的珍珠。他把珍珠小心地揣在怀里，然后兴高采烈地乘船返回。船驶出不到100里，忽然，晴朗的天空倏地阴暗下来，平静的海面掀起山丘似的波澜，只见一条狰狞恐怖的蛟龙从海水深处破浪而出，在涛峰波谷之间翻腾飞舞。

富有航海经验的船老大大惊失色，急忙停住舵把，对身上揣着珍珠的人说："哎呀，不好！这是蛟龙想要你的珠子呢！快献给它吧，不然的话，别说你的性命难保，还得连累我！"

揣着珍珠的人犹豫起来，把珍珠丢掉吧，实在舍不得；不丢掉吧，就要大难临头。思来想去，他还是决定留下珍珠。于是，他咬牙忍痛，用利刃剖开大腿的肌肉，把珍珠藏在里面。珍珠被肉紧紧裹住，光芒透不出来，蒙骗了蛟龙，蛟龙于是潜入海底，海面也随之平静下来。

那人一瘸一拐地回到家，从大腿里取出宝珠。珠子完好无损，闪闪的光芒把屋子映照得五彩缤纷。正当全家人惊喜地赞赏宝珠的时候，那人却痛苦地合上了双眼——大腿的溃烂夺去了他的生命。

这就是贪婪带来的后果，生活中，我们想要这个或那个。如果不能得到我们想要的，我们就不停地去想我们所没有的，并且有一种不满足感。

冯友兰在《我的日子还长》中，就曾形象地描述了他所获得的幸福："我的日子还长，所谓的幸福之事不好现在总结。不同的年龄段有不同的对幸福的定义，不同的场合也有不同的幸福的内容。最近可以一说的幸福是和亲戚到了绿洲家园，看到一片空地上盖着许多两层的房子；很多房子像童话里的城堡，颜色各异。那天的天气极好，所以感觉像在好莱坞的画面里，和所说的'面朝大海，春暖花开'也差不多了。我看着这些房子，感觉很幸福。之所以感觉幸福，是因为我可以给自己定一个比较遥远的目标，那就是我将来也要有这样的房子。"这就是冯友兰心中的幸福，是那么简单，看着漂亮的房子也能感到幸福，为自己有个将来拥有这样的房子的理想而感到幸福。可见知足常乐，简简单单的生活最能使我们获得幸福。

想抓住的太多，而得到的却又太少，如何是好？看来只有知足常乐，幸福的花朵才能躲避贪婪的暴雨，在微风细雨的滋润中鲜艳地绽放。

贪慕虚荣浮华，幸福却在减少

四月的洛阳城，开满了雍容华贵的牡丹，四面八方的人们纷至沓来，只可惜，花开花落，终究摆脱不了一岁一枯荣的命运。人们的虚荣正如那牡丹一时的争艳，忘我地享受着众人的目光，过后将是无尽的冷遇。

还记得《项链》吗？玛蒂尔德为了在舞会上让自我的虚荣心得到满足，于是向富贵的朋友借了一条“价值不菲”的项链作为装饰。她成功了，在舞会上她成为全场的焦点，大放异彩。然而大喜之后的大悲却让她始料未及，项链在舞会结束之后丢失了。玛蒂尔德用尽了余生的精力，只是为了偿还朋友的这条项链。谁知命运弄人，原来这条“价值不菲”的项链居然是假的。在弄清事实之后，玛蒂尔德也已年老沧桑。

莫泊桑用他那短小精悍的文章告诫人们虚荣心的可怕，它就像蛀虫一样侵蚀着人们的身心。很多年轻貌美的女性，让自己的青春败落在衣着的鲜亮之中。她们没有身心的修养，没有文化的充实，没有灵魂的洗涤……有的只是光鲜亮丽的外表。这样的女性在容颜渐失之后又有什么收获呢？虚荣带给自己一时的光彩，却让自我丧失了一世的聪慧。

在一个由鸟儿建立起的王国里，每只小鸟都认为自己比其他鸟儿漂亮，它们也常常因此而争吵不休。一天，上帝实在受不了这样的吵闹，于是就宣布：“我要在你们中间选出一只最美丽的鸟作为鸟王！在此之后不得有任何一只鸟儿再为谁美丽而喋喋不休！”

小鸟们为了争夺王冠而修整着自己的羽毛，直到打扮得十分漂亮为止。这时候，在河边徘徊的乌鸦也想要坐上鸟王的宝座。于是它捡起了其他鸟儿落下的羽毛，插在了自己身上。等到美丽的羽毛插满全身之后，乌鸦探着头往河里一看：“天哪！我居然也变成一只美丽的小鸟啦！”

选举的日子终于来临。在诸种鸟儿之中，乌鸦显得格外引人注目。上帝问乌鸦：“你是什么鸟类啊？竟然如此漂亮，我决定封你为王。”乌鸦听到这句话后兴奋不已。然而，就在这个时候，鸟儿们发出了异议。一只鸟发现乌鸦的身上插着自己的羽毛，于是就上前将其拔下。之后又有其他的鸟儿接连地从乌鸦身上拔下了自己的羽毛。到最后，乌鸦全身又是一片漆黑。乌鸦羞愧无比，匆忙地躲进树丛中去了。

本来想要炫耀自我，结果却失了身份。乌鸦在无趣之中现了原形，最终成了整个鸟王国的笑柄。虚荣就像乌鸦身上的彩色羽毛一样，一旦被暴露，丢失的不仅是外表，而且是自我的尊严。莎士比亚说："爱慕好虚荣的人，用一件富丽的外衣遮掩着一件丑陋的内衣。"这不正是乌鸦的所作所为吗？

与其为了虚荣而注重于外表的修饰，还不如潜下心来充实自我的心灵。伟大的寓言家伊索就说过："向往虚构的利益，往往会丧失现在的幸福。"在期望不可能的尽善尽美的同时，人们反而会失去本可得到的美好的东西。花开是美丽的，但是过于盛艳很可能就会一无所有。生活中的我们当然也不能为了博得他人一时的赞美而丢失了精神中最可贵的真挚，不能让虚荣占了上风。

死命追求幸福，恰为幸福阻碍

俗话说得好，有意栽花花不开，无心插柳柳成荫。对幸福的追求也是这样，并不是想得到就能得到的。

有一位大寺庙的住持，因年事已高，心中思考着找一个接班人。

一日，他将两个得意弟子叫到面前，两个弟子一个叫慧明，一个叫尘元。住持对他们说："你们俩谁能凭自己的力量，从寺院后面悬崖的下面攀爬上来，谁就是我的接班人。"

慧明和尘元一同来到悬崖下，那真是一面令人望而生畏的悬崖，崖壁极其险峻、陡峭。身体健壮的慧明信心百倍地开始攀爬，但是不一会儿，他就从上面滑了下来。慧明爬起来重新开始，尽管他这一次小心翼翼，但还是从悬崖上面滚落到原地。慧明稍事休息后又开始攀爬，尽管摔得鼻青脸肿，他也绝不放弃……

让人遗憾的是，慧明屡爬屡摔，最后一次他拼尽全身之力，爬到一半时，因气力已尽，又无处歇息，于是重重地摔倒在一块大石头上，当场昏了过去。住持不得不让几个僧人用绳索将他救了回去。

接着轮到尘元了，他一开始也和慧明一样，竭尽全力地向崖顶攀爬，结果也是屡爬屡摔。尘元紧握绳索站在一块山石上面，他打算再试一次，但是当他不经意地向下看了一眼以后，突然放下了用来攀上崖顶的绳索，整了整衣衫，拍了拍身上的泥土，扭头向山下走去。

旁观的众僧都十分不解，难道尘元就这么轻易地放弃了？大家对此议论纷纷，只有住持默然无语地看着尘元远去的方向。

尘元到了山下，沿着一条小溪流顺水而上，穿过树林，越过山谷……最后没费什么力气就到达了崖顶。

当尘元重新站到住持面前时，众人还以为住持会痛骂他贪生怕死、胆小怯弱，甚至会将他逐出寺门。谁知住持却微笑着宣布尘元成为新一任住持。众僧皆面面相觑，不知所以。

尘元向其他人解释："寺后悬崖乃是人力不能攀登上去的，但是只要于山腰处低头看，便可见一条上山之路。师父经常对我们说'明者因境而变，智者随情而行'，就是教导我们要知伸缩退变啊！"

住持满意地点了点头说："若为名利所诱，心中则只有面前的悬崖绝壁。天不设牢，而人自在心中建牢。在名利牢笼之内，徒劳苦争，轻者苦恼伤心，重者伤身损肢，极重者粉身碎骨。"

然后，住持将衣钵锡杖传给了尘元，并语重心长地对大家说："攀爬悬崖，意在勘验你们的心境，能不入名利牢笼，心中无碍，顺天而行者，便是我中意之人。"

生活中，我们似乎都在不断攀爬这块通往幸福之路的绝壁，碰得头破血流也要往上爬。而实际上，这块绝壁根本就爬不上去，但是我们总以为自己只要坚持就可以，如果我们能够像僧人尘元一样低头看一看，或许就会发现另一条通往崖顶的路。

有时候我们追求幸福，却发现通往幸福的路很难，而真正的原因则是此路不通，但是我们却只顾着低头走路，而不回头看是否还有别的路可以通。

一个女人爱上一个不该爱的人，但总是执迷不悟，认为自己是对的，常常为此伤心流泪，一个没有结果的爱，爱上一个不该爱的人就如同攀爬这根本上不去的悬崖一样，没有结果，而且自己随时可能掉下来摔个粉碎。

有些女人被金钱所惑，找丈夫一味地要找有钱人，一味地以这个为标准，最终错过了不少很好的人。而过了结婚的年龄，又匆匆地结婚，婚姻也不是很幸福。在开始的时候如果回头看，看看这条路通不通，最终也不至于是这个结果。人有时候过于天真，认为自己一切都对，急功近利地追求幸福，却往往得不到幸福，而那些很泰然的、懂得变通的人往往会获得意想不到的幸福。

庄子在《逍遥游》表达的“神人无己，圣人无功，至人无名”正是最好的总结。逍遥游是一种最难得的人生状态，不穿越“财”的浮尘雾障，幸福永远是不可企及的。

不幸福只因不单纯

在人的一生中，会有许多的追求、许多的憧憬：追求真理，追求理想的生活，追求刻骨铭心的爱情；追求金钱，追求名誉和地位。有追求就会有收获，我们会在不知不觉中拥有很多，有些是我们必需的，而有些却是完全用不着的。那些用不着的东西，除了满足我们的虚荣心外，最大的可能，就是成为我们的负担。其实，幸福与快乐源自内心的简约。简单使人宁静，宁静使人快乐。

古人有句话叫“大道至简”，用今天的话来说，就是“越是真理就越是简单的”。著名的美籍华裔数学家陈省身有一个很有趣的“数学人生法则”：数学的一个重要作用就是九九归一，化繁为简。

智者的简单，并非因为贫乏或缺少内容，而是繁华过后的一种觉醒，是一种去繁就简的境界。简单的过程是一个觉醒的过程。大道至简，健康的人生一定是一个去繁就简的人生。

古希腊的佛里几亚国王葛第士，以非常奇妙的方法在战车的轭上打了一串结。他预言：谁能打开这串结，谁就可以征服亚洲。一直到公元前334年，仍然没有一个人能成功地将此结打开。这时亚历山大率领军队入侵小亚细亚，他来到打着葛第士绳结的车前，毫不犹豫地拔剑砍断了绳结。后来，他果然占领了比希腊大50倍的波斯帝国。

在现实生活中，困扰我们的绳结同样存在，并且有可能就在我们的心中。

有一个年轻人从家里出门，在路上看到了一件有趣的事，正好经过一家寺院，便想考考老禅师。他说："什么是团团转？"

"皆因绳未断。"老禅师随口答道。

年轻人听了大吃一惊。

老禅师问道："什么事让你这样惊讶？"

"不，老师父，我惊讶的是，你是怎么未卜先知的呢？"年轻人说，"我今天在来的路上，看到了一头牛被绳子穿了鼻子，拴在树上，这头牛想离开这棵树，到草场上去吃草，谁知它转来转去，就是脱不开身。我以为师父没看见，肯定答不出来，却没想到你一下就说中了。"

老禅师微笑道："你问的是事，我答的是理。你问的是牛被绳缚而不得脱，我答的是心被俗务纠缠而不得解脱，一理通百事啊！"

年轻人大悟。

其实，人生中不如意事十之八九，得失随缘吧，不要过分强求，不要一味地去苛求。世间万事转头空，名利到头一场梦，想通了，想透了，心也就豁然了。

名利是绳，贪欲是绳，嫉妒和褊狭都是绳，还有一些过分的强求也是绳。牵绊我们的绳子很多，只有摆脱这些心的绳索，才能享受到真正的幸福，才能体会到做人的乐趣。

生命各有各的快乐，在于不同个体对各自生活的一种简单的满足。不要被世俗的绳结羁绊，听从内心真切的呼唤，便能享受属于自己的幸福。

人活在世上都要扮演一定的角色，或许你的生活很简单，但是你也会有自己的幸福。

有些人，他们活着，却没有时间去多愁善感；爱着，他们却不去纠结怎么诠释爱情；他们满足，因为他们没有奢望生活过多的给予；他们简单，不用在人前掩饰什么。他们也许连幸福是什么都不知道，然而真正幸福的就是这么一群简单的人。

人之所以不幸福，就是因为不能够活得单纯；其实，不要去刻意追求，不要向生命去索取，不要有目的地给自己塑造形象，简单本身就是一种幸福。

只要有一颗清净的心，即能获取幸福

1918年8月19日，才子李叔同离别妻子，悄然遁入空门，法号“弘一”。读过弘一大师传记的人，大概都不会忘记他是以怎样珍惜和满足的神情面对盘中餐的：那不过是最普通的萝卜和白菜，他用筷子小心地夹起放在嘴里，似在享用山珍海味。正像他的好友、现代学者夏丏尊所说：“在他，什么都好，旧毛巾好、草鞋好、走路好、萝卜好、白菜好、草席好……”

“惜衣惜食，非为惜财缘惜福；爱人爱物，到了方知爱自己。”以惜福的心态度过生命中的每一天，怎能不生知足、安详、欢愉、幸福之感呢？

有一场举世瞩目的赛事，台球世界冠军已走到卫冕的门口。他只要把最后那个8号黑球打进洞，凯歌就能奏响。就在这时，不知从什么地方飞来一只苍蝇。苍蝇第一次落在他握杆的手臂上。有些痒，冠军停下来。苍蝇飞走了，这回竟飞落在了冠军紧锁的眉头上。冠军只好不情愿地停下来，烦躁地打那只苍蝇。苍蝇又轻捷地脱逃了。冠军做了一次深呼吸再次准备击球。天啊！他发现那只苍蝇又回来了，像个幽灵似的落在了8号黑球上。冠军怒不可遏，拿起球杆对着苍蝇捅去。苍蝇受到惊吓飞走了，可球杆触动了黑球，黑球没有进洞。按照比赛规则，该对手击球了。对手抓住机会死里逃生，一口气把自己该打的球全打进了。

卫冕失败，冠军恨死了那只苍蝇。在大众的喧哗中，冠军不堪重负，不久就自己结束了生命。临终时他还对那只苍蝇耿耿于怀。

一只苍蝇和一个冠军的命运联系在一起，是偶然的。倘若冠军能制怒并静待那只苍蝇飞走的话，结局也许就不一样了。

一个心智成熟的人，必定能控制自己的情绪与行为。这样的人才能享受到幸福。倘若一个人不能征服自己，就可能错失幸福。虽然幸福没有统一的答案，也没有固定的模式，但是它需要一种捕获的心境。幸福的内涵无限丰富，只要你善于捕捉，用心灵去发现，哪怕是一条温暖的短信问候、一句关爱的叮咛、一缕初夏的凉风、一幕日常生活琐碎的片段……你都能从中感受到幸福，因为你拥有一颗懂得享受幸福的心。

淡泊以明志，宁静而致远。简简单单地生活，就能发现点滴间存在的小小幸福。幸福就像山坡上静吐芬芳的野花，没有围墙，也不需要门票，只要有一颗清净的心和一双未被遮住的眼睛，就能看到。

第十四章

放下错爱，幸福花开：放爱一条生路

有一种爱，叫作放手

有人说初恋是轻音乐，热恋是狂想曲，那么失恋呢？失恋可能是令人难忘也难眠的小夜曲。尽管谁都不愿意失恋，但从人们恋爱的总体上说，失恋是难以避免的，也是我们无法掌控的。失恋是痛苦的，但在这种痛苦面前，有的人能作出理智的选择，有的人则陷入了情感冲动的泥潭，严重地影响了自己的正常生活。

琳达和男朋友分手了，处在低落情绪中，从他告诉她应该停止见面的那一刻起，琳达就觉得自己整个人都被毁了。她吃不下、睡不着，工作时注意力无法集中，人一下消瘦了许多，有些人甚至认不出琳达来。

她来到当初与男友约会的公园里，伤心地哭了起来，她哭得很悲戚。她不明白为什么男孩不再爱她了。

渐渐地，她由伤心变成了不甘心，又由不甘心变成了怨恨，她不甘心自己的爱为什么不能换来同样的回报，她怨恨他太狠心、太无情。她越哭越悲伤，难以遏止，陷于强烈的失落、自卑和悔怨中不能自拔。

一个长者知道她为什么而哭之后，并没有安慰，而是笑道："你不过是损失了一个不爱你的人，而他损失的是一个爱他的人。他的损失比你大，你恨他做什么？不甘心的人应该是他呀。再说，他已经不爱你了，你还要伤心、怨恨，来让这份失败的感情阻碍你今后的生活吗？"姑娘听了这话，忽然一愣，转而恍然大悟。她慢慢擦干泪，决定重新振作，投入新的生活。

是啊，当爱情离我们远去的时候，我们要尽力挽留；当我们无法挽留的时候，最好的处理方式就是忘却，忘掉以前的愉快和不愉快。当我们学会了忘记，才会真正地解脱，才会学会宽容。有人说，经历了真正的爱之后，人才会成熟。

强求来的爱情不会幸福，因为对方的离去而制造悲剧的人也并非缘于真爱。爱，需要豁达，实在抓不住的爱，就轻轻放手吧。生活是多姿多彩的，爱情只不过是人生旅途上的一个里程碑。当我们面临失恋的痛苦时，不必悲伤，身边还有更多美好的东西，可以医治失恋的创伤，冲洗掉一切烦恼痛苦、惆怅、失意的情绪。

恩格斯在21岁那年失恋了，他在自己的日记中写道："还有什么比痛苦的失恋更高尚和更崇高的痛苦——爱情的痛苦更有权利向美丽的大自然倾诉！"他果然去向大自然倾诉了，他越过了阿尔卑斯山，又到了意大利，很快在大自然的怀抱中医治了心灵的创伤，达到了心理的平衡。

普希金在失恋后也远走高加索，加入对土耳其作战的行列，在硝烟弥漫中冲洗掉失恋的惆怅。试想，一个经过生命与死亡痛苦挣扎的人，还会怕其他痛苦吗？有什么痛苦能比死亡更痛苦？相比之下，失恋的痛苦不过是像被蚊子叮过一样，只是有点微痛而已。

文学巨匠歌德才华出众，他一生经历了十几次恋爱，每次他都全心地投入，把自己全部的热情奉献给对方，但一次又一次都未取回感情的"投资"。当他意识到爱情已面临破灭的边缘，有可能给对方带来灾难时，他立即从对方身边离开，不给对方带来痛苦，也及时地挽救了自己。

23岁那年，他又深深地爱上了一个叫夏绿蒂的少女，哪知她已经有了未婚夫，歌德又一次遭受沉重的打击，只好默默地离去。这已经是他的第五次失恋了。为此他痛苦至极，把一把匕首放在枕头底下，几次想到自杀，但后来终究还是下不了手，他把全部的精力投入到文学创作中去，及时地以工作热情补偿了感情上的失落，以事业的成功补偿了失恋的痛苦。

失恋并不意味着永远失去幸福、失去感情生活。感情满足的方式也不仅仅是爱情，亲情、友情，甚至是来自工作、学习的快乐也可以补偿因失恋造成的心理不平衡。

"失去了她，我才遇见你"，这是一份无法企及的美丽。多一份坚强，失恋的人照样可以光鲜亮丽地生活，因为生命比我们预料的要顽强、要博大。

当爱离我们远去时，我们不妨豁达些，放爱一条生路，让爱情之花仍能留有余香。

善待爱情

一位悲伤的少女求见爱神。

"爱神，你掌管着人世间的爱情，现在，我有件关于我的爱情的事请教您，希望您能帮助我。"

"可怜的孩子，请说吧。"爱神说。

少女停顿了一下，忧伤的声调令人心碎："我爱他，可是，我马上就要失去他了。"少女流泪了。

"孩子，请慢慢从头说吧，怎么回事？"爱神慈祥地说。

"我与他深深相爱。他以他的热情，日复一日地用鲜花表达着他对我的爱。每天早上，他都会送我一束迷人的鲜花；每天晚上，他都要为我唱一首动听的情歌。"

"这不是很好吗？"爱神说。

"可是，最近一个月来，他有时几天才送一束花，有时根本就不为我唱歌了，放下花束就匆匆离去了。"

"唔？问题出在哪儿呢？你对他的爱有变化吗？"

"没有，我一直从心里深深爱着他。但是，从来没有表露过我对他的爱，我只能以冰冷掩饰内心的热情。现在他对我的热情也在慢慢逝去，我真怕，真怕有一天失去他。爱神，请指教我，我该怎么办？"

爱神听完少女的诉说，从屋里取出一盏油灯，添了一点儿油，点燃了它。

"这是什么？"少女问。

"油灯。"

"点它做什么？"

"别说话，让我们看着它燃烧吧。"爱神示意少女安静。

灯芯嗞嗞地燃烧着，冒出的火苗欢快而明亮，它的光亮几乎照亮了整个屋子。然而，渐渐地，随着灯油越来越少，灯芯火焰也越来越小，光线变弱了。

"呀！该添油了！"少女道。

可是爱神示意少女不要动。任凭灯芯把灯油烧干，最后，连灯芯也被烧焦了，火焰终于熄灭了，只留下一缕青烟在屋中飘浮。

少女沉思了一会儿，恍然大悟。

爱情是需要经营的，不要总将别人的付出视为理所当然。不用心去经营，有一天你会发现爱情之花已经枯萎。善待手中的爱情，珍惜每一天，感受生活的全部内涵，走过之后，你才不会因后悔当初没有珍惜而潸然泪下。

许多人固执地以为我们的爱永不退色，永远新鲜，于是以“爱”的名义不断地向对方索取，殊不知，此刻爱已变了味道。

爱其实不仅需要表白，还需要不断培养，否则爱情之花终究会凋谢。

爱情的经营，应该是彼此的共赢，即一个人加上另一个人的力量，要大于两个人的力量。两个人的结合，是要为彼此带来更为丰富精彩的人生经历并带来幸福，那才是爱情的真正使命。如同蓓蕾一般默默地等待、夕阳一般遥遥地注目，即使心中藏有一片海洋，但流出来的只是两颗泪珠。

只有保持爱情的新鲜感，才能够让爱情看起来和谐而恒久。爱情是一门艺术，需要用心去描绘、去书写。

要用心去经营自己的情感生活，爱情色彩暂时的消退，只是因为你还在无光的隧道中行走罢了。有朝一日，当你和伴侣历经风雨，相扶着走过人世的沧桑，面对着夕阳下白发苍苍的彼此时，就会体悟到爱情真正的含义了。这绝对是人世间永不止息的一曲赞歌。

不要让爱牵绊了幸福

爱情不是盛开在天堂里的花朵，在这个纷繁复杂的物质社会里，爱情也常常会受到各类“病毒”的侵袭，遭遇一些或大或小的冲突。当爱情的伊甸园危机四伏时，是坚守还是突围呢？突围后又是否能有个灿烂的未来呢？越来越多的人为此举棋不定，日夜嗟叹。

“爱到尽头，覆水难收”，勉强维持没有爱情的关系是没有意义的。有时候，放手也是一种明智之举。

其实，当爱情已经走到了“灰飞烟灭”的尽头，无论我们如何费尽心力去维持它，都于事无补。爱是一种自自然然的感觉，爱散了、淡了、完了，就随它去吧，何必死缠烂打、寻死觅活呢？对于一个已经不爱自己的人，坚持又有什么意义呢？“天涯何处无芳草，何必单恋一枝花”，曾经以为是天长地久，到头来才发现只是萍水相逢，他只是自己生命中的过客，并非那个注定会为自己驻留的人，又何必太在意他的离去呢？生命中总会有人与我们擦肩而过，有人为我们停留，又何必苦苦让自己在一棵树上吊死呢？倒不如放手，给他也是给自己一片广阔的蓝天，这样我们的生活才能过得更好。

芊芊曾经听妈妈讲过她和爸爸之间的爱情故事，很美、很浪漫。她为此感到骄傲：自己的父母是因为爱而结婚的！甚至在一年之前，她仍然认为他们会一直相爱到白头。可理想和现实终究是有距离的。

半个月之后，爸爸搬出了他们曾经共有的家。芊芊现在生活得很自在，她的爸爸妈妈也过得很快乐。

爱情不能用尺度来衡量，婚姻也没有标准来量化。如果爱就要学会宽容，学会等待。爱情就像做菜，适时地添加佐料才有滋味。如果这份爱走到尽头，没有挽回的余地，那就放手吧，不要让这份感情成为我们幸福人生的牵绊。爱过方知情重，如果实在难以割舍，那么告诉自己，放手也是因为太爱他，然后，将这份情深深地埋在心里，等待时间告诉我们一切的结果——生活并不需要无谓的执着，没有什么不能被真正割舍，重要的是不要让逝去的爱牵绊了我们的幸福。

放开手，守望对方的幸福

爱情不是占有，也不是付出多少就能得到多少的等价交换，有的时候我们会品尝到失去爱人的苦涩，需要明白放手也是一种爱。只有这样，你才能不为自己的执着所困惑，不为自己的妄念所痛苦，才能真正拿得起、放得下。只有这样，当你遇到飞鸟与鱼的爱情时，才能感激爱情的美好，而不是为了不能在一起而悲伤痛苦。

有一位男士和女友经常为一些鸡毛蒜皮的小事争吵，渐渐地，两人之间便产生了裂痕。明知相处已无意义，可谁也不忍提出分手，为此，双方痛苦不堪。

有一天，这位男士去拜访一位心理学教授。教授听完他的讲述，微微点了点头，起身从卧室找出一个空花瓶，将一个橘子丢入其中，让他用手伸进去把橘子拿出来。结果，手伸进去了，橘子却拿不出来。因为瓶口比抓住了橘子的拳头要小。“怎么样，拿不出来吧。你想抓住橘子，橘子也借瓶口套牢了你的手。若你松开它，你的手怎样伸进去的，还能怎样出来。现在，你和你的女友已经无法和睦相处了，你还想抓住她，结果，你把自己也囚禁了，如果你能再理智一些，趁早放手，不仅放开了她，你也可以放开自己了。”教授意味深长地说。

两个人相处就像两只互相靠着取暖的刺猬，离得太远，会觉得冷；靠得太近，难免又会刺伤对方。如果在感情上失去了默契却仍然要在一起，这样只会伤害彼此。也许你小的时候玩过这样一个游戏，抓两只蜻蜓，拿一根线把两只蜻蜓分别绑在线的两端。如果蜻蜓齐心合力便可以飞起来，如果它们分别向着不同的方向飞，不仅无法飞走，而且会被彼此牵制得筋疲力尽。

两个人在一起，也许最大的伤害不是分手，而是难以和谐的时候还硬生生地绑在一起。许多的事情，总是在经历过以后才会懂得。一如感情，痛过了，才会懂得如何保护自己；傻过了，才会懂得适时的坚持与放弃，在得到与失去中我们慢慢地认识自己。其实，爱情并不需要那么多无谓的执着，没有什么是真的不能割舍。学会放手，幸福会更容易。

感情是一份没有答案的问卷，苦苦地追寻并不能让生活更圆满。既然逝去的爱情无法挽回，再死死地抓住不放手，也没有意义。虽然世人都希望“有情人终成眷属”，但世人总会受到很多限制，不能真的随心所欲。如果你真的爱一个人，却无法相守，要记住：爱一个人并不是一定要得到。放开手，守望对方的幸福，也是一种真爱。

能够相爱是幸福的，但我们总会看到一些悲伤的爱情。要培养一份清净无染的爱，在感情上不要有得失心，不要想得到回报，就不会有烦恼。我们都要学着洒脱，学着接受，“爱过，就是慈悲”，爱一个人最大的幸福不是得到对方，而是让对方得到幸福。

珍爱自己，不执着于错爱

很多年前，李玟在一首歌里唱过“那一个，美丽的、美丽的笨女人，她的故事发生在每个角落里”，爱情场上，总有女人重蹈覆辙，犯同一个美丽的错误——爱上已婚男人，却痴心不死。

电影《非诚勿扰》里舒淇扮演的空姐梁笑笑，痴情地爱着一个帅气又多情的已婚男人。要不是遇上秦奋，要不是跳海未死心已死，她可能会一直痴恋着那个已婚的男人。如果因爱一个人，逼到自己跳海的地步，相信无论如何也不会有美好的结局。

可生活中，总有女孩子爱上多情的已婚男人。开始，女孩可能是拒绝的，她们的态度可能冷若冰霜，或者动用了各种手段希望男人死心，可是男人非但没有停住追逐的脚步，反而变本加厉：送礼物，传达问候，约吃饭……经历尚浅的女孩，终于经受不住诱惑，向多情男人臣服了。

可是，这样的男人，并不是能让你依靠一辈子的好男人，眼前的体贴也不能算是一辈子的承诺。他对你好的时候，必定是建立在对另一个女人不好的前提之下的；他守在你的身边，必定是有另一个女人独守空房的。所以，这样的男人即使再好，也是要打折扣的。

要知道，多情的男人未必重情。爱上多情的已婚男人，更是哑巴吃黄连，有苦说不出。这种不合适的恋爱，是一种注定的情债，总会有让女孩爱到绝望的那一天。

在这种已婚男人心里，性与爱并不是一回事，只要有合适的机会，他们是从来不会介意左拥右抱的。他们嘴里的夫妻感情不好、性格不合，不过是结婚时间长了产生的审美疲劳，想换一换口味而已。当现实问题摆在眼前，你让他们做出一个选择的时候，他们多半会选择维持原有的婚姻，因为从一开始，他们就没打算要离婚。对他们而言，这终究是一场游戏，游戏结束了他们是要回家陪老婆孩子的。即使对方也不小心爱上了你，出于离婚成本太大，一般的男人也不会轻易离婚，女人傻傻的等待注定了要错过出嫁的花期。

爱上已婚的男人，不管你花费了多少心思，到最后都只能以绝望的悲剧收场。所以，聪明的女孩，在开始面对这种多情的已婚男子的时候，就应该表现出最绝情的一面，将这种不适合的爱情扼杀在摇篮当中，才能避免自己在以后的日子里受到伤害。

该相爱的人不曾相爱，是人生的一大憾事，但是和不该相爱的人相爱了，却是一种痛苦。放手，其实是爱他，也是爱自己。

爱情要坚持“半糖主义”

有人觉得爱情不必天天腻在一起，真爱需要留一点空间，彼此才能呼吸。但也有人觉得离得太远的爱情，若即若离、患得患失，令人没有安全感。

如果问爱情带给人的感觉，1000个人会有1000种答案。也许你会说爱情很没道理，没错，爱情就像女人一样善变。太苦的日子会使人沮丧失望，过甜的日子容易让人不识甜为何物，不懂珍惜；分别太久，要担心对方是否不够爱自己，两个人黏得太紧，却印证了一句话“爱得太用力，爱就燃烧得太快”。也许生命的最佳状态就是不回避烦恼与苦难，并学会给自己的日子加半勺糖，在若有若无间体味生命的香甜，领悟甘苦参半的人生真谛。

向岚和陶娟是大学同学，志趣相投的两人一见面就“臭味相投”，成为好姐妹。到了大二的时候，两人都有了自己的男朋友。关于如何对待爱情，她们没有了以往的默契，向岚认为对待爱情应采取“蜜糖主义”，才能让爱情更加甜蜜；而陶娟的想法不同，她认为“半糖主义”的爱情才更能让恋爱双方懂得珍惜彼此。然而，两人各执己见，谁也没有说服谁。

在爱情中，向岚誓将“蜜糖主义”进行到底，除了上课、睡觉，她每天都和男友在一起，真是一对如胶似漆的甜蜜恋人。

不久，向岚认为每天相聚时间太少，难以慰藉两人的相思之苦，于是她和男友就“以身试法”地在校外租了一间小屋住下，过起了两人的小日子。不仅如此，向岚考虑到男人的面子，把经济大权都交到男友之手，将每个月家里给的所有生活费都交给男友掌管。每天男友会给她“发放”像早餐这样的日常必需消费款，其他就算是想买点零食这样的支出都要向男友中请。他们这样甜蜜幸福的小日子让其他人羡慕不已。

然而，这段同居生活却并非表面那样幸福，每天生活在一起，彼此的缺点逐渐显现出来，矛盾滋生，争吵时有发生，“分手”二字更是时常被向岚和男友挂在口上，两人分分合合，让彼此饱受心灵的伤害。最终，疲惫不堪的两人选择了分手。

另一边，陶娟的爱情观是坚定的“半糖主义”，她不会把自己所有的时间都花费在爱情上，一日三餐，她只有晚饭是陪男友一块儿吃的，饭后两人一起去上晚自习，共同探讨学习中的问题。就连周末，她也一半时间给男友，另一半时间安排自己和同学、朋友去逛街，让男友去和他自己的朋友玩耍，两人相聚后还可以讲述彼此遇到的有趣事情。这段爱情并没有因为距离而产生隔阂，反而更显甜蜜。大学毕业一年后，男友就向陶娟求婚，让陶娟做他美丽的新娘。

向岚的“蜜糖主义”让爱情落了空，而陶娟的“半糖主义”却为自己赢来了幸福的婚姻。“蜜糖主义”认为，爱就是寸步不离，就是完全透明，完全占有。而“半糖主义”作为一种理性的爱情观，它反对全糖式的爱情，认为如胶似漆没有距离和神秘感，而这也正是现代很多爱情不能长久存在的原因。

当两个人相爱的时候，并不是要形影不离，如胶似漆，“一日不见如隔三秋”，爱情并不是生活的全部。但有些人并不这样认为，他们爱得投入，爱得热烈，爱得失去了自我。而终有一天，两人都累了、倦了、厌了，那么，爱情也就此划上了句号。我们需要理性一点，为自己和心仪的他之间保留一点距离，也就保留了这份爱情，正如人们常说的，手中的沙子握得越紧，它就流失得越快。

人们经常说：距离产生美感。彼此间有一点距离的张力，才能营造出一种朦胧之美，才能将两人的心拴得更紧。距离美要求我们对爱坚持“半糖主义”，爱情的双方注意保持一定的距离，给彼此留出一些空间和自由，这样的爱情才会持久，不至于令人厌倦。就像一杯白开水，如果不放糖，水就会平淡无味；全糖，水味又太过于浓甜；半糖，不甜不淡，刚刚好。真正的爱情之火，不会由于心里距离的增大而熄灭，反而会因空气充足越烧越旺。

走好爱情的斑马线

爱情是维系社会的一股力量，既然人是因爱而生，就不能离开爱。爱有正当的，有不正当的，正当的爱就是绿灯，不当的爱就是红灯。

放弃一个爱你的人并不痛苦，放弃一个你爱的人才是痛苦，爱上一个不爱你的人更加痛苦。爱情必须是双向的才能开花结果，所以在爱情这条路上，必须要遵守红绿灯规则。

真正的爱情，即便是在情感浓厚的时候，也不失去理智；只有在双方自愿的情况下结合，爱情才会长久。虽然爱情常会令人变得盲目，但理智还要存在于相爱之人的心中。如果爱得过分，乱了方寸，失了方向，最后不知道该怎样去爱对方，这样的爱通常都会滋生无尽的痛苦和烦恼。

20 世纪 30 年代上演的一部名为《盲目的爱情》的电影，讲述同窗好友俞汝南和尤温，同时爱上了女伶王幽兰。王幽兰属意俞汝南，于是多次婉拒尤温的邀请。一日，尤温眼见王幽兰、俞汝南相处，妒火中烧，打瞎了俞汝南的眼睛。王幽兰誓为俞汝南报仇，却被尤温关禁于土窟。俞汝南整日沉溺于思念中，其表兄蔡君偶闻王幽兰已与尤温私奔，遂骗俞汝南，说王幽兰已死。时光荏苒，两人俱已年老，王幽兰终于逃出土窟，来见俞汝南。俞汝南摸着王幽兰枯老的面孔、头发，怒斥尤温用一个老丑妇人来假扮王幽兰。王幽兰大受刺激，拔刀自刎。王幽兰临终忍痛唱了一首自己曾经唱过的歌，俞汝南幡然醒悟，然而王幽兰已含泪九泉。

俞汝南、尤温、王幽兰三人间的爱情悲剧深深地触动着人心，同时也告诉世人，盲目的爱情有多么可怕。

人所共知，爱情之火活跃、激烈、灼热。但爱情也是一种变化无常的感情，它狂热冲动、时高时低、忽冷忽热，把我们系于一发之上。爱情的不定性让人常常失去理智。所以我们应当了解哪些是红灯的爱，哪些是绿灯的爱。

在爱情这条斑马线上，需要看清红绿灯，才能审慎前进，才能让自己在爱情的道路上走得更加顺畅，获得幸福的生活。

在深爱中保持自我

爱一个人，就是无时无刻形影不离吗？

爱一个人，就是完完全全地占有吗？

爱一个人，就是什么都为他（她）做、什么都为他（她）想吗？

爱得执着，这个问题，我们最先想到的往往是女人。有人说，热恋中的女孩智商最低，往往看不清自己，很容易铸成大错。所以，在此提出一些忠告，希望能使她们清醒，希望她们不要把自己丢得太远。

不要太娇贵。现在女孩大多都很娇贵，她们从小受到父母的宠爱，在家中都是有求必应，稍不如意，就吵闹或撒娇。久而久之，使她们养成娇柔、傲气的性格，平时遇到半点困难就唉声叹气，最终会使男友厌烦。

不要太柔弱。有些女孩喜欢读徐志摩、席慕容的诗。读了《红楼梦》就把自己当作林黛玉，经常自怜自叹。这样的女孩子因为平时缺乏体育锻炼，所以身体柔弱多病，大部分男人都不希望自己未来的妻子是这样的。

不要太尖刻。女孩子最不可取的性格就是尖刻。这些女孩大都长得很漂亮。走路时，她们绝不允许男友的目光在别的女子身上游荡。偶然有之，她们会红颜大怒。男友一时会被她们的相貌吸引，时间一久，容颜渐失，她们也就没有任何优势了，不能把爱留得长久。

不要太浅薄。现在的社会诱惑太多，浅薄型的女孩往往很早就涉足社会，读书不多，没有较深的思想内涵，她们常因为一些常识性的问题而被人取笑。和男友在一起，她们不懂幽默，无法理解男友语言的精华。因此男友会感觉很枯燥，没有乐趣可言。一些女孩子尽管受过一定程度的教育，但是缘于个人修养或品质方面的原因，依然是浅薄的。

然而更为重要的是，不要丧失了自己的独立个性。爱他的同时也要尊重自己。热恋中的女孩很容易丧失自己的独立人格，她完全在爱中迷失了自己。

爱情，只有相爱的两个人心心相印地沟通，才可能长久的。

如果深爱对方不要试图改变自己去适应对方。可能当初我们真的是由于自己不懂，不知道什么叫爱情、什么叫尊重，或许直到某一天我们才会明白，尊重对方的个性也是一种爱。用包容的胸怀宽恕自己爱人的缺点，给他（她）一个自己的空间，给自己也留一个自由的空间，在平淡的生活中演绎经典，在无声无语的交流中演绎这份爱。这样，即使是不经意的爱情也将变得永恒。

真正的爱情并不只在我们的想象中，它是一个实际的过程，要在细碎的小事中去体味。两个人相爱，他（她）即是他（她），你即是你；他（她）又是你，你又是他（她）。两个人相互融合，又彼此独立。这个融合的过程就是在互相的交流碰撞中学会接纳、信任、宽容和关爱对方。在这个过程中，千万不要忽略彼此的个性。两个人彼此依恋、关怀、爱慕，但并不应该过分地依附与妥协。是的，让对方感到快乐是很重要的，但并不代表是一味地去取悦对方。彼此都感觉快乐才是最重要的，这也是爱情的魔力所在。

在人的潜意识里，付出总是希望得到回报的，放弃自我地去付出，势必在内心深处想要得到的就更多，这是一种补偿心理，也是动机的源头，你必须正视。就像饿了要吃饭、渴了要喝水一样，你爱他多一些，当然会希望他更加爱你。然而这就好比藤和树的关系，攀附得太紧，谁也无法存活。

再圣洁、再炽热的爱情也是需要私人空间的。尽管有家的形式，但在同一个屋檐下的两个人也是彼此独立的。谁也不是谁的附属，应该像两棵彼此独立的树一样，肩并肩地去应对生活中的风风雨雨。

在全心全意爱对方的同时，也要为自己留一片天空，让心灵能够自由地呼吸，也让爱情能够自由地呼吸。唯有如此，我们才能在深爱对方之时不至于迷失方向。

找一个爱自己和自己爱的人

生活的蜜意，有时候就只是一个眼神、一句话而已。在我们的生活中，很多人的价值观发生了变化，一些女孩觉得只有找到大款，把自己嫁掉，才能够维系生活的浮华，也能满足自己的虚荣心。那么到底应该选择我爱的人，还是选择爱我的人呢?

不适合自己的爱情不仅不能给自己带来幸福，反而会浪费自己的青春和感情，给自己的心灵造成伤害，使我们丧失对真爱的感悟力，使伤痕累累的我们没有信心再去尝试真正的爱情，从而错过人生中的最爱，这岂不是人生最大的悲剧吗?

真正完美的、能够长久地给人带来幸福的爱情，应该是两厢情愿、两情相悦的，是双方互相认同和吸引的，是双方共同努力营造的。

爱一个人，你就会傻傻地爱得忘了自己，你会爱着他的爱，痛着他的痛；你会因为他的开心而开心，因为他的悲伤而悲伤；你会挂念着他的衣食住行；你会爱他的全部，包括他的缺点；你常常会不自信，会担心自己配不上他，而不断地改变自己，努力使自己变成他所喜欢的样子……不了解爱情的人会觉得这样累，觉得自己的生活经不住这样的折腾，但是只有当事人才能体会到其中的甜蜜，才能感受到两个人在一起生活的美好。

几十年前，一个男孩对一个女孩说:“如果我只有一碗粥，我会把一半给母亲，另一半给你。”于是女孩喜欢上了这个男孩。

有一次村里发大水，男孩忙着去救别人，而没有去救女孩。别人问他为什么，男孩说:“如果她死了，我也不会独自活在这个世上。”这一年女孩 20 岁，男孩 22 岁，女孩嫁给了男孩。

在闹饥荒的年月里，两人只有一碗粥，他们互相谦让，都想让对方吃下去，结果这碗粥三天后发了霉。那时他们分别是 40 岁和 42 岁。当他 52 岁那年，因家庭成分不好被挂上牌子批斗，也已 50 岁的她心甘情愿地陪伴着他。她告诉他:无论有多大的苦、多大的难，你是我生命中唯一的支流，我永远是你爱的源头。

许多年过去了，他们成了70多岁的老人。在一次坐公共汽车时，有一个年轻人给他们让座，他们都不肯坐下而让对方站着，于是两个人紧紧靠在一起抓着扶手。这时车上所有的人都被这美丽而朴素的风景感染了，齐刷刷地站了起来，充满无限敬意的眼睛，仿佛看到他们心中的玫瑰花正在盛开，醉人的温馨里浸润着浓浓的恋意……

有彼此相爱的心，才能弹奏出最美的爱情协奏曲。

一个巴掌拍不响，单靠一个人的努力，另外一方无所回应，爱情的嫩苗不可能茁壮成长，爱情的花朵也不可能结出丰硕的果实。因此，我们在寻找爱情时，一定要找一个既爱自己又被自己深深爱着的人，找一个与自己的道德观念、人生理想、信仰追求相似的人。尽管这样的爱情得来不易，适合自己的伴侣也迟迟没有出现，但我们也应对真爱抱有坚定而执着的信念，做到“宁缺毋滥”。

以爱维忠，让幸福常伴左右

尽管有“不在乎天长地久，只在乎曾经拥有”的言语，但长相厮守仍然是无数人梦寐以求的美满爱情。为了使爱情得以永恒，有些人选择步入婚姻的殿堂，有些人选择为爱情的忠贞进行公证，甚至有些人还选择以殉情的方式留下最浓烈的爱情。然而，无论采取哪一种方法，“忠”都是最核心的问题。

深爱的两个人，唯有双方都保持对爱情、对对方的忠诚，爱情才有可能继续下去。一旦一方出现不忠与背叛，爱情于另一方的心里，都会留下一道无法弥补的裂痕，就像是破镜一般，即便可以重圆，也永远无法回到最初的亲密无间。

在爱情的路上，忠与不忠，更大程度上是一个道德范畴的问题。但从情感的角度来看，爱与忠是一体的，柏杨曾说：“忠可以不爱，而爱无不忠。忠基于义，爱基于情……爱，就是忠，就是仁义的化身。”

确实，如柏杨所言，爱与忠是如影随形的。那些热恋中的男女，总是希望能时时刻刻和对方黏在一起，此时的他们“情人眼里出西施”，唯有对方才是世界上最好的那一个，因此，他们的眼中看不到其他人，他们的爱情里充满了对对方的忠诚。

1958年冬，柏杨在救国团举办的“中国青年文史年会”上认识了倪明华。据柏杨回忆：“这是我一生中，又一次被切成两段，一切归零。爱情忠心使年轻人着迷，但对中年以上的人来说，只不过一句虚话——尤其是男人，事业居于无可动摇的第一位，爱情不过逢场作戏。可是，对我不然，这一场爱情，使我跟永培仳离，和整个社会作对。”

事情确实如柏杨陈述的那样，这场爱情的女主角倪明华的父亲是当时社会上颇有声望之人，他曾运用自己的力量使柏杨失去了在大学任教的工作，甚至还将事情捅到了政府官员处，以柏杨的前途与未来作为威胁。原本就因说真话而得罪了不少人的柏杨，又因为这次的事件而变得愈发孤立了。“我完全孤立，没有一个人和我说话。也有一些朋友前来劝解，站在事业和前途的立场上，指出我半生辛苦的成果，将为一个小女人而毁于一旦，不但不实际，也不聪明。”

然而，对于这样的劝解，柏杨完全听不进去，还是毅然地将爱情置于第一位，把事业和前途置于第二位。柏杨的坚持，让事情真的如他人所预言的那样，变得一发不可收拾了。柏杨失去了所有赖以为生的工作，“没有薪资，没有工作，身上只有一点点零用的钱。”倪明华则被父亲软禁在家，二人的感情经历了一番轰轰烈烈之后又归平静，好像根本没有发生过什么事情一样。柏杨与倪明华的坚持，没有白费，终于换来了倪明华父母的接纳，实现了有情人终成眷属。

于柏杨和倪明华而言，他们的爱决定了他们对彼此的忠，它不因生计而改变，不因前途而屈服，也不因家庭的压力而退却。虽然是爱把他们联系到了一起，但是忠令他们的爱得以圆满。

但是忠并不一定能永远地陪伴着爱，随着爱情逐渐由浓转淡，忠也随之开始变淡了许多，很多时候忠需要用爱去经营和浇灌。当面对的是一段濒临破产的爱情时，如果不加维护极有可能会面临背叛，因而，这时需要我们注意一些平时不会关注的细节来对爱情进行修补，以避免忠的“离席”。

首先，应关心对方不管关心的事情是工作还是其他，都不能因时间而冲淡了对对方的关心。如果长期将对方放在一边置之不理，那就等于主动把你的爱人推离了自己的身旁。

其次，要建立现实的目标。假如你想让你们的关系回到热恋的激流中去，几乎是不可能的。但这并不是说你们的浪漫时期已经一去不复返了，而是说你不能再用过去的经历衡量你们的关系，因为你们双方都变化了，你们的关系也和过去不同了。因此，你应随着时间的推移，对“老夫老妻”的关系使用新的相处方式。

最后，要乐于改变自己。双方都应当以乐于改变自己来维持二人的关系。重建和谐的关系是需要时间并经过双方努力的。幸福的恋人会告诉我们，他们从不认为爱人会理所当然地爱自己，只有经过双方不懈的努力，这充满爱的过程才会无休止地延续下去。

而且要避开触发矛盾。人们经常会因一些琐碎的事情而种下心结，要避开这种情况就应避免触发矛盾，彼此开诚布公地商量妥善解决的办法，从而运用一种良好的交流方式来解决问题。

爱情是甜蜜的，同时又是酸楚的，所以是一种心酸的浪漫。初时的浓情蜜意必然使人依恋，而当它变成细水长流之后，便需用爱去维护忠、巩固忠，以换取爱情与幸福的长伴左右。

好好珍惜眼前人

从前，有一座圆音寺，每天都有许多人上香拜佛，香火很旺。在圆音寺庙前的横梁上有个蜘蛛结了张网，由于每天都受到香火和虔诚的祭拜的熏陶，蜘蛛便有了佛性。经过了一千多年的修炼，蜘蛛的佛性增加了不少。

忽然有一天，佛祖光临圆音寺，看见这里香火甚旺，十分高兴。离开寺庙的时候不经意间看见了横梁上的蜘蛛。佛祖停下来，问这只蜘蛛："你我相见总算是有缘，我来问你个问题，看你修炼了这一千多年来，有什么真知灼见。"

蜘蛛遇见佛祖很是高兴，连忙答应了。佛祖问道："世间什么才是最珍贵的？"

蜘蛛想了想，回答道："世间最珍贵的是'得不到'和'已失去'。"佛祖点了点头，离开了。

就这样，又过了一千年……

又过了一千年，有一天，刮起了大风，风将一滴甘露吹到了蜘蛛网上。蜘蛛望着甘露，只见它晶莹透亮，顿生喜爱之意。蜘蛛看着甘露，它觉得这是它最开心的。突然，又刮起了一阵大风，将甘露吹走了，蜘蛛很难过。这时佛祖又来了，问蜘蛛："蜘蛛，世间什么才是最珍贵的？"蜘蛛想到了甘露，对佛祖说："世间最珍贵的是'得不到'和'已失去'。"佛祖说："好，既然你有这样的认识，我让你到人间走一趟吧。"

蜘蛛投胎到了一个官宦家庭，成了一个富家小姐，父母为她取了个名字叫蛛儿。很快蛛儿到了 16 岁，出落成了个楚楚动人的少女。

这一日，皇帝决定在后花园为新科状元甘鹿举行庆功宴席。宴席上来了许多妙龄少女，包括蛛儿，还有皇帝的小公主——长风公主。状元郎在席间表演诗词歌赋，大献才艺，在场的少女无不被他折服。但蛛儿一点也不紧张、也不吃醋，因为她知道，这是佛祖赐予她的姻缘。

过了些日子，蛛儿陪同母亲上香拜佛的时候，正好甘鹿也陪同母亲而来。上完香拜过佛，两位长辈在一边说上了话。蛛儿和甘鹿便来到走廊上聊天，终于可以和喜欢的人在一起了，蛛儿很开心，但是甘鹿并没有表现出对她的喜爱。蛛儿对甘鹿说："你难道不记得十六年前圆音寺蜘蛛网上的事情了吗？"

甘鹿很诧异，说："蛛儿姑娘，你很漂亮，也很讨人喜欢，但你的想象力未免太丰富了一点吧？"说罢，便和母亲离开了。

几天后，皇帝下诏，命新科状元甘鹿和长风公主完婚，蛛儿和太子芝草完婚。这一消息对蛛儿如同晴天霹雳，她怎么也想不通，佛祖竟然这样对她。几日来，她不吃不喝，生命危在旦夕。太子芝草知道了，急忙赶来，扑倒在床边，对奄奄一息的蛛儿说道："那日，在后花园众姑娘中，我对你一见钟情，我苦求父皇，他才答应。如果你死了，那么我也就不活了。"说着就拿起了宝剑准备自刎。

这时，佛祖来了，他对快要出壳的蛛儿灵魂说："蜘蛛，你可曾想过，甘露（甘鹿）是风（长风公主）带来的，最后也是风将它带走的。甘鹿是属于长风公主的，他对你不过是生命中的一段插曲。而太子芝草是当年圆音寺门前的一棵小草，他看了你三千年，爱慕了你三千年，但你却从没有低下头看过它。蜘蛛，我再问你，世间什么才是最珍贵的？"

蜘蛛一下子大彻大悟，她对佛祖说："世间最珍贵的不是'得不到'和'已失去'，而是现在能把握的幸福。"

说完，佛祖就离开了，蛛儿的灵魂也回位了，她睁开眼睛，看到正要自刎的太子芝草，马上打落宝剑，和太子深情地抱在一起……

虽说爱情需要用心去等候和追求，然而生命也常常在这种固执的等待中悄然流逝了，人们却并不懂得如何去珍惜身边的和已经拥有的；他们也不知道，自己已经得到的，其实就是最大的幸福、最真的爱情。

"世间最珍贵的是'得不到'和'已失去'。"生活总是这样捉弄人，想要的得不到，不留恋的却偏偏徜徉身边。当那个“爱我的人”对我们还恋恋不舍的时候，我们以为这一切幸福都不会消失，我们理所当然地接受他们的爱，心里却在为“得不到”与“已失去”黯然神伤。日子一天天地滑过，直到有一天那个“爱我的人”因失望而选择离开时，我们才蓦然惊醒：原来他（她）才是上天许给我的姻缘！

缘分天注定，“得之我幸，失之我命”，唯一要懂得的是：珍惜眼前人。

第十五章 懂得珍惜，拿得起更要放得下

拿得起，还要放得下

刘备本是一位谦虚、谨慎的人，但关羽、张飞的死使他十分悲痛，不再持有往日的作风。为给关、张报仇，刘备兴两川之兵浩荡杀向东吴。投东吴的关羽旧部糜芳、傅士仁，将刘备所恨者马忠杀了，献首级给刘备，刘备并未原谅糜、傅，而是将二人剐了，一同祭关公。东吴诸将献计孙权，将杀张飞投东吴的范疆、张达送还刘备，可以息战宁人，谁料刘备剐了范、张，仍怒气不消，定要灭吴。

孙权在这种情况下，从阚泽言，起用陆逊为主将，统率步水马三军抗刘。消息传来，刘备问陆逊何许人也。马良说是东吴一书生，年幼多才，多有谋略，袭荆州便是他设的计。刘备大怒，非要擒杀陆逊为关羽、张飞报仇。

马良谏道，陆逊有周瑜之才，不能轻敌。刘备却说："朕用兵老矣，岂反不如一黄口孺子耶！"

"朕用兵老矣。"战争不以老嫩定优劣。用兵之道，看谁能把握战机，深谙谋略，不是谁的年龄大谁的计谋多。刘备在此以资夸口，以为自己经历的战争多，计谋就老到，这很可笑，不符合实际。所以，这次战役还未开始，就注定了刘备的失败。

"岂反不如一黄口孺子！"陆逊被他嘲为"黄口孺子"，可见刘备确实看不起年纪轻轻就统领军马的东吴新任大都督陆逊。刘备是糊涂了，不晓得当年自己桃园结义，投军拉队伍时，与关、张、也都曾是年轻人。

其实，战争中涌现的著名将领，多是年轻时崛起的。法国拿破仑一鸣惊人

时，是年纪轻轻的军官；苏联伏龙芝参加战争时是年纪轻轻的军官……刘备轻敌，瞧不起对方主将年轻，是未战先败了一阵。

两句话联起来，还归结在他的身上——放不下架子。

这教训告诉我们，在考虑关键问题时，切忌把自己的身份摆进去。如若时时想到自己的职务和自己曾经取得的辉煌成就，看问题就会少了客观性，多了盲目性，这样考虑问题就不周全，处理问题也会产生误差，最终抱恨终生。

“放下”是一种觉悟，更是一种自由。如果不懂得“放下”的艺术，我们就会成为背负重担蹒跚行走于人生道路的“苦行者”。

接受不可避免的现实

生活中，我们会遇到许多不公平的事，而且许多都是我们所无法回避的，也是无所选择的，我们只能接受已经存在的事实并进行自我调整。抗拒不但可能毁了自己的生活，而且也会使自己精神崩溃。因此，人在无法改变不公和不幸的厄运时，要学会接受它、适应它。

荷兰阿姆斯特丹有一座15世纪的教堂遗迹，里面有这样一句让人过目不忘的题词：“事已如此，别无选择。”

命运中总是充满了不可捉摸的变数，如果它给我们带来了快乐，当然是很好的，我们也很容易接受。但事情却往往并非如此，有时，它带给我们的是可怕的灾难，这时如果我们不能学会接受它，就会让灾难主宰了我们的心灵，生活也会永远地失去阳光。

小时候，琼斯和几个朋友在密苏里州的老木屋顶上玩，琼斯爬下屋顶时，在窗沿上歇了一会儿，然后跳下来，他的左食指戴着一枚戒指，往下跳时，戒指钩在钉子上，扯断了他的手指。

琼斯疼得尖声大叫，且非常惊恐，他想他可能会死掉。但等到手指的伤好后，琼斯就再也没有为它操过一点儿心。他已经接受了这个不可改变的事实。

英格兰的妇女运动名人格丽·富勒曾将一句话奉为真理，这句话是：“我接受整个宇宙。”是的，我们都应该学会接受不可避免的事实。即使我们不接受命运的安排，也不能改变事实分毫，我们唯一能改变的，只有自己的心态。

成功学大师卡耐基也说：“有一次我拒不接受我遇到的一种不可改变的情况。我像个蠢蛋，不断作无谓的反抗，结果给自己带来无眠的夜晚，我把自己整得很惨。终于，经过一年的自我折磨，我不得不接受我无法改变的事实。”

面对现实，并不等于束手接受所有的不幸。只要有一些可以挽救的机会，我们就应该奋斗！但是，当我们发现情势已不能挽回时，我们最好就不要再思前想后，拒绝面对，要接受不可避免的事实，唯有如此，才能在人生的道路上掌握好平衡。

笑看输赢得失

一个人要学会笑看输赢得失，这样才会拥有足够的信心实现梦想。

1. 赞美孤独

笑看输赢的人总是能够给自己留出时间，享受独处的欢乐，整理往事、展望前程，想象出类拔萃的美好生活。内心贫乏的人，生性急躁，喜欢喧嚣和热闹，一刻也离不开从他人眼中找寻自己赖以生存的保障，独处使他们倍感寂寞。因为他们不懂得赞美孤独，不会享受孤独，他们自然经常处于痛苦和焦虑之中。

笑看输赢的人，独自承受个性滋润、修身养性。他们享受宁静和孤寂，在反省中发现自身的不足。他们往往在把自己准备得很充分后，才投入步调紧凑的生活中。

2. 帮助他人而不求回报

笑看输赢的人愿意主动帮助他人，不求名、不求利、不求回报。他知道内心里献出东西，依旧会从内心里产生出来。他就像一家能源工厂，生产效率很高，永远能为别人和自己提供满足。

3. 不自怨自艾

笑看输赢者对损失看得很淡。他相信相对于整体而言，损失的不过是小小的局部。他不会难以释怀，不会老是对自己怨艾和指责。他勇于承认错误，并及时采取行动来挽回损失。

4. 放弃“多多益善”的想法

只要你拥有“多多益善”的想法，认为物质生活越多越好，你就永远不会满足。

每当我们得到了某一东西，或达到了某一目标后，大部分人就会立即再投入到下一件事中去。这压制了我们对生活的欣赏。

学会满足并不是说你不能、不会或不该想得到比你的财产更多的东西，只是说你的幸福不要依赖于它。你可通过着眼于现在，而不是太注重你想得到的东西来学会安享现有的一切。

你可以建立起一种新的思维，欣赏你已享有的幸福，以新的眼光看待你的生活，就像是第一次看到它。当你建起这一新的意识，你将发现，当新的财产或成就进入你的生活，你的欣赏程度将被提高，而生活将会变得更加快乐。

羡慕不如珍惜

每个人都有自己存在的价值，你也许羡慕别人的生活比你快乐，你也许认为别人的日子过得比你好，然而，你看过他们生活中的另一面吗?

在河的两岸，分别住着一个和尚与一个农夫。

和尚每天看着农夫日出而作、日落而息，生活看起来非常充实，令他相当羡慕。而农夫也在对岸看见和尚每天都是无忧无虑地诵经、敲钟，生活十分轻松，令他非常向往。因此，在他们的心中产生了一个共同念头:“真想到对岸去！换种生活！”

有一天，他们碰巧见面了，两人商谈一番，并达成交换身份的协议，农夫变成和尚，而和尚则变成农夫。

当农夫来到和尚的生活环境后，这才发现，和尚的日子一点也不好过，那种敲钟、诵经的工作，看起来很悠闲，事实上却非常烦琐，每个步骤都不能遗漏。更重要的是，僧侣刻板单调的生活非常枯燥乏味，虽然悠闲，却让他觉得无所适从。

于是，成为和尚的农夫，每天敲钟、诵经之余就坐在岸边，羡慕地看着在彼岸快乐工作的其他农夫。

至于做了农夫的和尚，重返尘世后，痛苦比农夫还要多，面对俗世的烦忧、辛劳与困惑，他非常怀念当和尚的日子。

因而他也和农夫一样，每天坐在岸边，羡慕地看着对岸步履缓慢的其他和尚，并静静地聆听彼岸传来的诵经声。

这时，在他们的心中，同时响起了另一个声音："回去吧！那里才是真正适合我的生活！"

不必羡慕别人的笑容，那也许只是苦中作乐或是强颜欢笑。我们总是羡慕别人，很少有人想到羡慕自己。只有懂得羡慕自己的人，才是真正值得羡慕的人。

一个人来到这个世界上总有许多值得别人羡慕的地方，即使处在人生的低谷亦然如此。比如：我们现在的学习非常累，但我们为了理想而奋斗，生活很充实；一个人事业受挫了，但他还有成功的机会；一个人下岗了，但他还有健康的体魄，一切可以从头开始。和那些更不幸的人相比，这一切太值得羡慕了，也太应该珍惜了。

不必羡慕别人的美丽花园，因为你也有自己的沃土，也许你的花不如别人的漂亮、名贵，但是你的花可能给人类提供更多除观赏以外的价值，这便是别人的花没有的优势。

其实，人生不需要太圆满，有个缺口让福气流向别人也是件很好的事。懂得每个人的生命都有欠缺，就不会与他人做无谓的比较，而是会更珍惜自己所拥有的一切。

好好数数上苍给你的东西，你会发现自己所拥有的其实很多，你的人生也就会快乐很多。

没有什么不能承受

他是一个天性多愁善感的王子，就是死了一只蚂蚁，他都会流泪。每当左右的人向他禀报天灾人祸的消息，他都流着泪叹息道："天啊，太可怕了！这事落到我头上，我可受不了。"

人有旦夕祸福，一年之后，灾难降临到他身上。在一场突如其来的战争中，他的父母被杀，他自己也被敌人掳去当了奴隶，受尽非人的折磨。他最终逃出虎口时，只有一条腿了，他沦为一个可怜的乞丐。

当人们得知他的身世，都流下同情的眼泪，继而发出他曾经发过的同样的叹息："天啊，太可怕了！这事落到我头上，我可受不了。"

此时的他慢慢地说道："请别说这话，凡是人间的灾难，无论落到谁头上，谁都得受着，而且都受得了——只要他不死。"

每个人一生都会遭受一些非难折磨、挫折打击，乐观、坚强的人坦然接受，并在以后的人生历程中谨慎行事，从而避免了重蹈覆辙，最终取得丰硕的成果；悲观、懦弱的人在经受挫折苦难打击后一蹶不振，变得浑浑噩噩，以致潦倒一生。生命中没有什么不能承受，勇于承受非难，从失败中吸取教训下不为例，就一定能够东山再起，重建辉煌。

知足常乐，终身不辱

知足者常乐也，而其终身不辱也。人生中有很多失败的例子是不知足所导致的。

我国台湾的一位大学校长在一次新生接待会上问了一个这样的问题："同学们，你们快乐吗？""快乐！"下面的同学立即欢呼起来。"好，好，我的话到此结束。"大家惊愕了半天，然后才恍然大悟，顿时掌声大作。这位颇为风趣的校长其实是很了解学生心理的。他认为人的根本目的是追求快乐，而如果大家都很快乐，自己就不必再扫别人的兴了，因此，这位校长的做法很高明。

快乐是一种什么样的心境呢？或者说快乐到底是什么样子呢？这个问题，也许很难说清楚。但有一点必须肯定，快乐是很主观的，一个人的快乐他人是看不见的，只有通过他的表现和行为举止才有所了解。一个人认为是快乐的事，而另一个人却未必认为快乐。总之，快乐是很奇怪的，因人而异，因事而异，这种东西在很大程度上是一种心理上的满足。

追求快乐是人性之一。哪个人不愿自己生活得快乐点？有人说人生来都是痛苦的，哪有快乐可言？正因为人生多痛苦，所以追求快乐才是我们努力的一个方向！人生活的根本目的是什么呢？可以说归根到底是为了"快乐"二字。成功的事业、富足的家产、自我实现……都是为了最终的快乐。快乐是润滑剂，有了它你的生活将会顺利许多，没有它你前进的道路上就显得阻力重重。人生短暂如匆匆过客，何不选择快乐呢？

快乐的反面是痛苦。痛苦何来？人生来就是要追求快乐的，生来便具有各种欲望。这些需要和欲望应该是得到满足的，而一旦得不到满足，当理想和现实之间出现差距时，人的需要便产生了匮乏，也产生了痛苦。痛苦无时不在，无处不有，它像恶魔一样折磨着我们，企图使我们拜倒在它的脚下。而人越是痛苦，才越觉得快乐的可贵，才会拼命地去追求快乐。当他得到了新的快乐，新的痛苦又产生了。痛苦是没有止境的，因为人的欲望是无止境的。那么，我们是不是就应该不去追求快乐了呢？不，快乐是能追求到的，尽管人的欲望无穷，只要我们能知足，便能常乐。

知足的人即满足于自我的人，知足者能认识到无止境的欲望和痛苦，于是就干脆压抑一些无法实现的欲望，这样虽然看起来比较残忍，但它却减少了更多的痛苦。在能实现的欲望之内，他拼命为之奋斗，一旦得到了自己的所求，快乐便油然而生，每上进一个台阶，快乐的程度也会上进一个台阶。只有经常知足，在自我能达到的范围之内去要求自己，而不是刻意去勉强自己、强迫自己，才能心平气和去享受独得之乐。

不要开错窗

一个小女孩趴在窗台上，看着窗外的人正在埋葬她心爱的小狗，不禁泪流满面，悲恸不已。她的外祖父见状，连忙引她到另一个窗口，让她欣赏他的玫瑰花园。果然小女孩的愁云为之一扫，心空顿时明朗。老人托起外孙女的下巴说：“孩子，你开错了窗户。”

人生之旅，我们不是也常常开错“窗”吗？

为了得到某一种东西，我们不惜一切代价去追求，而一旦得不到时，我们竟莫名地不知所措，之后又执拗地相信自己是不会错的。其实，我们是没有打开我们的那扇希望之窗。在没得到之前，希望寄予在所希望的事物之上，越积越大；而一旦真的得不到，那种希望会随时被一种巨大的失落感所代替，这两种一如波峰、一如波谷的情绪，完完全全是因为我们没有开好“窗”的缘故。

开错了“窗”，会使本来美好的事物变得黯淡无光；会使朋友之间的友谊荡然无存；会使恋人间的感情出现裂痕。因此，我们做任何事情的时候，都要考虑这扇“窗”能不能开、值不值得开、怎样去开。

失意不忘形

得意忘形的事，生活中常有。自然，在得意忘形者的身后，常有苦痛接踵而至。

得意忘形是要不得的，同样，失意也不能忘形！

道理很简单，在失意忘形者的身后，也会有苦痛接踵而至！

最典型的例子就是《水浒传》里的宋江。因为失意，因为功不成名不就，他曾独自一人来到江州的酒楼，以酒浇愁，结果醉后兴起，居然题反诗于墙上，被官府捉了个正着。再试想，如果他坦然点，失意而不失形更不忘形，何来此难？

二战结束后不久，在一次英国总统大选中，丘吉尔落选了。他是个政治家，对于政治家，落选当然是件极狼狈的事，但他却极坦然。当时，他正在自家的游泳池里游泳，是秘书气喘吁吁地跑了来告诉他：“不好！丘吉尔先生，您落选了！”不料丘吉尔听了却爽然一笑：“好！好极了！这说明我们胜利了！我们追求的就是民主，民主胜利了，难道不值得庆贺？朋友，劳驾，把毛巾递给我，我该上来了！”丘吉尔失意时不仅没有“失形”“忘形”，而是从容理智，只一句话就成功地再现了一种豁达大度的政治家的风范！

柳宗元立志变法，结果变法失败被贬，这当然是一种失意，但他却从容沉着，并不因此而灰溜溜、惨兮兮。且听他失意后写的诗：“千山鸟飞绝，万径人踪灭。孤舟蓑笠翁，独钓寒江雪。”其诗何等冷静从容，尽管雪压冬云，尽管满目萧瑟，但他却极安然地一心垂钓，虽孤独却不屈，虽不幸却坚强！

人生常有不幸，失意的事也的确会常常发生。

失意并不可怕，关键是失意了别失态，别失形，尤其是——别忘形！

坚韧活出精彩

上海有一位富家小姐，过着锦衣玉食的生活。遭遇家庭变故后她一贫如洗。但是她还想喝下午茶，吃蛋糕，昔日的电烤炉是不敢奢望了。

怎么办？她自己动手，用仅有的一口铝锅，在煤炉上蒸蒸烤烤，竟也烘烤出西式蛋糕。就这样，悠悠几十年，她雷打不动地喝着下午茶，吃着自制蛋糕，浑然忘记身处逆境，悄悄地享受着午后的幸福茶。

她的一位出身世家的好友和她一样能干。有一次，她去好友家，好友告诉她，没有吐司炉，也可以吃上吐司，说着说着，就表演了一门绝技：把面包切片，在蜂窝煤炉上架上条条铁丝，再把面包片放在上面，轻轻地两面烘烤，不一会儿，便做出一片片香喷喷的面包吐司。

她们懂得用铝锅蒸烤出西式蛋糕，用煤炉烘焙出香喷喷的吐司，有这样的韧性和耐力，还有什么撑不住的苦难？果然，历尽沧桑之后，这位昔日的富家小姐生活依然过得有滋有味。

什么是坚韧？就是身处逆境时所保持的那份平静、从容以及坦然的胸怀。

坚韧能活出生命的精彩，只要你愿意。人的精神不垮，就一定可以享受到平凡人生的幸福。幸福在于自己去创造！

笑看天下几多愁

人生欢喜多少事，笑看天下几多愁。

我们从小就在做游戏，游戏的本身，就是在不断战胜挫折与失败中获取一种刺激与欢乐，假如没有挫折与失败，再好的游戏也会索然无味。“一场游戏一场梦”，人生就如一场游戏，但我们作为其中的玩家，真的能拿得起放得下吗？人们玩游戏时的心态，是寻找娱乐，是带着挑战的心情去面对游戏中的困难与挫折的，你面对强大的对手，不断地受挫，但越是如此，你越发兴味十足。

试想，倘若人们在生活中，也有这么一种积极向上的游戏心态，那么失败与挫折，也就不会显得那般沉重和压抑了。既然如此，我们为何不能将挫折变成一种游戏呢？那样就可以让痛苦沮丧的心情轻松起来。二者其实并无差别，只是人们在游戏中身心放松，而在生活中过于紧张。生活中，你可以体味游戏中面对和战胜挫折的欢乐。同样，只有你将生活中的挫折视为游戏，才会从中体味积极人生的快乐……

在一个春光明媚的日子，在阳光普照的公园里，许多小孩正在快乐地游戏，其中一个小女孩不知绊到了什么东西，突然摔倒了，并开始哭泣。这时，旁边有一个小男孩立即跑过来，别人都以为这个小男孩会伸手把摔倒的小女孩拉起来或安慰鼓励她站起来。但出乎意料的是，这个小男孩竟在哭泣着的小女孩身边故意也摔了一跤，同时一边看着小女孩一边笑个不停。泪流满面的小女孩看到这幅情景，也觉得十分可笑，于是破涕为笑，俩人滚在一起乐得非常开心。

将生活中的挫折和困难视为“游戏”，不是游戏人生，而是为了以积极的心态面对现实，去战胜挫折和困难，笑看忧愁，笑看人生，如此而已！

善待失败，善待人生

美国《生活》周刊曾评出的过去1000年中100位最有影响力的人物中，托马斯·阿尔沃·爱迪生名列第一。

爱迪生出身低微，他的学历是一生只上过3个月的小学，老师因为总被他古怪的问题问得张口结舌，竟然当着他母亲的面说他是个傻瓜，将来不会有什么出息。母亲一气之下让他退学，由她亲自教育。这时，爱迪生的天资得以充分地展露。在母亲的指导下，他阅读了大量的书籍，并在家中自己建了一个小实验室。为筹措实验室的必要开支，他只得外出打工，当报童卖报纸。最后用积攒的钱在火车的行李车厢建了个小实验室，继续做化学实验研究。有一天，化学药品起火，几乎把这个车厢烧掉。暴怒的列车长把爱迪生的实验设备都扔下车去，还打了他几记耳光，爱迪生因此终生耳聋。

爱迪生虽未受过良好的学校教育，但凭借个人奋斗和非凡才智获得了巨大成功。他以坚韧不拔的毅力、罕有的热情和精力从千万次的失败中站了起来，克服了数不清的困难，成为发明家和企业家。仅从1869年到1901年，就取得了1328项发明专利。在他的一生中，平均每15天就有一项新发明，他因此而被誉为“发明大王”。

爱迪生献身科学、淡泊名利。在研制电灯时，记者对他说：“如果你真能造出电灯来取代煤气灯，那你一定会赚大钱。”爱迪生回答说：“一个人如果仅仅为积攒金钱而工作，他就很难得到一点别的东西——甚至连金钱也得不到！”他一直被称作“现代电影之父”，可是在电影界人士为他举办的77岁寿辰盛大宴会上，他说：“对于电影的发展，我只是在技术上出了点力，其他的都是别人的功劳。”

爱迪生胸襟开阔、善处逆境。针对自己的耳聋不便，他说：“走在百老汇的人群中，我可以像幽居森林深处的人那样平静。耳聋从来就是我的福气，它使我免去了许多干扰和精神痛苦。”

1914年12月的一个夜晚，一场大火烧毁了爱迪生的研制工厂，他因此而损失了价值近百万美元的财产。爱迪生安慰伤心至极的妻子说：“不要紧，别看我已67岁了，可我并不老。从明天早晨起，一切都将重新开始，我相信没有一个人会老得不能重新开始工作的。灾祸也能给人带来价值，我们所有的错误都被烧掉了，现在我们又可以一切重新开始。”第二天，爱迪生不但开始动工建造新车间，而且又开始发明一种新的灯——一种帮助消防队员在黑暗中前进的便携式探照灯。火灾对爱迪生而言只是一段小小的插曲而已。

大风大浪才能显示人的能力；大起大落才能磨炼人的意志；大悲大喜才能提高人的境界；大羞大耻才能洗涤人的灵魂。人活在世界上，不可能一直一帆风顺，每个成功的故事里都写满了辛酸失败。敢于正视失败，能以正确的态度面对失败、不退缩、不消沉、不困惑、不脆弱，才能有成功的希望。

善待失败，善待人生！